中廣叢書 01

夢迴西安關外情

——張學良的故事

◎潘寧東

中廣叢書總序

在各種傳播媒體中，廣播以其「無遠弗屆、便於取得」的特性，為社會大眾提供最迅速的服務。

中國廣播公司是我國廣播事業的先驅，於民國十七年在南京市成立，開啟我國現代廣播史上的先河。迄今七十餘年來，中廣製播的各類新聞、社教、娛樂、音樂、談話、政論、戲劇、兒童……等節目，伴隨著聽眾一同成長，豐富了聽眾的心靈生活，也見證著我國現代史每一個重要的階段。

然而，「廣播」畢竟只是「傳送聲音」的媒體，播出之後的節目，便如風中飛絮消失無蹤，無論聽眾多麼激賞其中的內容，也無法使時光倒流，只能從回憶中尋找隻字片語。這對聽眾來說固然是一項損失，對廣播業者而言，先輩們智慧的心血結晶，沒有完整的保留下來，供後進者學習參考，又何嘗不是一種遺憾。

在進入廿一世紀之際，中國廣播公司將以推出「中廣叢書」的方式，服務聽眾也填補遺憾。我們將從本公司六大廣播網、七個頻道的各項節目中，擷取精彩的內容，加以整理歸納，出版各類系列叢書，讓聽眾們可以在收聽廣播之後，能因著文字的輔助，對這些節目精華一再咀嚼回味。

在此，我要感謝眾多曾參與節目製播的專家學者們，在出版「中廣叢書」之時，願再次毫無藏私的貢獻自己的智慧與經驗，讓廣播的領域更加充實寬廣而多彩多姿。同時，我也要感謝聯經出版公司的共襄盛舉，和我們一齊來規劃出版「中廣叢書」，為新世紀的廣播史留下紀錄，也讓廣播的影響力，藉由文字的留存而更加深遠。

當然，我更要感謝多年來不斷鼓勵中廣的廣大聽眾朋友，希望「中廣叢書」的推出，能再度獲得您的肯定與支持。

中國廣播公司總經理

有觀點的文學

高行健先生主張文學沒有主義，觀點深刻獨到，打動了諾貝爾文學獎的評審們。文學可以沒有主義，或許就應該沒有主義，但不能沒有觀點，也不能讓讀者讀不出觀點。歷史小說作為一種文學，或許帶有主義，或許沒有主義；但不可能沒有觀點，更不應該沒有觀點。潘寧東先生的《夢迴西安關外情》，是一部歷史小說，一部有觀點的歷史小說，一部觀點深刻獨到的歷史小說，一種有觀點的文學。

歷史小說，省著說，就是「講古」。小說用看的，講古要用聽的。可看也可聽的小說，不妨稱之為「講古小說」或「小說講古」——既是書籍，也是廣播戲劇。說它是「有聲書」的一種，亦頗恰當。精采的講古小說，要看起來欲罷不能，聽起來回味無窮；還要禁得起一讀再讀、一聽再聽，可不容易。作到了這一點，作者的觀點就已打動人心。潘先生用心經營一部可看可聽的講古小說，就是要用觀點打動人心。

《夢迴西安關外情》講述的是少帥張學良將軍的故事。張少帥的故事，沒聽過的人可能不多。東北易幟，國家統一，他是主角；西安事變，時局扭轉，他也是主角。相距不到十年的兩件事，改變了中華民國的命運，也改變了張少帥的命運。從此，中華民國還能繼續是中華民國，張少帥卻已不再是張少帥；之後超過一甲子的歲月裡，學良先生離開了政治舞台，恩怨情仇，能否釋懷？學良先生卻始終伴隨著他曾經一心搭救過的中華民國，未嘗背棄。種種切切，他的人生觀點是什麼？讓他如此執著、無怨無悔？當年老帥為什麼返回關外？東北為什麼易幟？西安為什麼生變？學良先生有沒有一種人生所以如此的觀點？不瞭解他的觀點，怎能給予公平的歷史評價？學良先生的觀點，對於今日的中國或是中華民國，有沒有什麼歷史價值或啟示？多年以來，研究西安事變乃至學良先生個人生平的材料，不謂不多；但是似乎缺乏能從學良先生的觀點出發、詮釋箇中緣由與道理的文獻。潘先生的講古小說，應是彌補遺憾的一個開始。從學良先生的觀點來說張少帥的故事，聽過的人，可是不多。

潘先生帶著這樣的觀點寫成了《夢迴西安關外情》，於是，它不但是歷史小說，還是歷史傳記小說。寫小說，精采可讀最重要；寫傳記，則必須求實可信，講究精確。小說需要想像空間，傳記卻絕不能離譜。兩要兼顧，已是挑戰；還要能夠精確傳達書中主人翁的觀點，自屬難上加難。由於並無機會親訪書中主人翁，潘先生傳達的可能是他個人觀點的張學良觀點。兩者之間，有無距離？讀者當有評價，歷史也會評價。不過，遍讀了相關重要歷史材料所寫成的傳記小說，要說它離譜，怕也不易。潘先生是資深的廣播人，寫作傳記小說，也是踁輪老手。他改寫關於徐志摩的《人間四月天》廣播小說，比起電視劇集，精采度不遑多讓；他寫的《回首碧雪情》，深刻描述蔣碧微女士的愛情故事，也名噪一時，膾炙人口。在此之前，他為闡述證嚴法師的開示而寫成的《心靈的春天》一書，也因為精確度合乎考驗而獲得慈濟的肯定。現在他又應聯經出版公司與中國廣播公司兩大媒體邀請，為學良先生寫傳記小說，在民國九十年、也就是學良先生期頤之年出版，並製作成廣播劇集播出，意義格外不同。

然則潘先生所要表達的學良先生觀點，究竟是什麼？讀者讀不讀得出來？為什麼這就必然是學良先生畢生一以貫之的觀點？為什麼學良先生從來沒有明白而公開地述說他的觀點？《夢迴西安關外情》的讀者，應可自行體會。做為讀者的一員，我只想到了一句耳熟能詳的話語：「中國人不打中國人」。時移勢易，這句話中的觀點禁不禁得起考驗？歷史也自會提供答案。而潘先生，也趁著描述學良先生與一荻女士婚禮的機會，寫下了他闡述學良先生觀點的心意：

「地球是整個的，地球上的人活在一起、呼吸在一起，或許有時候顯得空間小了些、擠了些；但彼此讓一讓，還是可以相安無事的……」

我欣賞這個觀點，也希望所有的中國人或地球村的居民，都能欣賞這個觀點。我想，如果潘先生能用這本書向學良先生祝賀百歲壽辰，也不妨請示學良先生，是否就是欣賞這個觀點？

李念祖 謹識

民國九十年三月廿九日

楔子

「開車嘍?……最好再檢查一次，尤其是電池，這麼大的事情，不能出半點差錯！」

「我知道!……呶，這兒還有兩組新的！」

女孩兒細柔的聲調裡透出一絲顫抖。低下頭去，從皮質背袋裡先拿出採訪用的錄音機，再掏出一把小電池，抓在手裡揚了揚。小電池四個一組，都還沒拆封。

漂亮紮著的一束馬尾隨笑聲晃動，女孩兒得意地朝身旁扶著駕駛盤的大男生微微斜著臉龐；而大男生顯然聽出了她剛才的那絲顫抖：

「怎麼?……緊張?還是害怕?」

「好像都有一點……但更多的是興奮！」

大男生很能理解地點了點頭；然後發動引擎，吃進排檔，鬆開煞車，不改一貫瀟灑地駛出電台大門。其實，大男生不也有點血脈賁張?他彷彿感覺得到自己踩著油門的腳掌上，有幾條筋不聽話地在跳動。

女孩兒嘴裡喃喃：

「一九〇一年六月四日，陰曆四月十七……因爲六月四日不巧也是父親的忌辰，所以他早把生日改了，提前了三天……」

「別背這些資料了!……這麼大的場面，輪不到妳問任何的問題；只管把現場那些大人物說的話錄下來，回來夠妳剪接老半天的了！」

嘴裡這麼嘮叨，心裡可覺得蠻對味的；這女孩兒挺敬業，肯做功課，會是個好記者的材料！大男生收起倚老賣老的表情，開始在傍晚的車陣裡專心地穿梭。腳掌上的筋脈好像不再那麼跳動了，他已經能夠沉穩地讓自己蘊蓄出一份莊嚴；他發現先前對著這隻小菜鳥倚老賣老，不過是在掩飾自己心頭同樣的異常亢奮。

初夏的黃昏，天色還亮得很；從高架路上望去，圓山飯店怎麼看都像是一座殿堂。大男生緊緊握著方向盤，也緊緊抓住心裡愈來愈濃的那份莊嚴；他知道連自己這隻老鳥，今兒晚上都得懷著朝聖和取經般的心情，在無數的鎂光燈和麥克風之間衝鋒陷陣。

張學良的九十壽宴啊！無論從哪個角度來看，那都將會是轟動的。

大概真有好幾百個來採訪的記者！那人數比主人精挑細選前來祝壽的人還要多出好幾倍；其中有不少是說著各種外國語的。女孩兒緊緊跟著大男生朝前面擠；不時聽到人堆裡抱怨的聲音，她只好尷尬地道歉不已。大男生畢竟是隻老鳥，雖然也機械化的連聲直說「對不起」，卻是面不改色；不像她，臉上真的發燙……

這兒是飯店頂樓；整個樓層就是宴會廳。正面約莫有一個人那麼高的金色「壽」字，端端正正貼在圓形大紅底絨布上閃閃發光。壽屏兩旁和大廳四周排滿了來自四面八方的賀禮，其中宋美齡的鮮花和周恩來妻子鄧穎超的賀電格外醒目。

壽屏前方是一長條的橫桌，桌面自然舖上喜氣洋溢的紅布。橫桌後方正中央坐的是壽星，壽星的左手邊是另一位多少人想踮起腳翹首一望的趙四小姐，右手邊是這場壽宴的發起人張岳軍。

再往兩邊，夠資格坐上同一排的，當然都極其顯赫，但壽星伉儷的風采實在太耀眼，大家都不去注意其他的人了。

張岳公，這位坐在輪椅上、高齡一百零三的宴會主人，伸手扶了扶桌上的麥克風；隨侍在身後的年輕人立刻謹愼地把輪椅輕輕向前移動，輕得不讓老人家感覺出來。張岳公下意識地、也習慣性地又扶了扶麥克風：

「……多年以來，我們每年這一天都替張學良先生慶祝他的生日，但一直都是在私底下；今年是他的九十歲，因此邀請大家一起盛大慶祝。張先生是我六十年來的朋友，我們倆在東北、在華北、在華中，爲抗日戰爭、爲剿共戰爭同生死、共患難……」

說著說著，張岳公聲調有些沙啞。畢竟是一百多歲了，但誰知道他不是因爲難掩著一份激動？就拿安排這場壽宴來說吧，打從他說出心裡的盤算開始，張學良就不只一次像是小孩耍賴似地吵著不肯依；而比張學良還大上十三歲的張岳公，那份賴耍得更徹底，乾脆不理他……兩個老人，加起來都快兩百歲了，任誰都可以想見彼此拗著時的情景；那一定有趣極了！但天底下有幾個人能體會這六十年交情蒸餾出來的點點滴滴？

六十年啊！其間豈只是剛才張岳公脫口而出的「同生死、共患難」！看得見的和看不不見的，聽說了的和沒聽說過的，恐怕得用另一個六十年才數得清……壽星切蛋糕了，那蛋糕也同樣比一個人還高，有十幾層吧！壽星握著刀把，嘴角有不自覺的笑；如果你試著揣摩老人家東北特有的那種率眞語氣，想說的一句話應該是：「就這麼一把小刀兒？這比我二十來歲時候腰帶上掛著的指揮刀兒，差得遠吶！」

不是常聽人家說，只要是老人，沒有不喜歡追憶早年歲月的；但我們的這位壽星呢？他也一樣嗎？他也一樣喜歡嗎？他會喜歡嗎？

遠遠望著壽星在蛋糕上象徵性地劃了一刀，全場都鼓掌了。大男生突然覺得鼻頭有點發酸，而壽星本人倒還是帶著那不自覺的笑；不同的是，他這會兒的笑像是深邃了些⋯⋯

簡單而隆重的儀式結束了。入席之前，一整堆的記者圍了上去，無論如何得讓我們的壽星說說話；大男生下意識地拍了拍身旁的女孩兒。其實不用他提醒，女孩兒已經中規中矩地把錄音機杵向前去。

壽星身上穿的是藏青色的西服，繫著暗紅色的領帶，左胸上別著好大的一朵紫色蘭花。老人家眼睛不好，有點怕光，戴著一副茶赭色的眼鏡；偏偏電視台攝影記者的聚光燈打著，把他的身影照得好亮好亮，稀疏的銀髮、臉上和額角的幾處壽斑，全都看得清清楚楚。

壽星剛一開口，整個場子就靜了下來：

「⋯⋯有人說『人生虛度』，我眞是虛度了九十年，對國家、社會、人民毫無貢獻⋯⋯正如聖經上記載保羅所說的話：『我是一個罪人』。我不但是個罪人，還是個罪魁⋯⋯我自己這會兒的感覺眞是萬分慚愧！張學良何德？能夠蒙諸位親友這樣給我作壽！⋯⋯我怎麼能作壽？我有什麼壽？眞是慚愧得無地自容⋯⋯我自己從來沒想到，我還能活到九十歲，這眞是⋯⋯唯有上帝的恩典！我除了感謝上帝之外，其他沒有什麼好說的⋯⋯我老了，有點重聽，但還沒全聾；眼力不好，但還看得到。國家民族如果需要我，我一定會秉持年輕時候的情懷，全心效力，奉獻自己⋯⋯」

話的尾音還沒落下，全場已經爆出如雷的掌聲。所有的人都拼命鼓掌，不停地鼓著；手心熱了、疼了，不少人的眼眶也紅了。

跟在場的許多人一樣，大男生仔細咀嚼著壽星這幾句話。老人家當然說得絕對誠懇；但好奇怪！有些字句明明是無心的，卻總讓人想要從這些字句的背後去尋找些什麼、翻動些什麼。譬如，五十多年來，有多少白紙黑字的論述，曾經那麼逼真的直指老人家為「罪人」！又譬如，曾經有過多少回，老人家隨時可能保不住性命。眞的！

有誰想得到老人家能活到九十歲，而且「還沒全聾、還看得到」？

絞盡腦汁琢磨老人家前前後後的整段話，恐怕只有幾乎被全場掌聲蓋過的那最後一句，讓每個人聽了心裡都不會有任何疙瘩、任何問號；因為所有在場的人，已經從近年來愈見開放與翔實的記載中，眞正認識了那個打從年輕時候就有著一種獨特「情懷」的張學良……

好一會兒，大男生眼角還是濕的；他瞅著身旁的女孩兒。自己腦子裡飛快地轉著的這些，女孩兒不見得會懂；她太年輕，不能怪她。

鋪著大紅布的主桌上，壽星緩緩舉起酒杯，向身邊的老伴敬酒。壽婆的打扮可就更喜氣了，棗紅色的旗袍，罩著棗紅色的外套，像是新娘子身上穿的；雖然不那麼鮮豔，但卻透著一股高雅。一對白珍珠耳環靜靜垂著，外套上同樣是一朵好大的紫色蘭花。

好多人都不停地端詳壽婆臉上一直泛著的笑意；那安詳的笑、滿足的笑。

「趙四小姐」，人們一直這麼稱呼她，大概都已經忘了她的名字；但人們也都知道，她豈僅是無怨無悔地陪著壽星走過了大半個世紀，她本人似乎比壽星還更神秘一些。

暫時把滿場的喜氣和喧鬧拋在一旁吧！大男生突然覺得心頭有一股莫名的悶；身子一側，他從大廳裡鑽到外面的長廊上。讓台北夜景緩一緩自己的情緒吧！有人說，從高處鳥瞰，台北也只有入了夜才能勉強看得進去。

圓山飯店還眞大！像它的英文名字「The Grand Hotel」，眞夠「Grand」！不記得哪個朋友並不誇張地形容過，光用這每一層樓四周圍又寬又長的走廊空間，足足還能蓋出另一間飯店。

大男生深深吸了口氣，又長長吁了口氣，想把心頭那股悶給吐掉。他無意識地信步走到長廊的轉角，看著那底端微微翹起的黃色琉璃瓦檐；眼底的這一層，頭頂上還一層；建築雜誌上介紹過，這叫「重檐」……再順著檐脊望過去，末端八隻奇禽異獸，跟在騎著金雞的神仙後頭。在古代，他們關係著建築物檐下的柱子高度，每一隻代表兩尺；而且那些隻奇禽異獸連帶著金雞，加起來的總數還一定得是個奇數……

奇怪，自己怎麼盡想著這些老掉牙的資訊？是啊！都說圓山飯店整棟建築原是北京故宮的翻版；設計的時候，每個細微末節都不曾馬虎。而今天晚上這位壽星，對故宮、對北京的種種切切，他應該都能如數家珍的；本來是那個年代的人嘛！是那個年代裡呼風喚雨的人嘛！

若有所悟地回過頭去，廳裡仍舊喧鬧著……

送女孩兒回電台的路上，大男生宅心仁厚地告訴她：有了那麼多段重要的談話，加上難免俗套、卻又必須應應景的幾段現場賓客的訪問，這個專題報導的內容絕對是豐富無比的。關鍵在於怎麼剪、怎麼接；更重要的是，怎麼把採訪員自己的感受巧妙地、卻又眞眞切切地穿插進去。他建議女孩兒把三天前報上的那篇文章找出來，好好讀一讀。

這會兒在書桌的檯燈下，大男生自己也情不自禁地翻出了這份剪報，那是比他更老的老鳥發表在《聯合報》上的一篇文章：郭冠英寫的〈樹欲靜而風不止——九十祝壽始末〉。

對於如何發起爲張學良做壽，文章裡有著清楚的交代：

> ……過去的三張一王，張群、張學良、張大千、王新衡，四個人中年紀較小的二人先去了，年長的兩張中，張群說要爲做過他長官的老友張學良過生日，張學良無法再推辭了。在台灣，只有張群與蔣夫人的輩份可與張學良相比。張群說了要做，張學良還反對，張群坐在輪椅上說：「去去去，我不與你辯。」張學良只有閉嘴。
>
> 二月間，張岳公就指定秦孝儀、張繼正、王鐵漢、何世禮、趙自齊五人，每人提二十個名字，湊出九十個人，以示九十之慶。由於這本來只是友好間的擴大慶生，因此也談不上什麼籌備，各人交了名單，訂了飯店就是。開的名單也不是基於政治考慮，首先考慮此人與張學良是否相識，然後再徵詢是否同意列於發起名單……
>
> 筆者所以做上述解釋，並不是要否定此事沒有政治意義，只是要澄清此事最初發起時是沒有政治考慮的，它只是兩位相交超過一甲子的老人間的友情關照而已。

郭冠英爲什麼要清楚地交代，自然是因爲社會上有些聲音，認爲這次做壽是「替張學良平反」；相對於這些聲音，郭冠英直率地寫著：

> ……知道張學良的人皆知，他已心向上帝，對於塵世中的「平反」早已不在意了；而且，從更高的角度來看，對張學良只有「評價」問題，而無「平反」問題。

當然，郭冠英以他採訪新聞老鳥的敏銳，早就料到了圓山飯店頂樓宴會廳裡的擁擠與喧鬧：

……正因爲此事本以「平常心」出之，一些愛護張學良的故舊反而爲壽宴活動的被迫公開而擔憂，怕中外記者聞風而來，反而打擾了張漢公以及親友們爲他祝壽的原意；但見事已如此，也只有聽其自然了。

過去五十多年，愛護張學良的人一直以他被「保護」而不滿，現在卻反而希望他仍受某種保護，歷史的弔詭又一證也。

郭冠英的文章中，自然難免略略帶了幾句含有「政治」意味的話語：

……張學良是爲了愛國、爲了國家統一而犧牲自己。過去，他在海峽兩岸有截然不同的官方評價，但近年來，由於政治禁忌的解除，兩岸對張學良的評價已漸趨一致。「傳記文學」社長劉紹唐說：「在大陸人的心目中，張學良的地位在朱毛之上。」唐德剛則說：「如果沒有西安事變，張學良什麼也不是；蔣把他一關，關出了個中國的哈姆雷特。愛國的人很多，多少人犧牲了生命，但張漢卿成了愛國的代表，名垂千古。」

讀到這兒，大男生仔細回味著今晚壽宴上的每一個鏡頭；然後，他把文章又倒了回去，看郭冠英怎麼寫下這麼一段耐人尋味的文字：

……事實上，依照政局的發展，如果今天經國先生在世的話，出面爲張學良做壽的，很可能是經國先生自己。

大男生會心地笑了；這段文字，那菜鳥女孩兒更不會懂的。但心裡還是那句話：她太年輕，不能怪她。

一

奉天海城縣的一個村子裡，稀稀疏疏的雨點開始落在廟門外的台階上。一早天色就陰陰的，廟前小空地上的幾個小販一直嘀咕：要是下雨，今兒這營生就做不成了。幸好還拖過了中午，好歹賺了幾個錢；反正這會兒沒什麼人到廟裡來，打個盹吧！

賣包子的少年卻睡不著；小夥子年輕，精神體力都好，根本用不著睡。再說，自己是坐在小板凳上，就著擺在地上的木頭箱子作營生；不像其他人，多半搭著布棚子，雖然簡陋，卻可以遮風避雨擋太陽。

眼看著雨點慢慢大了、也密了，少年皺了皺眉。把木頭箱子蓋好，起身拎著箱子上的帆布帶，扛上右肩；左手夾起小板凳，三步併做兩步跑進廟裡。進廟門之前，回過頭看了一眼，那幾張布棚下，打盹的人壓根沒醒過來。哼！哪天賺夠了錢，老子也搭個棚子！什麼稀奇！媽啦個巴子！少年嘴裡嘟囔著。

但不容易啊！少年心裡明白；都一個多月了，營生就沒好過，每天到郭家包子舖批來的包子，從來沒賣完。郭家老闆又小器，剩下的包子不給退，就只能自己吃；也好，反正每天三餐總得吃些什麼。但說正格的，郭家那兒已經欠下不少錢了……想著想著，眞餓了，抓出個包子放進嘴裡，狠狠咬它一大口。

正倚著廊下的柱子邊抹嘴邊吃，冷不防背後響起唏唏嗦嗦的腳步聲，一雙裹著布鞋的小腳出現了：「小雨子！原來你躲在這兒！怎麼？又在啃自己的包子啦？」

「欸！王大嬸，您……吃過午飯了？」

「都睡了一會兒啦！什麼時辰了！」

「欸，是啊！」

「還剩下多少包子？……賣了一半沒有？」

「沒有……天氣不好，來廟裡的人不多。」

「待會兒給我包五個，還送到後面的長廊上！」

「欸！待會兒就給您包好了送過去！」

小雨子把最後一口包子塞進嘴裡，笑開了。這王大嬸是個好人，每隔幾天總要到廟裡來，多半是下午；拜完菩薩，就跟其他幾個大嬸玩紙牌，大概都事先約好了的。王大嬸不但人挺和善，每次來還都買幾個包子，小雨子打心裡感激她。

「你喲！好好的在木匠那兒學手藝，誰叫你調皮，又愛耍性子，硬是讓人給趕了出來！」

王大嬸什麼都好，就這一點不夠厚道，老提那件事！小雨子臉上掛不住，不吭聲了；低頭望著那雙小腳邁著碎步子走開。

村子裡住著不少姓趙的，這間廟就叫做趙家廟，早年八成是個趙家祠堂；漸漸的，闖關東的人愈來愈多，到這兒安家落戶的就不只是姓趙的了。小雨子的先祖是道光年間從老家河北大城輾轉出關的，到小雨子是第五代。他們家原來姓李，曾祖父過繼給娘舅家，改姓了張；家境一直不好，窮得很。

小雨子這年十六歲，個子不大，卻挺機伶；生性調皮，鬼主意更多。他在家裡排行老三，父親給取的名字叫「作霖」。「霖」字筆劃多，對鄉下人來說也不好懂；有人乾脆就喊他小雨子，反正字義上也差不多。

給王大嬸送包子到後院長廊上的時候，幾個大嬸果真又圍在一起玩紙牌。

小雨子先是在一旁看著，後來也不知道是手癢了、還是起了心想扯皮，居然蹭了過去：

「大嬸！……我是說諸位大嬸，也讓我玩幾把吧？」

「你？你會嗎？這是大人的玩藝兒！」

答腔的是一個胖大嬸，嘴角一副瞧不起人的表情，小雨子最討厭這種人；另一個瘦大嬸的話也好聽不到哪兒去：「可不是！萬一你輸了，你拿什麼抵帳啊？就那幾個賣包子的小錢？」

小雨子這時候下定決心非玩不可！就衝著這一胖一瘦兩個大嬸的嘴臉，他吃了秤砣，跟她們槓上了！但嘴裡可還得陪著笑臉：「除了幾個小錢，我這兒還剩下十來個包子，輸了拿包子抵帳，成吧？」

一雙烏溜溜的眼睛賊賊地圍著幾個大嬸轉；幾個大嬸你看我我看你，一下子都答不上話來。終究還是王大嬸打的圓場：

「就讓他玩幾把吧！……小雨子！十把！就許你玩十把！不管是輸是贏，十把滿了，你給我乖乖回家去；要不，以後我不買你的包子了！」

「成！準十把，滿了我就走！」

十把牌下來，小雨子還真慘兮兮的；他把把輸，一張臉脹得通紅。

突然，小雨子站起身，拎起箱子和板凳就跑；邊跑邊喊：「王大嬸！您的包子我擱在地上了！」

這邊，胖大嬸、瘦大嬸，還有一個不胖不瘦的大嬸，全罵開了：

「要死的！還錢來！」

「還錢來！還包子來！你這小鬼！……」

全都想追上去，但各自看了看腿下的小腳，氣得只能拿小腳直跺。

王大嬸瞅了一眼地上的五個包子，呵呵笑了：「得了得了！別跟那小鬼計較！都算我的！反正也吃不了多少虧，他這不是沒跟我收包子錢嗎？」

「哼！沒教養的！小無賴！」胖大嬸不甘心，狠狠地又罵了幾句。

天剛黑下來，大門上有人敲著；趙老爹的妻子踩著碎步跨過小天井。打開門，是個著軍服的年輕人；看上去挺眼熟，但一時認不出來。

手裡提著幾包東西的年輕軍爺可張嘴喊了：「趙大嬸！是我！張作霖，小雨子，您不認得了？」

「嗄？是……是你？」

「是我！趙大嬸！特地來看望您跟趙大叔！……大叔在家嗎？」

「他在後院！快請進！……我去喊他！」

「謝謝大嬸！」

趙大嬸直接到後院去了。張作霖進了客廳，把手裡大包小包的禮物放下，朝四周看了看；當年的印象依稀，廳裡的擺設沒什麼變動。

趙老爹扯著嗓門進來了：「果眞是你！小雨子！」

「趙大叔！」

「快坐下！嗯，眞是個大人了！尤其這身軍服，好！帥氣！眞帥氣！怎麼？你，從軍啦？」

「不瞞大叔，那一年離開這兒，就到營口田庄台加入了毅軍。」

「哦？這麼說，已經……三年了？」

「沒錯！整整三年了。」

「唉！時間過得眞快啊！」

「大叔！您這一向可都好？」

「老樣子，日子還過得去。」

張作霖記得很清楚，趙老爹的家境雖然只算得上是小康，但比起他自己家裡要好得太多了。當年有那份機緣到過趙家，全因爲趙老爹爲人忠厚，想幫助他，甚至……

張作霖抬起眼看著趙老爹，沒想到趙老爹也正仔細端詳著他：

「不能再喊你小雨子了！如今你都已經……」

「二十一了，大叔，您就喊我作霖吧！」

「好！作霖！……你在兵營裡都三年了，該當上什麼官了吧？」

「也說不上，都怪自己沒讀過什麼書……不過，前一陣子倒是有個機會，讓我立了幾次小功，上面頒了個功牌，還升上了哨長。」

「哦?眞是了不起!」

也許是投緣吧，趙老爹三年前就挺欣賞張作霖，特別是他那像是與生俱來的一絲威武之氣。其實說起來倒也不是什麼光彩的事。張作霖賣包子賣不下去了，跟人學會了當獸醫，尤其對醫治馬匹很獨到;但做了沒多久又覺得沒什麼出息，辭職不幹了。有一段日子他靠賭錢維生;一回賭輸了錢，給不起，被人綁在自己表舅家門口大樹上，好一頓毒打，張作霖就是不屈服。趙老爹看上了這個小夥子的硬脾氣，認定來日必成大器，因此總想幫著他;一度還想把女兒許給他，但是妻子不同意……

趙老爹還在端詳如今穿了一身軍服的張作霖;而老實說，張作霖這回特地請了長假，就是回過頭來試試，看這門親事還有沒有指望。

既然心裡有這麼一個念頭，張作霖逮到機會得表表功:

「大叔!您老人家一向關心我，我也就不客氣地據實稟報了。在毅軍裡，我本來只是個伙夫，後來跟日本人打仗了，他們招考諜報員，我不但考取了，還立下了那些個功勞。」

說到這兒，張作霖從口袋裡掏出那張功牌，還有升上哨長的札委令。趙老爹接過來看著，頻頻點頭;心想，自己當年沒看走眼，小夥子是有出息。

趙老爹的妻子這會兒在裡間摺衣服，她把外面兩個人的對話都聽在耳裡。

婚事不久後就辦成了。趙家姑娘和張作霖同歲數，也二十一了;趙老夫妻倆也不願意再拖下去。

這是一八九五，甲午戰爭中國戰敗之後，簽訂馬關條約的那一年。

苦難的中國，又豈僅是一句「屋漏偏逢連夜雨」形容得了的！丟掉了的江山，又豈僅是台灣和澎湖！五年後的一九〇〇，八國聯軍打進北京城，慈禧帶著光緒帝遠走西安；不只是關內，連關外的時局都飄搖不定、動盪不已。

民不聊生，盜匪四起；一個特殊的行業卻應運而生，那就是由帶過兵的人組成鄉團武裝衛隊。在那種處境下，地方上有的固然靠自己人拿起槍桿大刀，有的則是花錢僱了專人負責鄉里的安全；張作霖大概生就軍旅性格，又真懂帶兵作戰，他走上了這一途。

這一天，另一個鄉團武裝隊伍前來打劫挑釁，領頭的綽號叫「海沙子」，也是驍勇善戰。兩軍對上陣，雖然雙方都各只有幾十桿槍，但廝殺起來也必定是血流四處；何況，要是吃了敗仗，地方百姓的身家性命全要遭殃，對方本來就是衝著這些來的。

張作霖跨在馬上，心裡有了主意；他朝身邊的副官招招手：「想法子捎個口信過去，告訴海沙子，只要一開上火，難免要死許多人；哪邊死的多，誰也說不準。如果海沙子願意，乾脆就他跟我單鬥，其他人一律不准出手！……再告訴他，這場單鬥一定得有個結果！誰要是被打死了，他底下的這些人，全歸給對方，任什麼人也不許反悔！更不許抗命！」

「嗄？隊長！這……妥當嗎？」

「沒什麼不妥當的！除非海沙子他怕死！」

「隊長！我的意思是……」

「我知道你的意思！你是擔心我被他殺了！」

「隊長……」

「沒說的！咱們在一塊兒出生入死也不只一兩天了！你跟弟兄們對我的這份情，我心裡清楚。你聽著，如果海沙子同意了，剛才我說的那些話，在我們這邊一定得算數！要不然，等我到了閻王爺那兒，媽啦個巴子！我把你們全都給斃了！聽清楚了？」

「是！隊長！聽清楚了！」

「都明白了？」

「是！隊長！都明白了！」

「那就快去！找個可靠的弟兄把我的口信一字不漏地捎過去！」

「是！隊長！」

半個時辰後，張作霖和海沙子出現在一處小山丘上，兩人相隔約莫有十丈遠；各自握著槍，瞄準對方。

「砰！」

「砰！」兩聲槍響幾乎同時爆開，兩柄槍的槍口幾乎同時冒出了白煙。

張作霖環過左手臂，捂著右邊腰口上，牙齒緊咬；滿臉的痛苦，但還直挺挺地站著。而那邊，海沙子一個轉身，倒了下去。

「我們贏了！我們贏了！」

「隊長把海沙子幹掉了！」

一陣歡呼，副官趕緊衝上前去，後面還跟著好幾個弟兄；隊長顯然也中槍了……

「隊長！您的傷重不重？要不要緊？」

「隊長！我們扶您回去！」

「不要緊的！我沒倒下去，就死不了！」

張作霖還是緊咬著牙齒，額頭上的汗珠一粒一粒冒了出來。

……

這是一九〇一年六月四日，張作霖的元配趙夫人在台安縣八角台桑子林的詹家村替他生下了個兒子。當時家裡的日子還是很苦。這一天趙夫人是外出張羅事情，沒想到回家的路上突然臨盆，孩子是在車上產下的；落地的時候，小腦袋瓜子撞著什麼，從此留下了一個疤痕。

兒子誕生，同一天自己又打了一場小勝仗，尤其那是用性命換來的；張作霖給兒子取了個吉祥的小名：雙喜。「小喜子」就這麼來到了人間。

二

小喜子雖然是長子，出生的時候母親卻已經二十七歲了。其實，趙夫人嫁給張作霖的第二年，就生了個兒子，可惜夭折了；隔兩年又生了個女兒，取名「冠英」。別看張作霖沒讀過什麼書，給子女取的名字倒挺有學問，小喜子的學名叫做「學良」，也蠻書卷氣的。

張作霖負責地方鄉團衛隊的工作，從某個角度看，好像挺神氣；但那畢竟是受僱於人的一種警衛差事，而且待遇並不好，家裡老是鬧窮。關外多半時候天寒地凍，張家一家人睡的炕上卻連塊褥子都沒有，找些乾草墊著就打發了。

趙夫人身體一直不好，沒什麼奶水；再加上家裡生活又苦，小喜子沒幾個月大，就得跟著大人吃些乾的、硬的食物。東北到處種的有高粱，母親把高粱米煮了，煮得爛爛的；但還是不成，總要先放進自己嘴裡，嚼得更爛一些，這才餵給兒子吃。因此，小喜子可眞是先天不足、後天又失調，底子差得很；不但常生病，甚至還吐過血，街坊鄰居都說，這個兒子恐怕也養不活。

小喜子養是養活了，但身子骨確實很虛弱；有親戚就給出了個主意。那個年頭的人都講究迷信；尤其鄉下地方，愈是對付大的難題，愈是迷信得厲害。

趙夫人這個娘家的遠房表親可眞熱心，這一天想起了主意，立刻趕了來：「我說妹子啊！小喜子這麼耗下去總不是辦法……妳看看！三天兩頭鬧著病；他自己苦，把妳也給折騰的！」

「沒辦法呀！家裡上上下下多少事！大丫頭才幾歲？也得整天照顧著……偏偏他們的爹又不

常回來！」原來張作霖不但繼續做他的鄉團衛隊隊長，而且愈做愈有名氣，勢力已經不小。這還在其次，他常不在家的原因不完全是在外頭帶兵；小喜子出生的前一年，他又娶了一房，是村裡私塾先生盧家的女兒，長得很漂亮。張作霖爲了一償心頭之願，還向盧先生保證過：兩頭爲大，決不拿盧家小姐當二房。

想到這兒，趙夫人難過了，從衣襟上抽出手絹直擦眼淚；這可讓她表姊更有理由勸說了：「所以呀！妹子！妳可得好好把小喜子拉拔大……天底下的男人都一樣，誰知道咱們這個妹夫將來還要娶幾房？不管怎麼說，小喜子終究是他大房生的長子，往後可是妳的靠山，妳能不拿妳這命根子當回事嗎？」

「這我知道！……可是表姊！依妳看，我該怎麼辦？」

「我來找妳就爲了這檔子事兒……我都打聽過啦！鄰村裡有間廟，聽說那兒的菩薩靈得很！我看妳就看準一個黃道吉日，帶小喜子到那間廟裡許個願，讓小喜子當幾天跳牆和尙！妳看怎麼樣？」

「噫？跳牆和尙？妳是說讓小喜子……」

「沒錯！我就是這個意思！反正只要待上十天八天的；要是算準了，趁他爹不在家……乾脆妳就瞞著別說！」

「不！那怎麼成！他爹要是知道了……」趙夫人心裡擔心的其實就是小喜子他爹；要是眞決定了，這麼一樁大事，哪能瞞著？何況，就照實說了，他爹答不答應還說不準呢！

不過，表姊前頭分析的那些個道理，趙夫人倒挺聽得進去；她是得好好把小喜子拉拔大；這孩子將來無論幹哪個行當，只要成材成器，爲娘的就眞有了靠山……

於是，趙夫人把表姊的主意告訴了丈夫，而張作霖居然答應得很痛快；就這樣，小喜子眞的到鄰村那間廟裡當了跳牆和尙。

所謂「跳牆和尙」，就是象徵性地在廟裡住上幾天；跟著那些眞和尙吃齋唸佛，也穿上小袈裟，要不要剃度倒無所謂。等時候差不多了，紮個小紙人，寫上名字，等於是有了替身；然後再看好時辰，夜裡讓這孩子跳牆出去，替身還留在廟裡，這就算大功告成。據說如此一來，這孩子就能出運；往後的日子裡，任他什麼妖邪都不會附上身。

跳牆之後的唯一規矩是，得注意聽第一個喊人的聲音；喊的是什麼，這孩子就得把原來在家裡的小名照著改過來。

一切都照計劃進行；小喜子在廟裡待了幾天。這天夜裡，他搬了一張板凳墊腳，好不容易才爬上牆頭，翻過身奮力往下一跳；說也巧，剛著地，就聽見牆邊巷子裡的一戶人家傳來母親喊兒子的聲音：「小六子！別在院子裡玩啦！……該進屋子裡睡下啦！」

這麼一來，小喜子成了小六子啦！原來的小喜子就永遠留在廟裡了。

這孩子某些地方很像他父親，譬如聰明、機伶；當然，小腦袋裡頭也總喜歡轉呀轉的，反應快得不得了。這會兒他心裡想，幸好那戶人家喊的是「小六子」；如果那個孩子叫「小狗子」，自己不也成了小狗子？再不然，要是遇見路人吵架，一跳出牆就聽見有人罵「王八蛋」，那自己不就成了王八蛋了？眞是的！這是哪門子的餿主意！

大概是菩薩眞顯靈了吧，此後小六子不再那麼多病；到了六、七歲，該啓智慧、長知識了。

這時候的張作霖已經歸順大清，先出任奉天新民府巡防隊的軍官，不久就升任大隊長。張作霖帶兵作戰有一套，但他老是抱怨自己小時候書讀得太少，因此決定好好栽培子女。

大廳裡，平常回家來喜歡逗著兒子玩的張作霖一臉嚴肅；小六子鬼靈精，知道父親有什麼要緊的事要對自己宣布了。

果然，張作霖連說話的聲調都端了起來：「小六子！你過來！」

小六子也學模學樣，一臉正經地往前邁了兩步；但他刻意跟父親保持個距離，雙手下垂，一副準備聽命的表情。張作霖清了清嗓子：「滿了六歲，你該開始讀書了！」

「是的！爹！」

「嗯！……我已經請了一位老師，就在家裡教你。過兩天我準備好孔老夫子的牌位，你得正正式式地磕頭拜師！」

「知道了！爹！」

「好！你坐下！」這表示嚴命已經宣布過了，小六子在一旁坐下。張作霖的臉上也放輕鬆了些；他邊看著兒子，邊端起茶几上的蓋碗，喝了口茶。

小六子立刻會過意來：父親還有些體己話想跟他說，但一定還是跟讀書的事有關。小六子乾脆先發問：「爹！您請的是哪一位老師呀？」

「我正打算告訴你！」

張作霖瞅著心愛的兒子，小傢伙就這麼聰明！自己還沒開始說呢，他倒先問開了！張作霖放下蓋碗：「爹小時候，咱們家裡窮得連三餐都吃不飽！心裡老是羨慕有錢人家的孩子，因爲他們能上課堂讀書……可光羨慕有什麼用？於是，爹常常偷偷趴在私塾的窗戶外面，在窗戶紙頭上戳個小洞，爲的是能聽清楚老師講解書本上的學問。什麼千字文啦、三字經啦，多少聽了點……那一年爹十四歲，你爺爺已經過世好幾年了！你奶奶靠著做針線，勉強養活家裡的好幾口人。」

原來父親有這麼一段苦學的經過，小六子簡直佩服得五體投地、感動得想哭；他迫不及待地想多知道些：「爹！……那後來呢？」

「沒多久，老師發現了窗戶上的小洞，當場把我逮住了……」

「嗄？……那怎麼辦？爹！老師打了你沒有？」

「沒有！老師不但沒打我，還讓我進課堂裡頭去聽。我怎麼敢？我告訴老師，我們家窮，給不出束脩。你猜怎麼著？老師居然立刻讓我回去告訴你奶奶，說他不收束脩，白白讓我跟別的孩子一起讀書。你要知道，我比那些孩子都大好幾歲，他們那時候就像你現在這麼大！」

「那您往後就不用躲在窗戶外頭偷偷聽老師講課了，眞好！」

「好什麼呀？才三個月，我又讀不下去了……」

「爲什麼？」

「還是同一個原因……窮！家裡實在過不下去了，你奶奶讓我去撿柴，還要我幫著做些家裡的雜事，所以……」

「哦……」小六子不想聽下去了，心裡頭怪難過的；他把話題轉了回去：

「爹！剛才我是問您，給我請的是哪一位老師？」

「就是當年我跟他讀了幾個月書的那一位老師！」

「嗄?……」

「沒錯!就是當年的那位楊輔慶、楊老師!」

「哦……」

小六子懂了，他沒再問別的；把目光從遠處拉回來，卻看見父親的兩眼正轉向窗外……

「小少爺!……小少爺!」

劉媽推開裡間小屋的房門，探頭看看，裡面沒有人影；她索性跨了進去。

「又跑到哪兒玩去了!……唉!」

劉媽嘴裡唸叨著，直搖頭；她把手上提著的一串黃顏色的、像是什麼瓜果之類的東西放在八仙桌上。這間裡屋緊挨著客廳，原來是起居室兼客房；自從家裡請來老師之後，又做了孩子的書房。張作霖找來了小六子的一個堂弟跟一個表哥，三兄弟一起上課。楊老師每天上午來，傍晚離開。張作霖規定得嚴，他要三兄弟提早半個時辰到書房裡坐好；先準備當天的功課，也檢查前一天老師交代的作業。

劉媽算準了三個孩子這會兒該在書房裡待著了，卻沒見著人。張作霖在家的日子，孩子們不敢遲到；他要是不在家，那可就不一定了。八仙桌上擺著孩子們的書本文具，可見他們是來過了、又出去了。劉媽又搖了搖頭，轉過身正要往外走，三兄弟跑了進來；氣喘喘的，每個人手裡都捧著一個廣口的玻璃瓶。劉媽認得這種玻璃瓶，是裝補藥的瓶子；可是，這三個孩子拿這種瓶子幹什麼?而且，一見到劉媽，他們不約而同地趕緊把瓶子抱在胸口，還用手捂著。劉媽滿臉狐疑，猜不透小傢伙們在玩什麼把戲。

畢竟小六子最機伶，他一眼看見桌上那串瓜果，跑了過去；像在掩飾著什麼似的，把劉媽的注意力移開：

「欸?這是什麼?……劉媽!是不是我娘又讓你送東西來給老師吃?有沒有我們的份?」

「對!對!我們也要!我們也要……」

另外兩個孩子也湊了上去；趁著一陣亂，三個小傢伙先後都把手裡的玻璃瓶藏在了桌腳下。

劉媽老實人，沒看見他們的動作，只管回答小六子的問題：「這叫做香蕉!」

「香蕉?……什麼叫香蕉啊?」

「長得好像茄子!可是這顏色怎麼是黃的呢?」

「是不是洋茄子啊?這該怎麼吃?是不是要先煮過?還是涼拌?」

「好不好吃啊?……要不要沾醬油?」

三個小傢伙七嘴八舌的，劉媽都不知道該先回答哪個問題了；只見她笑咪咪的：

「你們全都猜錯啦!香蕉是一種水果!」

「嗄?……是水果?」

「嗯!……是南方產的水果。小少爺!這是人家剛送來給少爺的!有一大箱子呢!」

「哦……」

「這一串是少奶奶讓我拿來送給楊老師的……少奶奶交代了，你們上午的課上完，中午吃過飯，每人都有一根，聽說好吃得很吶!」

「哇！……帥極了！」

三兄弟饞得直嚥口水；劉媽臨出去的時候又叮嚀了一句：「少奶奶說了，你們上午的課要是不好好上，不但香蕉沒得吃，等少爺回來，還讓他處罰你們！」

「哦……」

張作霖什麼時候回來？沒有人知道，他也不常回來；就在這一年裡，他連續又在外頭娶了三個姨太太。但儘管如此，三個小傢伙聽劉媽這麼一說，還是伸出了舌頭，趕緊坐下，打開課本。

中午吃過飯，而且如願以償地吃到了香蕉，三個小傢伙立刻回到書房；這也是張作霖規定的，得乖乖地趴在桌上，睡半個時辰。但是沒多久，瞇著眼睛看見楊老師靠在太師椅上睡著了，小傢伙們輕手躡足，各自捧著他們的那個玻璃瓶，蹲到了牆角；又各自打開瓶蓋，壓低了聲音開始數數，小六子帶頭：「一、二、三……一、二、三、四、五……我這兒有三隻白的，五隻紅的、……小杜子！你那兒呢？」

「我數過了，兩隻藍的，三隻紅的。小虎子！你呢？」

「我也數過了，我這兒有兩隻白的，兩隻藍的……小六子！你又贏了！怎麼每次都是你贏？」小六子得意地笑了。大概太得意，不小心笑出了聲，他機警地回過頭去；還好，楊老師沒醒。而就這麼一回頭，原來捂著瓶口的手掌卻鬆開了。

「糟糕！……好幾隻飛走了！」

「你看你！活該！……欸！小六子！這下子咱們得重新再數過！」

「才不呢！剛才已經數清楚了，你們不都認輸了嗎？哼！賴皮！」

「噓……糟了！楊老師醒過來了！」

楊老師不是被他們吵醒的，是被一隻蒼蠅給弄醒的；蒼蠅先是停在他鼻子上，又爬了兩爬，這可把楊老師弄醒了。隨著他輕輕在鼻子上一揮，那隻蒼蠅飛走了。楊老師鼻頭上有一個白點，孩子們想笑，但忍住了……

而事情還沒完。楊老師打了個哈欠，揉揉眼睛；確定他的三個學生沒趴在桌上午睡。心裡正納悶著，沒想到又一隻蒼蠅飛了過來，停在楊老師翻開著的書本上。楊老師頓時張口結舌，他瞧見了這隻從來沒見過的怪蒼蠅；蒼蠅翅膀還啪啦啪啦的，抖下來一些紅色的粉末。

「欸？欸？……這哪兒來的一隻紅蒼蠅？」

一切發生得太快，牆角的三個小傢伙沒來得及反應過來，還在那兒蹲著，手裡的玻璃瓶更來不及藏起來。這會兒三隻捂著瓶口的小手掌全鬆開了，剎那間幾十隻蒼蠅飛得整間書房裡好熱鬧！不只紅蒼蠅，還有白蒼蠅、藍蒼蠅……

楊老師明白了一大半；他站起身，朝孩子們走過來，手裡拿著戒尺：

「這是怎麼回事？……小六子！你說！」

「這……這……」

「說呀！」

「這……是這麼回事，……我們……玩捉蒼蠅的遊戲，蒼蠅就是我們各人帶的兵，我們互相捉別人的兵，看誰捉得多。」

好傢伙！才多大？就想學你爹帶兵打仗？楊老師心裡嘀咕著，沒說出口；看到書桌上停著幾隻蒼蠅，有個問題他不能不問：「這些蒼蠅又是紅又是藍又是白的，這是怎麼回事？」

「那是爲了分淸楚是誰的兵……誰的蒼……蠅，……我們先把不同顏色的粉筆磨成粉，裝在瓶子裡，再把蒼蠅放進去，這就……就沾上顏色了。」

楊老師倒是頭一回聽說有這種遊戲，挺新鮮的，孩子的腦筋也挺有花樣；但這些都不能當作赦免的藉口。

「手板心都伸出來！」這一頓打無論如何是逃不掉的了。

一轉眼，張學良已經十歲了；這時候的他，已經讀了不少古書，也極少有人再喊他「小六子」了。一天夜裡睡得正熟，母親用力搖醒了他：

「學良！快起來！……學良！」

「娘！……什麼事啊？」

「別多問！快起來！」

學良睡眼惺忪，迷迷糊糊跳下床；看見母親手裡緊緊握著一個小布袋，布袋兩頭縫著長長的布條。學良看見過這種布袋，那是長一輩的人外出的時候都要帶著的。布袋裡裝錢，兩頭的布條繫在腰上，外面罩上一層層的衣服；這麼一來，路上就比較不怕遇到宵小之徒了。

母親急匆匆地把兩邊的布條往學良腰上一繫，繫得好緊。

「把衣服穿上！……快！」

母親一直催他，而且剛才又破天荒的在他腰上繫了錢袋；學良心裡明白，一定有什麼不尋常的事要發生了。他沒敢問，趕緊把衣服穿好。

母親從頭到腳把學良打量了一下，然後抓住他的肩膀：

「你打後門出去，找個地方躲起來，最好是偏僻的地方……袋子裡是三十塊錢，非到萬不得已的時候別拿出來！……還有，路上要是遇見了人，就說你是張作霖的兒子，知道嗎？」

「知道了！」

學良這會兒不僅有了恐懼的感覺，而且心裡那分疑惑更強烈了；到底發生了什麼可怕的事？但他只想問一個問題：「娘！那您呢？」

「你別管我！」

母親的語氣是非常剛強堅定的。平日裡默默持著這個家，對丈夫在外面娶了四個偏房都不吭一聲，看起來是個典型的傳統女人：柔弱、認命；但這會兒母親的表情裡卻透著無比的剛硬。

當然，學良懵懵懂懂地也能揣摩出一些。自己上面有個姊姊，底下還有一個弟弟，萬一眞有什麼狀況，母親是打算用性命來保護這個家的；而學良自己是張家的長子，母親有著千百種理由要先把他送走。

學良沒再多問，他只能乖乖地照著母親的話去做。

這天夜裡究竟發生了什麼事？學良一直不明白；而到了後來，他也沒法弄明白了。

第二年冬天，趙夫人帶著二兒子學銘，從新民府的家裡到奉天省城找張作霖，主要的目的是跟他要點錢帶回去。這時候的張作霖已經官拜奉天巡防營的前路統領，帶領步兵、騎兵一共七個大隊，手下有好幾千人。

當天夜裡，不知道是不是認生的緣故，學銘哭鬧個不停；把睡在裡間的張作霖吵醒了，衝到母子倆睡的外間，抓起兒子痛打了一頓。做母親的當然於心不忍；先是護著兒子，嘴裡抱怨了幾句，接著夫妻倆就吵了起來。兩個人愈吵愈兇，趙夫人壓抑了多年的情緒終於爆發了：

「我知道你壓根就討厭這孩子！」

「妳胡說！」

「你摸摸良心，到底是誰在胡說？打從這孩子生下來，你就沒喜歡過他！……他都四歲了，我問你！從生下來到現在，你有幾次逗他玩過？你又抱過他幾次？他每回著了涼，吃壞了肚子，你人都在哪兒？」

「這……照顧孩子本來就是女人家的事！再說，我公家的事情忙……」

「別睜著眼睛說瞎話！……你為什麼不痛痛快快承認，你是忙著照顧其他的四個地方！」

「我……我不跟妳說了！」

「你以為我就願意跟你說這些？好！既然你嫌棄孩子、嫌棄我，明天天一亮就走！」

這場架吵的時間其實並不長，但在趙夫人來說，已經是不得了的了；她從來沒有發過這麼大的脾氣。果然，第二天一早，母子倆就回新民府去了。四個多月之後，趙夫人病倒了，沒再起來；其間張作霖回去看過，但兩人一句話也沒說。看在學良眼裡，他小小的心靈有了模模糊糊的體認；自己上回的感覺好像沒錯，母親任勞任怨也認命，但骨子裡卻有著那份剛硬。

趙夫人去世的時候才三十八歲；十一歲的學良和大他五歲的姊姊、小他六歲的弟弟，都由張作霖接到省城去，由盧夫人照顧。

半年後，中國發生了驚天動地的大事：孫中山先生領導的革命黨人，在武昌起義成功；延續了兩百六十八年的大清王朝被推翻了，幾千年的帝制也終於畫下了句點。

小皇帝宣統退位了，但這個號稱亞洲第一的民主共和國，整個的建國工程卻才剛剛起步，各股勢力的整合遙遙無期。關外的局勢也相當詭異而不可測，清廷任命的東三省總督趙爾巽反對共和，以巡防營的部隊對抗在東北的革命勢力；而革命派的新軍由藍天蔚率領，氣勢也不弱，雙方僵持不下，衝突一觸即發。就在這個這時候，張作霖帶著手下的七個大隊前來效忠擁護趙爾巽。

趙爾巽和藍天蔚約了個地方開會；名爲「開會」，實際上就是談判。參加的還有雙方的主要幹部，以及一些表面上保持中立、私底下正準備押寶選邊站的各方人物。

談著談著，氣氛顯然僵住了；因爲藍天蔚仗著自認爲不小的兵力，想要逼迫趙爾巽就範：

「……還是那句話，你要是同意，我們可以派你做東三省的保安司令；否則的話，咱們就比個高下！只怕到時候你全盤皆輸，什麼都沒了！」

在場的人全沒吭聲，有的是在繼續觀望，也有的是被藍天蔚嚇住了；因爲據說這時候藍天蔚的精銳部隊已經在附近集結，準備動手硬幹。

「怎麼樣？……你是識時務爲俊傑呢，還是不知好歹、執迷不悟？」

趙爾巽沒作聲，他心裡正盤算著；藍天蔚乾脆把目標轉向其他的人：

「各位！……剛才我已經說得夠明白的了，我希望你們都能看清楚情勢！現在，我正式在這兒提建議，我們請趙總督擔任新的東三省保安司令，各位有什麼意見？」

所有的人你看我我看你；一陣靜默。

突然，「啪」的一聲，有人打破了這靜默；大家轉頭看過去，是張作霖，他掏出腰裡的手槍重重往桌上一放：「我反對！」

全場都獃住了，所有的人又是我看你你看我，不知道這個巡防營的前路統領什麼時候跟老天借了膽，敢在這個節骨眼跳出來唱反調，不是連總督本人都一直沒吭聲嗎？

藍天蔚也愣住了；他當然認識張作霖，知道這個前路統領是一號人物。論起帶兵作戰，張統領確實有一套，而且膽識過人；十年前單挑海沙子決鬥的那一幕，藍天蔚聽人說起過。

張作霖兩眼掃了全場一周，知道自己的下馬威已經奏效；他冷冷地喊了一聲：「總督！」喊完卻頓住了，大家都在屏息等待，急著想聽聽張作霖想要說什麼；奇怪的是，張作霖嘴裡喊的是趙爾巽，眼睛卻瞪著藍天蔚。

終於，張作霖說話了；聲音宏亮，語調卻極爲冷峻：「作霖統領的七個大隊，此刻全已部署完畢，在附近的各個據點待命。但憑總督下令，立刻會有專人前往各據點傳達；七個大隊頃刻間都將匯集此地，自各大隊長以下，一個人也少不了！」

張作霖直到整段話說完，兩隻眼睛都沒離開過藍天蔚，甚至沒眨過一下；炯炯目光中透著一股殺氣，藍天蔚心寒了。全場又回到了絕對的靜默，沒有一點聲音；但所有的人心裡都明白，張作霖這段話裡的意思是什麼、以及衝著誰而說。

過了好一會兒，藍天蔚站了起來，神情沮喪地向外走去。

前後就這麼幾分鐘的時間；像當年一樣，張作霖一下子扳倒了對手。不同的是，那一次他是以槍子兒和對方火拼；而這一回，他光是靠著氣勢就震懾了對方。剛才張作霖掏出的那柄手槍，此刻還靜靜地躺在桌上。

趙爾巽第二天就在總督府召見張作霖；除了重重嘉勉一番，還當場發布調任他爲奉天巡防營中路統領，另外又撥了八個大隊歸他指揮。張作霖手下的兵力，一下子增加了一倍還多。

一九一二年二月，爲了安撫北方動盪的政局，就任臨時大總統才一個多月的孫中山先生宣布辭職，由袁世凱繼任。

張作霖一直反對共和，他這時候投入了袁世凱的陣營，被任命爲戍守奉天的第二十七師師長。四年後，張作霖再度巧施謀略，鬥垮了奉天督軍段芝貴；隨即被封爲盛武將軍，出任奉天督軍兼省長。

這時候的張學良已經十六歲。他一方面在前後好幾位老師的教導之下長了許多知識；另一方面，隨著父親官位的節節高升，他有更多的機會接觸外界，打開了廣闊的視野。一向疼愛長子的張作霖，心中高興之餘，似乎已經開始爲兒子的前途盤算了。

三

十六歲的張學良不僅讀中國的古書，也開始學英文；張作霖有心栽培這個自小聰明過人、又知道用功求上進的兒子，特地給他請了一位英文老師。大概除了啓蒙的楊輔慶之外，其他的老師都對學良很客氣；那自然是因爲他父親的緣故，誰願意對奉天督軍的兒子不假詞色？但張作霖也絕不肯過於溺愛學良，他知道那樣反倒害了兒子。他也知道學良有時候挺調皮的，但那正是聰明伶俐的另一面。

英文老師是出身香港新約書院的徐啓東，當時是奉天省外交署英文科的科長，英文底子很不錯，只是滿嘴的廣東國語，有時候難免鬧笑話。

這一天，徐老師教的「初階英語」正進入新的一課，照例要先教生字。

「……nine, n-i-n-e, nine。」

「nine, n-i-n-e, nine。」

這是最基本的教法，老師唸一次，學生跟著唸一次。

「nine 就是『狗』，明白嗎？」

「明白了！」

「初階英語」課本裡印的全是英文，一個中國字也沒有，要靠老師講解、翻譯。其實學良並沒有聽明白；他沒聽出來，徐老師的廣東國語把「九」說成了「狗」。徐老師扶了扶老花眼鏡：

「好，自己唸一次！」

「nine, n-i-n-e, nine。」

「nine在中國話裡是什麼意思呀……」

「nine的意思就是『狗』。」

「嗯！很好！」過了一會兒，徐老師教另一個字：

「dog, d-o-g, dog。」

「dog, d-o-g, dog。」

「dog就是『犬』。」

學良傻眼了，「狗」和「犬」不是一樣嗎？英文還眞麻煩，非要用兩個不同的字！就和麻煩的中文一樣。欸……，慢著！也許「nine」指的是小狗，而「dog」指的是大狗；沒錯！一定是這樣，學良心裡很得意。又過了一會兒，徐老師要教難一點的了：

「現在我們學造句……There are nine dogs in my house.」

學良很聰明，學過的都記得，還能融會貫通；不過，有時候就是有點自作聰明。他跟著把徐老師造的句子唸了一遍，然後迫不及待地把中文意思說了出來：

「這句話就是說，我家有小狗，也有大狗；而且，小狗跟大狗喜歡湊在一堆！」

徐老師有點氣結，但也莫可奈何，誰叫自己說的是廣東國語；而一眼望著這個督軍府的大少爺，他還在得意著呢！

遼源于家客廳裡，主人正接待著一位貴客。

遼源又叫做「鄭家屯」，在前清時代歸盛京管轄，由於地處西遼河及新遼河匯集之處，水陸交通都很方便，自然成爲滿蒙一帶的貿易重鎮，商業一直相當發達。

于家主人名叫光斗，從商多年，頗有成就，還當上了縣商會的理事長，在商界很有影響力。這一天他接待的是奉天督軍張作霖。張作霖早年擔任奉天巡防營統領的時候，曾經在鄭家屯駐防過；當時兩個人常有來往，交情不錯。于光斗地方上關係好，對張作霖自然有過很大的幫助。

看著多年不見的老友如今飛黃騰達，被一般人尊稱爲「大帥」，私底下甚至有了「奉天王」的名號，于光斗確實高興：「難得大帥到遼源來，百忙之中居然光臨舍下，眞是蓬蓽生輝！」

「光斗兄！你這麼說就見外了！當年我駐守在這兒，要不是蒙你的照顧，一般軍務哪能推動得那麼順利？我這次因公重遊舊地，如果不來探望，那才叫做不念舊情、過河拆橋啦！」

「好說好說！大帥……」

「欸！光斗兄！別大帥大帥的喊我，我是個當兵出身的大老粗，如今職務在身，官場上也許避免不了；但在老朋友面前，聽到這官模官樣的稱呼，反倒不自在，好像彼此間的距離拉遠了！光斗兄！你說對不對？」

「痛快！痛快！果然是大帥之風！……那我就不客氣，照當年那樣，還稱你作霖兄囉！」

「本來嘛！光斗兄！你這一向可好？嫂夫人，還有孩子們……」

「託作霖兄的福，他們都好。」

「你們家的鳳小姐，今年……」

「你是說鳳丫頭？十九啦！難得作霖兄還記得她！」

「怎麼不記得？當年到你們家裡作客，每次見到她，總覺得她知書達禮、舉止端莊，是一位難得一見的大家閨秀……她出嫁了沒有？」

「還沒有，說來慚愧！所謂高不成低不就……不瞞作霖兄，前兩天她娘還特地請人替她卜了卦。」

「哦？卦上怎麼說？」

「我也不太懂，聽她娘說，大概快了……」

「嗯……」張作霖摸了摸嘴角的鬍鬚，沉吟起來；他心裡起了一個念頭。自己是到了二十一歲才娶妻的，那已經嫌晚了；只因爲家裡窮，妻子還是自己上岳家求來的。一般的官家子女，有不少是在十七、八歲的時候，就由父母代爲訂了親，其中一個很主要的原因，是在講求門當戶對之後，兒女親家可以相互提攜，那像是另一種類型的「押寶」。想到這兒，張作霖愈發覺得心裡有點燥熱，他感覺得到自己的蠢蠢欲動。

畢竟是軍人出身，脾性爽直；張作霖以半玩笑、半認眞的語氣試探著：「光斗兄知道的，我成家得晚，以致大兒子今年才十六歲……不過，我可不想讓他跟我一樣。不怕光斗兄見笑，如果不嫌棄，我倒眞想跟光斗兄攀個兒女親家……哈哈……」

「作霖兄……作霖兄這可言重了！言重了……」

于光斗一下子不知道該怎麼應付這場面；看張作霖的態度，也著實分不出是說笑呢，還是眞有那意思。而不管怎麼說，當年的交情是不錯，但如今人家已是「奉天王」，自己怎敢高攀？想來想去，只好不卑不亢地、也以半玩笑半認眞的口吻回敬了幾句：「蒙作霖兄不棄，但這種事恐怕還得看看他們倆自己有沒有那層意思，用俗話說，看他們倆有沒有緣……要是眞有緣，高攀的是我們于家！哈哈……」于光斗也「哈哈」了回去；話說得漂亮極了，也得體極了。

張作霖打蛇隨棍上，借力使力，他趕緊加了一句：「對！對！……我看這樣吧，找一個好日子，我邀請光斗兄、嫂夫人跟鳳小姐到奉天玩幾天，讓他們倆先見見面，就像光斗兄說的，看看有沒有緣！」

「好！好！我們一定來叨擾！到時候……」

到時候再看造化吧，話只能說到這裡；于光斗心裡想的和張作霖一樣。

這樁婚事是「父母之命」，那個年頭的青年男女，絕大多數是經過上一代的安排而拜了堂的。張學良就在十六歲這一年，和于鳳至成親了。

張學良開始走到外面去活動了，一方面結了婚，像是一夜之間長大了；另一方面也是受到他第二任英文老師的影響。

廣東先生徐啓東敎了一陣子，因爲職務調動，沒法繼續敎下去；張作霖乾脆找了個外國人到府裡，充當學良的英文老師，而且加重了上課的份量，每天都排了兩個小時。

那時候的奉天，受到北京、天津、上海這些大都市的影響，也引進了具有外國背景的社團，例如基督敎青年會。當時奉天省城的青年會還在籌備階段，但已經開設了英文班，三位授課老師都是外國人；其中來自美國的普萊德是青年會籌備處的總幹事，中國話說得非常好，人也正派，張作霖就相中了他。

普萊德不僅是稱職的英文老師，而且為人誠懇厚道，學良很快就跟這位亦師亦友的美國人建立了交情，還常常到青年會籌備處的辦公室找他。

這一天，學良忍不住了；有一些問題在他心裡藏了很久：「普萊德先生，我每次到你們辦公室裡來，總看到在這兒上班的人忙個不停，每個人不是趴在桌上一直寫東西，就是彼此商量事情、討論個沒完。……我很好奇，你們眞有那麼多的事情要做嗎？」

「你的問題很好，也表示你注意到了這兒的情形……用中國話形容，就是你的觀察力很強。現在讓我告訴你，我們在籌備青年會，這是你知道的。任何事情，開始的時候最困難；好像你們中國人也有同樣的說法。」

「對啊！中國話是說『創業維艱』，還有一句俗話叫做『萬事起頭難』，我想就是這個意思。……可是我聽說你們外國人都很有錢，要辦事情，多花幾個錢、多請幾個人就是了，這樣不就可以輕鬆些嗎？」

「哈哈……」

普萊德斯文地笑了，他一時還眞不知道該怎麼回答才好；可是從平常的接觸裡，普萊德看得出，這位督軍府裡的大少爺雖然出身富貴人家，卻挺明理而且聰慧，或許這對於他是一個很好的機會教育：「學良！讓我告訴你一個道理。也許我不應該當你的面批評中國人，但我相信我所要說的對你會有幫助，尤其對你的將來……」

說到這兒，普萊德一邊看著學良，觀察他的反應；一邊想著怎麼把話說得清楚，而又不太傷害中國人的自尊心。沒想到學良似乎看穿了普萊德的顧慮：

「普萊德先生，請你直接告訴我，我不會介意的。」

「好，我很高興聽你這麼說。我到中國來有一段時間了，除了奉天，也到過其他的地方。依據我的觀察，中國人的工作態度好像不太認眞；尤其是牽涉到大家的事。譬如說，一件事情要由許多人一起做，那麼你會看到，有些人就不夠努力。也許他們心裡認爲，反正有別人在，我爲什麼要特別賣力？」普萊德說到這兒又停了下來，他有心試探學良對自己這段話的看法。學良沒有說話，低下頭沉默了；顯然他對於這位外國老師提出來的問題在深思著。

學良繼續沉默著，普萊德有點驚奇；一個十六歲的孩子能有這麼深沉的反應，那代表著他的成熟。普萊德走到牆角，從水瓶裡倒了一杯水給學良；他覺得讓學良好好想想這裡面的道理，正是自己的本意。過了一會兒，普萊德把他所要說的「道理」延伸下去：

「所以，我認爲中國人應該都要認眞地工作，不管他的工作是什麼。……你想想你的父親，軍事是他的事業；也許在這方面他有比別人多一點的天賦，但是我寧願相信他的成功是由於他的認眞和努力。作戰不也是一件要靠『大家一起做』的事嗎?我想你父親的成功，不僅是他自己認眞，他一定要求他的士兵也要認眞，這樣的軍隊才能打仗，你說對不對？」

學良能說不對嗎?他只能一直點頭；望著杯子裡的水，他覺得自己心裡頓時清澈了許多，像這杯透明的水。

「……剛才你說，我們外國人都很有錢，這個看法是不對的。有沒有錢和能不能把事情做成功，彼此間並沒有絕對的關係。事實上，我們青年會本身的錢很少，要靠大家捐錢，才能辦許多活動。這不僅是在中國，在其他許多國家也是同樣的。」

「哦？……怪不得我每次來這兒，都聽見你們提到募捐的事。你們一直在募捐嗎？」

「是呀！……不募捐，哪裡有錢辦活動？」

「對了！普萊德先生！上次聽你們在談什麼網球場的事，我也很喜歡打網球，我一直喜歡運動……你們還要蓋網球場，是嗎？」

「是有這個想法，但非常困難……你知道的，青年會現在在這大南門裡的幾間小屋子是租來的，連租金也要靠募捐來的錢。你說，我們哪有能力蓋網球場？」

「普萊德先生！我想加入你們的青年會，也許我可以替青年會做些事情，……而且，我還要謝謝你剛才告訴我的那個道理！我很高興你肯告訴我！」

普萊德笑著點了點頭，他自己也非常高興；因為他看得出，學良確實把那個道理聽了進去。

青年會小小的會客室裡，普萊德靜靜坐在一旁，聽著余日章跟張學良的談話。余日章是上海青年會的總幹事，這次應邀到奉天來做聯誼訪問，也給還在籌備中的奉天青年會提供一些各方面的經驗。普萊德打從心裡喜歡這個督軍府的大少爺，因此，他常常為學良介紹一些社會上有成就的人，他認為這對學良一定有幫助。

余日章早就聽說東北軍政界的重要人物張作霖有一個挺不錯的兒子，這回到奉天來，又從普萊德那兒得知學良是個聰明、肯上進的青年，因此他對學良說了些很中肯的話。

這會兒已經是傍晚六點多鐘，普萊德為余日章安排了一場飯局，而且看他們也談得差不多了，普萊德朝學良笑了笑：「怎麼樣？學良！余先生跟你說的話，可比我有學問多了吧？……好了，時間也差不多了，余先生！咱們準備出發了！」

「好！我們這就走！……張少爺！剛才我們閒聊，我也提到咱們中國人有些惡習需要改進，得向西方朋友多學學。你看，這就是一個現成的例子，西方人講究守時，不像我們沒有時間觀念，尤其是吃飯應酬的場合，好像遲到是天經地義的事，準時出席反而被人當作是傻瓜……」

「是的，余先生，您說的都非常對，我眞是打從心底感激您的教誨。」

「哈哈……別用『教誨』這兩個字，那顯得有點迂腐！尤其是年輕人，禮貌固然重要，但不一定硬要學那些老骨董的客套之詞，內心裡的一個『誠』字最重要。……你瞧！我又說教了，我這個人吶，哈哈……」

普萊德也笑開了；身爲余日章口中的「西方人」，他很欣賞這位也懂得幽默、懂得消遣自己的中國人。

三個人都站起身，余日章又想起了幾句重要的話：「張少爺！你不但有優於一般人的身世，而且我看得出你是一個肯努力下工夫的年輕人，將來必定有一番作爲。我再嘮叨兩句：記住！西方人很重視輿論，也就是隨時注意社會上大多數人對一個人或是一件事情的看法，他們講究的所謂『民主』，就是同一個道理，所以，我奉勸你一定要學會『重視輿論』，並且『尊重輿論』；但是也要特別注意一點，那就是身爲各方矚目的人物，絕對不要『製造輿論』！也就是千萬不可『操縱輿論』！……這話你現在也許不太懂，將來你會明白的。」

「謝謝余先生！」這回，學良省去了「教誨」兩個字。

張學良不僅加入青年會，年紀輕輕，他還成了會裡的骨幹；不久後，學良當上了董事，肩負起募款的重任。透過學良的關係，青年會不但募款有成，而且還添了一些生力軍，都是地方上的名流。學良甚至找上奉天府，洽借了著名的古廟景佑宮，免費做爲青年會的會址，青年會也正式成立了。景佑宮所屬的一塊空地，經過整理和佈置，現在成了青年會的網球場；學良經常在這兒打網球。讀書、打球、募款，這些讓學良的生活十分充實，也開拓了他的社交圈子；而十七歲的他，內心裡也有了自己悄悄立下的志向。

這一天，學良跟一個外國的年輕球友在網球場上較量；打得正起勁，他看見陳英從遠處走來，陳英是學良結交的一個好朋友。

「陳英！……你在旁邊坐一會兒，這盤馬上打完了，咱們聊聊！」

「你儘管打吧！……我等你！」

「OK！……」

學良邊說邊高高舉起手裡的球，使勁發過網，認眞地盯著對手，也認眞地盯著一剎那就回到自己這邊的球，然後又使勁地抽過去……。他記得普萊德說過的話，做任何事都要認認眞眞的。

這一盤打完了，學良朝著在場邊凳子上坐著的陳英走了過來；抓起一條毛巾，擦了擦身上的汗：「嘿！Peter！……休息一下吧！朋友來找我！……他叫陳英……陳英！他是Peter，從美國來學中文的。」

隔著球網，學良替兩人介紹了；打過招呼，Peter在場子那頭朝學良揮了揮手：

「我看今天就到這裡吧！我也有點累了，……我們下次再比一比！再見！……陳英！很高興認識你！再見！」

Peter笑著收拾起球具和衣服，擺擺手離開了。

學良抓起擺在地上的水瓶，喝了好幾口：

「最近好嗎？……我們大概有半個多月沒見了吧！」

「是啊！你忙嘛！YMCA可眞是少不了你這員大將……怎麼樣？一切都順利吧！」

「還好！像你說的，眞的忙壞了！」

「找我來有事嗎？……還那麼鄭重地託人帶信給我！」

「最近一直想找個知心的朋友聊聊，想著想著就想到了你……」

「快說吧！你知道我是急性子！」

「你慢慢聽我說嘛！……前一陣子我認識了一個南滿洲醫學院的學生，他邀我到他們學校去玩，我去了好幾回，也認識了那兒的一些學生……」

「那很好呀！多交一些朋友對你只有好處……我知道你決不是池中之物，看你在YMCA的表現……你啊！將來比你父親還要五湖四海任遨遊、要比你父親還能幹！」

「問題就出在這兒！……我不想走我父親的路子。」

「爲什麼？……你不是告訴過我，你看得出來你父親想栽培你？」

「我是有這種感覺，而且這種感覺愈來愈強烈……可是，我眞的不想走他的路！」

「是不是跟你到醫學院去玩有關？」

「你猜得還眞準！」

「不是我猜得準，剛才是你自己先提起南滿洲醫學院，然後又說你不想走你父親的路……」

「我老實說了吧……我想進醫學院，將來當個醫生！」

「你……你說什麼?你想當醫生?我有沒有聽錯?」

「你沒有聽錯!我是想當個醫生!」

「這……這太沒道理了!」

「爲什麼沒道理?我到醫學院去，看到那兒的學生在教授的指導下，那麼用心地研究人類的各種器官，研究各種疾病;他們想盡辦法，要爲生病的人解除痛苦，那種悲天憫人的胸懷，眞讓我佩服不已!」

「所以你也想加入他們，將來好懸壺濟世，當個『救人一命、勝造七級浮屠』的醫生?」

「有什麼不好?你不覺得那是一種了不得的志向?」

「我不是說那不好!我是說，以你的家世，以你父親對你的期望，你覺得你有自己選擇的餘地嗎?」

「這就是我痛苦的原因……老實告訴你吧，前幾天我跟我父親提起過想當醫生的想法……」

「噢?眞的?你父親怎麼說?」

「其實我並沒有說得很直接，只是拐彎抹角地試探了一下。」

「不管你是怎麼說的，我只想知道你父親的反應!」

「他當然反對。」

「這就是了!我就知道他一定反對。學良!天底下沒有一個做父親的不希望自己的兒子比他更強！所謂望子成龍，你該懂得的！」

「所以我才覺得痛苦！……唉！你說我怎麼辦？」

陳英沉默了，他眞的也不知道該怎麼辦。身爲好朋友，一方面他當然應該尊重學良自己的志向；但另一方面，如果理智一點、冷酷一點，他又覺得應該力勸學良循著父親的心意和期許，將來必然可以有一番大作爲。畢竟，沒有幾個人像學良一樣，有一位如此顯赫的父親；這位父親有足夠的條件和環境爲兒子的未來鋪路，而那是一條很平坦、又極具前景的路。

正思索著，學良突然冒出一句話：「其實，我甚至覺得進南滿洲醫學院都還不夠……這所醫學院是日本人辦的，我聽人家說，比起美國，日本的醫學水準還差一大截。」

「那你的意思是……」

「我的意思是，乾脆我上美國去，到那兒去唸醫學院。」

「嗄？……」

「而且，有幾個美國朋友也都贊成我這種打算；其中有一個甚至還願意幫助我！」

陳英又愣住了，原來學良眞正的意向是這個！陳英搔了搔腦袋，因爲他又得轉換另一個方向替好友斟酌了。

好一大段沉默。不知過了多久，陳英像是經過了內心的掙扎，終於偏向了感情的一面；他不忍心再潑學良冷水，提出了一個自己都沒有把握的建議：「要不要這麼試試看：告訴你父親你要到美國去學軍事，進美國的軍校，看他怎麼說。假如他答應了，你就到美國去，等到了那兒再作決定……這是個緩兵之計，對你自己的緩兵之計。你懂我的意思嗎？」

仔細想了一會兒，學良懂了；他感激地伸出手去，握住陳英的：

「謝謝你！不論結果怎麼樣，至少你眞的替我想出了一個方法。謝謝你，陳英！」

陳英點了點頭，兩人的手緊緊握著。

過了好幾天，學良才跟父親提起想去美國進軍校的事，因爲張作霖連續好幾天都在外頭忙，即使回到督軍府，學良也找不到機會跟父親長談。

這天晚上張作霖的心情似乎特別好，飯桌上喝了一點酒；他一聽兒子有這麼一個念頭，先是微微一楞，然後大聲笑了出來：

「算了算了！你到美國去學軍事？省省吧！你學不來的！」

「爲什麼學不來？我的英文已經學得不錯了，連普萊德先生都誇過我。」

「我不是指你的英文程度，是你的個性！……你以爲軍人好當啊？告訴你吧！想當軍人，就得把腦袋瓜子栓在褲腰帶上！你懂嗎？」

「爹！我懂！我知道當軍人保鄉衛國，隨時都要有犧牲性命的準備。像您一樣，從年輕時候就衝鋒陷陣，不計生死……」

「好了好了！別拍我馬屁！這二十幾年來在槍子兒裡打滾，我自己還不明白？還用得著你歌功頌德？」

「可是爹……」

「我要說的是你那過於心軟、不夠狠的個性！還有，你太容易相信別人。我告訴你，要幹軍人，除了像你剛才所說的，隨時要有爲國家、爲百姓犧牲性命的準備之外，不但得防著敵人，還得防著自己人會陷害你！你的同袍、你的長官、甚至你的部屬，說不準哪一天人家爲了保護他自己，就把你給出賣了！這類故事從古到今數也數不清！你懂這裡面的道理嗎？……你呀！學軍事？幹軍人？差得遠吶！」

學良聽父親說了這一大段，他無言以對。說實在的，他確實沒想到這些；他也無從瞭解父親刻意說出的這些警語。這天晚上，學良失眠了；他反覆想著父親的話。其實，自己提起到美國進軍校的事，那原本是個幌子，他眞正想唸的是美國的醫學院；可是，由於這番話，倒使他有了一層疑惑：在父親內心深處，對他這個兒子的眞正指望到底是什麼？是像學良自己和許多朋友所猜測的，要栽培兒子繼承衣缽、甚至克紹箕裘？還是久經沙場，看透身爲軍人的處境艱險、爲了親情而不願讓兒子走上同一條路？

說也奇怪，學良此刻躺在床上翻來覆去、難以成眠，那已經不是爲了能不能到美國進醫學院，而是無法推斷：父親對自己的未來究竟有著什麼樣的想法和安排。但無論如何，有一點是絕對可以斷言的，那就是父親對他的愛，遠超過自己多年來的想像，儘管父親並不直接表露出來；甚至提起當軍人，還奚落著他……

因此，不久後，學良反而報考了當時國內首屈一指的保定軍校。他被錄取了，卻沒有去報到；因爲就在這個時候，原已沒落的奉天講武堂，在張作霖的運籌之下得以重建，改名爲「東三省講武堂」。張學良進了這所專爲培養東北軍事幹部而重建的軍校，正式開始了他的軍旅生涯。

四

奉天省城小東門外不遠的近郊，一個像是軍隊營區的地方，操場上整整齊齊排列著一塊塊小方陣；學生們穿戴著簇新的制服和軍帽，打著綁腿，一個個都顯得精神抖擻、威風凜凜。

這是東三省講武堂的開學典禮，司令台上兩旁坐著高級將領和地方士紳，正中央是穿著元帥軍服的張作霖，他正在繼續訓話：「……這個講武堂荒廢了七、八年，現在重新又開辦了，這是非常不容易的事！一大把一大把花下去的銀子，如果我說出數目來，準能讓你們嚇得暈過去！剛才我說了，我沒別的要求，只希望你們在這兒受到最好的訓練，將來出去帶兵，把你們所學到的東西好好運用到部隊裡，運用到每一名士兵身上。一點都不准馬虎！你們看看那邊……」

台上台下，所有的人目光都跟著張作霖指的方向轉過去，只見兩個木架，足足有兩丈多高；中間搭著一條木板，有十來尺長，卻只有一尺來寬。張作霖遠遠指著那塊木板：

「那叫做走天橋，是以前老的講武堂留下來的。那時候在這兒受訓的，每個人都得爬上架子，全副武裝，從木板這頭走到那頭；走不過去的，其他科目成績再好也畢不了業。我告訴你們！……將來你們不但得走過去，還得踢著正步走過去！明白嗎？」

台下聽訓的，一個個立刻都面色如土，打著綁腿的一雙腳不自覺地哆嗦。

「……可是，只要照著教官教你們的要領，我保證一定走得過去。我們這兒的教官，全都是北京陸軍大學跟日本士官學校出來的，他們都是最優秀的！我知道你們當中有不少人的父親在部隊裡是不小的官；但是我告訴你們，在這兒別想沾你父親的光！我兒子今天也在台下，我已經交代下去了；要是犯了錯，別人罰站、他罰跪，別人罰掃地、他罰掃廁所！還得跪著掃……」

這回台下有不少人想笑，但當然不敢，全都憋著；大帥的威嚴可不能拿來當玩笑的。

好不容易，開學典禮結束了。三月天在東北還是挺冷的，然而幾百個入伍生卻難掩心頭的熾熱；能夠被選到新的講武堂受訓，那是種光榮，每個人的心裡都像點燃了一把火。

專爲大帥設置的辦公室裡，張學良直挺挺地站著。他的心裡也有一把火，那火苗比別人的更旺；幾個月前想去美國學醫的念頭早已經埋在心底。

張作霖當著學良的面，繼續交代屬下，無論如何得對他這個兒子嚴加管教：

「郭教官！我知道你不僅科班出身，而且教課帶兵都有一套，因此我特別把學良交給你管。這孩子聰明、調皮，我身上有的優點、缺點他全都有；你得好好調教！」

「是！大帥！」

郭松齡是北京陸軍大學畢業的，對戰術特別有研究，跟著張作霖已經三年；政治立場上則是支持革命，而且參加過同盟會。他身材修長，一張長方形的臉，兩撇八字鬍，兩眼深凹，皮膚白皙，有點像西洋人。

學良筆直地站著；即使父親正說著自已，他還是注視正前方，張作霖對兒子這副標準的軍人神態似乎很滿意。其實，張作霖對學良很少板起臉孔，但今天這個場合顯然不同；而且，兒子既然選擇穿上了軍裝，就得把老百姓的身段全拋棄掉，一點也不能打折扣。何況，依張作霖的個性，私底下疼兒子是另一回事；在公事上，他決不容許兒子藉著得天獨厚的身世享受任何特權！

回想起自己當年從軍，還是從伙夫幹起；比起來，兒子已經幸運得多了。剛才在操場上，這會兒在辦公室裡，張作霖針對學良所說的那些話，自認爲沒有任何的矯情。從今以後，他更得把自己對兒子的鍾愛隱藏起來。

直到此刻，張作霖才將目光移向學良：「好了，你下去吧！」

「是！大帥！」

第一次聽兒子這麼喊自己，張作霖心裡的感覺是挺複雜的。

東三省講武堂復校之後，招收的並不是一般的青年，而是已經在職的軍官；這是張作霖重建講武堂的用意，他要培植優秀的軍事幹部。包括張學良在內，少數本來不具備資格的，都必須事先補個官階；學良就是以大帥府衛隊營見習排長的身分入學的。除了學良，入伍生當中還有一個人也和張作霖有著嫡親的關係，那就他的女婿、學良的姊夫鮑毓才。

學良選的是炮科；他十九歲的年齡比一般同學都小，又不曾眞的在部隊裡待過，而且還頂著大帥兒子的身分，因此他不得不格外用功。頭兩次月考，張學良都考了個第一名。

第二次月考成績公佈之後的第三天清晨，全校正在早自修，講武堂的教育長突然毫無預警地到了學良這一班教室門口，腋下夾著一個大紙袋。

「聽我的口令！馬上在集合場按照出操隊形集合！」

霹哩啪啦一陣腳步聲，八十來個學生都往外跑；邊跑邊猜著是怎麼回事：

「幹嘛呀？一大早就出操啊？」

「誰知道！說不定是輪咱們這班到圍牆外頭掃馬路！」

「欸?該不是哪個小子犯了錯，來個『連坐法』吧?」

七嘴八舌的，惹得教育長吼了起來：「不許說話!動作要快!」

全都閉上嘴了，可是動作倒眞快，不一會兒就排好隊了;教育長像是老鷹似的掃了隊伍一眼：「統統給我聽清楚!按照我唸到的學號，一個一個回教室裡去;從第一排靠門的座位開始，挨著個兒坐在位子上，第一排坐滿了坐第二排，不許亂!不許坐錯位置!……二一七五、二一六四、二一八七……」

一個接著一個進了教室，每個人都滿臉的狐疑，這到底是幹什麼?等都坐好了，朝四周一看，每個人前後左右都換了別的面孔;原來的座位順序全打散了。教育長從紙袋裡拿出一大疊空白考卷發了下去，然後在黑板上寫了五道題目。

「考試時間一個小時，答完題目的可以先繳卷，靜靜離開……開始!」

八十多枝筆幾乎同時落在紙上;有的人埋頭疾書，有的人寫幾個字就停了下來、直搔腦袋。第一個繳卷的是張學良，他花了不到半個小時;離開教室的時候，教育長盯著他看。教育長臉上的表情有點怪異、又似乎帶著點欣喜。

當天下午，教育長又到了這間教室，神情比早晨輕鬆愉快;他居然笑了：

「早上的考試是有特殊原因的。張學良連著兩次月考拿到第一名，好幾位教官都聽到了一些傳言;有的說他在考堂上偷看別人的卷子，有的更說他早就知道了題目。因此，大帥傳來命令，要我安排今兒一早的臨時抽考，整件事情只有我知道。現在我宣布早上考試的結果，張學良還是第一名!」教育長的話說完，許多同學先是一楞;等想通了是怎麼回事，連連鼓掌，還夾雜著道喜和讚嘆的聲音。張學良坐在位子上，臉上有些紅暈，還帶著靦腆的笑；他原是全班年紀最小的，這會兒看起來更像個大孩子了。

講武堂操場旁靠大門邊的一處樹蔭下，于鳳至陪張學良坐著。板凳旁有一籃從家裡帶來的點心；前方草地上，一個老媽子帶著他們兩歲大的女兒玩耍。

這是星期天的下午；週末照例是放假的日子，講武堂的規定是星期六傍晚外出，星期天晚上收假歸營，但是學良這個週末被禁足了。望著丈夫略帶沮喪的神情，于鳳至找些話安慰他：

「學堂裡有哪個學生不被處罰的？你別太放在心上。」

「我知道，其實也沒什麼大不了的，唯一可惜的就是不能打球。」

學良喜歡打網球，偶爾還打高爾夫球；進了講武堂，能打球的時間就只有週末放假的日子。于鳳至把話接了過去：「家裡都交代過了，如果有人找你打球，就改在下個星期……要不要吃些點心？還是留著晚上吃？」

「留著吧，我這會兒不餓……爹知道我被禁足，他說了什麼沒有？」

「沒說什麼。昨天傍晚勝岳一回到家裡就跟爹說了，當時我也在廳裡；看爹的表情，他好像沒什麼特別的反應……你怎麼沒讓勝岳留下來陪你？」

「人家也好不容易盼到了週末，留他下來陪我，這不近人情！」

高勝岳是大帥府指派了隨學良一起進講武堂的，有點古時候跟著公子「伴讀」的味道。既然話題老圍著學良被禁足這回事打轉，于鳳至憋了老半天的問題不能不問了：

「到底是犯了什麼錯被禁足？你不一直是被每個人誇的好學生嗎？」

「再好的學生也會犯錯！前天下午上教室裡的課；天氣熱，難得一陣風吹過來，我就打起盹，可是被教官逮著了。」

「才打個盹就禁足？有這麼嚴重？哪個教官啊？」

「還不是那個郭松齡！爹在開學那天就交代了他，要好好管教我！」

「那也不能這麼嚴嘛！」

「其實我一點也不怨他；是爹交代的，他當然得聽命。而且，他管得愈嚴，我就愈受用，這點我是非常明白的；爹的用意也正在於此。」

于鳳至沒答腔；男人的這些名堂，她不願意多花腦筋去想。看看頭頂上的太陽，于鳳至喊著老媽子：「王媽！別讓小小姐曬得太厲害！到樹蔭底下涼快一會兒吧！」

「是！大少奶奶！」

王媽拉住小小姐的手，跟她說了些什麼，小女孩跑了過來：

「爹！爹！王媽說，我可以吃糕糕了！我要吃！我要吃！」

「閭瑛乖！只能吃一個，知道嗎？」

「知道了！吃多了，肚子會疼！是娘剛才說的！」

「嗯，閭瑛眞乖！來！讓爹再親一下！」

于鳳至從籃子裡拿出一塊棗子糕，遞給閭瑛；這時候，遠處有人喊：「學良！」

學良看過去，朝那個人招招手：

「兆麟！來！過來吃點東西！我家裡帶來的！」

「好啊！」

陳兆麟是學良的同班同學；看他走近了，學良替妻子介紹：「鳳至！這是陳兆麟，同個班上的，平常很照顧我；他因爲家裡人全上北京作客去了，今天也就沒出去。」

「陳先生好！」

陳兆麟朝于鳳至敬了個禮：「嫂子！……這是你們的寶貝女兒吧？」

「她叫閭瑛……閭瑛！快喊陳伯伯！」

「陳伯伯！」

「嗯，眞乖！……嫂子！上午就聽學良說了您要來『探監』，他這回禁足，整個學堂裡都轟動了，……全怪那個郭鬼子，雞蛋裡挑骨頭！」

「好了好了！兆麟！別哪壺不熱提哪壺！」

郭松齡平日對學生管教嚴厲，也不知道誰給他取了「郭鬼子」這麼一個外號；也有人說，這個外號是他早年在廣東帶兵的時候就有了的。于鳳至笑了笑：

「陳先生！謝謝您對學良的照顧，……您要吃點什麼？棗子糕好嗎？」

「成！嫂子帶來的一定都好吃。不瞞您說，每個星期天晚上收假，我們就等著吃您給學良帶回來的點心！」

說著從于鳳至手裡接過來一塊棗子糕，放進嘴裡咬著：

「嫂子！學良不讓我說，我還是要說！……您不知道，學良在這兒可是個頂尖的人物！成績好，人緣也好，大夥都喜歡他！至於我呢，更打心眼裡佩服他！」

「哦?」

「就拿今兒早上來說吧，咱們倆閒著無聊，不知怎麼就談起了班上同學的名字，嘿!您猜怎麼著?學良他能把全班八、九十個名字都記住了!這還不到三個月吶!……我不信邪，又考他別班的，結果，他居然能背出兩百多個!」

于鳳至低頭笑了，旁人在跟前誇自己丈夫，當然是件得意的事;她看了一眼學良，學良聳了聳肩，一副挺有趣的表情。吃完棗子糕，陳兆麟抹抹嘴:

「學良!我回寢室看書去，又快月考了……嫂子!謝謝您吶!」

「不客氣!陳先生!下回放假，讓學良請你到家裡坐坐!」

「沒問題!我敢向您保證，下個星期學良決不會再被禁足了!」

三個人都笑了，閭瑛不明白怎麼回事，也拍著小手呵呵笑……

大半年過去了，時序進入冬季。這又是一個週末;大帥府張作霖專用的餐廳裡，熱騰騰的酸菜火鍋讓大夥吃得直喊過癮。張冠英替學良夾了好幾片白肉在盤子裡:「多吃點!學堂裡頭的伙食不好，油水更不夠;尤其是冬天，趁回家來多吃些，才有體力應付那些出操上課的。」

「大姊!我已經吃得夠多了!妳看我這肚子撐的!妳還是讓姊夫多吃點!他私底下老跟我抱怨說，過去這九個月就像是進了廟裡頭當和尚，差點沒等於天天吃齋!」

學良的話惹來了一陣笑;鮑毓才紅著臉，不知道是因爲害臊呢，還是白乾喝多了。張作霖瞪大著眼睛:「你們也別把講武堂說得那麼虐待人!我交代過，經費再短少，學生們的伙食費可不能夠省！……不過，話得說回來，你們是在受訓，將來可都要帶兵打仗的，現在吃點苦，到了戰場上就受用無窮。毓才！學良！你們在學堂裡可不准抱怨什麼喲！」

「爹！我們知道！剛才是說著玩的！我們早就習慣了！……其實，毓才他才不在乎少吃幾片肉呢！反正每個週末回到家裡，除了您犒賞我們滿桌酒菜之外，大姊私底下還替他準備了什麼進補的私房菜，那只有他們自己知道！」

大夥又是一陣笑，鮑毓才正夾著一大塊凍豆腐往嘴裡放，差點沒噎著；咳了好一會兒才指著學良直笑：「你別老是說我！……上個星期天回學堂路上，你不是又拿著弟妹特地為你做的那些點心炫耀？……欸！我說鳳至！學良可是把那些點心當寶貝，連一小塊都捨不得分我吃呢！」

「我才不信呢！姊夫！學良別的長處我不敢替他吹牛，可是他總把自己最喜歡吃的東西分送給別人，這點我親眼看見過！你呀！……」

于鳳至明知道鮑毓才是故意說著玩的；但既然說到自己頭上，她總不能平白讓鮑毓才拿他們夫妻倆消遣。自從嫁到張家，于鳳至早就認清了自己是張作霖的長媳、大帥府的大少奶奶；這個身分比起在娘家當大小姐，可真是不同極了。尤其結婚第二年就生了個女兒；做了母親之後，她更得摸清楚：如何在這麼一個大家庭裡跟所有的人謹慎相處。更重要的是，于鳳至看得出來，丈夫承襲著公公的同一條路往前走，自己早晚也得要面對外頭的天地；她得把自己原來不怎麼喜歡熱鬧場合的個性做些修正。

張作霖看著兒子媳婦和女兒女婿相互揶揄、笑聲不斷，他窩心極了；尤其當他想像著年輕一代的海闊天空，更是巴不得一下子跳到二十年後，看看他們那時候的神氣模樣，特別是他的這個兒子。想著想著，張作霖竟然兩手同時捻著嘴角兩旁的鬍鬚；然後伸了伸懶腰、打了個哈欠：

「好了好了！你們別鬥來鬥去的了！時候不早了，都歇著吧！……學良！這杯酒咱們爺兒倆乾了！……有句話我得當著大夥面前說，再過三個月你們就畢業了，憑良心說，學良在學堂裡的表現，我很滿意，希望你能維持下去！將來到了部隊上，更要懂得怎麼帶兵。……我沒讀過多少書，但有四個字，無論在哪兒，我都一直放在心上。這四個字是『天理人心』；無論做什麼事，都不能違背天理，更不能昧著自己的良心。對自己的良心交代得過去，才能抓住底下人的心；所謂『帶兵帶心』，帶好了他們的心，你的部隊才能打仗！」

「是的！大帥！」

「唔？……你喊我什麼？」

「是的！爹！」

「嗯！哈哈……」

大帥喝得不少；他瞇眼看著兒子，頻頻點頭：「都歇著吧！我……真的睏了！對了！學良！就要放年假了，到時候給你的作相叔叔去拜年！他好像有事找你！」

「知道了！爹！」

餐桌上的火鍋還冒著淡淡白煙，夜漸漸深了。

大帥府裡當然不止起一個小灶。包括已經過世的元配趙夫人，張作霖一共娶了六房，盧夫人、戴夫人、許夫人、壽夫人……，她們一共給大帥生了八個兒子、六個女兒。座落在盛京故宮東後門外的大帥府，陸續擴建了好幾回；大青樓、小青樓……，上上下下有幾十個房間。因此，爲了給各房的大人小孩準備吃的，光是廚房裡每天進進出出忙著的廚子、老媽子、傭人、採買、司機，加起來就有六、七十個人。

家裡人多，過年的時候來來往往的親戚朋友就更數不清了；招呼這麼多的客人，光是吃飯都傷透腦筋。有人終於想出了法子：除了至親好友請到各房自己的屋裡吃；一般的客人乾脆一律吃餃子，隨到隨吃。那些來打牌賭錢的，哪時候餓了，就到大廚房裡下百來個酸菜餃子，吃完了繼續上牌桌；連半夜裡也一樣。

唯一的麻煩是，得隨時準備著多少餃子？沒問題！大帥府裡房間多的是，撥出兩、三間來；過年前後，東北的氣溫總是在零下十幾二十度，把這幾個房間當作是天然的「凍箱」，不管什麼時候，裡面總堆滿了包好的餃子，這就解決了。這個情形前後總要延續個把月。

這一天還在放年假，陳英來了；但來得晚，過了吃飯時間。不巧張學良計劃好了要去聽一場演講，他乾脆要陳英陪他一起去；眼看著就快來不及，學良交代廚房替陳英下了三十個餃子。

「陳英！抱歉！只能讓你吃餃子；哪天早點來，吃幾個像樣的菜……欸！吃慢一點！沒那麼趕！」看陳英狼吞虎嚥的，學良不好意思地笑了；陳英邊吃邊誇著：

「嗯，這酸菜餃子真不錯，皮薄、餡兒多，外頭準吃不到……學良！你別說什麼抱歉，是我自己做了不速之客……說正格的！難得放假在家，怎麼不多陪陪嫂子跟女兒，非得冒著外面的風雪去聽什麼演講？」

「你不知道，我是存心找碴去的！……」

「嗄？找碴？」

「沒錯！……這場演講的主講人，張伯苓，你總聽說過吧？」

「不是南開的校長嗎？」

「就是他！你知不知道我去找什麼碴？」

「你沒說，我哪兒知道？」

「我是衝著他演講的題目去找碴的！你猜他要講什麼？他要講的是『有我在，中國不會亡』！」

「這是個什麼題目？」

「你不懂，是不？我還生氣呢！什麼玩藝兒？他以爲他是老幾？有他，中國就不會亡？……陳英！你聽說過有這麼自大的人沒有？」

「嗯……這題目是有點怪。」

「所以我一定要去聽！我倒要看看，這張伯苓是什麼樣的一號人物！……說不定我當場就拿他自己的這個題目考考他！眞是的！」

「別生氣！聽了再說嘛！……我吃飽了，咱們走吧！」

「好！走！」

演講廳裡，張伯苓以冷靜卻又稍帶激動的語氣，在做整篇演講的結論：

「……所以，我必須毫無顧忌地告訴各位，特別是在座的許多年輕人，你們要把責任扛起來！中國是這麼大、這麼富有的一個國家；尤其是東北，多富庶！這白山黑水多壯麗、多有氣勢！可是爲什麼近幾十年來的中國，像是一個病入膏肓、無藥可救的病人？又像是一個垂垂老矣、行將就木的老人，等著死神向他招手？爲什麼？爲什麼？這都是因爲大多數的中國人根本不明白：身爲國民，自己跟國家之間的關係有多麼密切！我們的命運，又是如何跟國家的命運緊緊連在一起！……『國家興亡，匹夫有責』，對今天的中國人來說，這絕對不應該再只是一句口號，而應該是一種切膚之痛！……我要誠懇地奉勸各位，對於我們自己的國家，每個人都有一份責任；千萬不要把責任推給別人！千萬不要把國家衰弱的原因賴到別人頭上！你們一定要有『只要有我在，中國不會亡』的氣慨，爲了這屬於你我每個人的、可愛但又可憐的國家，就像對我們的老母親，我們一定要把自己的責任扛起來！……」

演講結束了；滿場的聽衆，先是一陣子的靜默，然後爆出了熱烈的掌聲。其中有一個年輕人沒有鼓掌；他靜靜望著台上的那個人，那個自己原先想「找他碴」的主講人。

年輕人胸口微微起伏，眼眶裡含著淚水；他就這麼靜靜地坐著。

張作相出身貧寒，早年給人家打零工，四處流浪；後來投奔張作霖，從當年的鄉團「保險隊」開始，就一直跟在張作霖身邊。

張學良進講武堂這一年，張作霖已經被北洋政府的段祺瑞任命爲東三省巡閱使，勢力擴及整個東北；張作相則當上了巡閱使署的參謀總長，兼第二十七師師長，同時又是講武堂的堂長。

儘管是自己父親的左右手，又看著自己長大，張學良在張作相面前還是不敢造次；何況這位「作相叔叔」正是講武堂的兼任堂長！

學良被引進客廳，規規矩矩地行著軍禮：「報告堂長！學良給堂長拜年！」

「別那麼生份！尤其是大過年的，坐呀！學良！」

「是！」

學良坐下了，腰桿還是挺得直直的，肌肉繃得緊緊的。

「學良！我事情多，平時不常到堂裡去，可是我對你的一切都很清楚。」

「是！堂長！」

「我常跟你爹提起，對於你這九個多月來的表現，站在學堂立場，我非常滿意。你爹老讓我叫人管著你，我總是對他說，他的兒子用不著人家管，也自然能出人頭地。大半年下來，證明我的看法沒錯！」

「謝謝堂長！」

「放年假之前，我特地讓他們把你的成績和各項記錄送給我看，因爲我想多瞭解你一些。結果還是同樣那句話，我非常滿意……」

說到這兒，張作相把話轉入了正題：

「……你是以衛隊營排長的職務被選到堂裡受訓的；所以，你本來就有軍官的身分。」

「可是報告堂長！那只是爲了要取得入學的資格，事實上我並沒有當帶兵官的任何資歷。」

「這我知道！可是你在堂裡學了很多；依我的看法，你比外頭部隊裡許多基層的帶兵官要強得多……這就是我找你來的原因。」

「堂長的意思是……」

「你知道你爹對你的期望。兩個多月以後，你從堂裡畢業；如果還從排長連長幹起，一方面可能耽誤了你爹培植你的計劃，另一方面，也糟蹋了你在堂裡的優異表現。」

「堂長！我倒希望從基層幹起！」

「可也不能太低！……你爹怕別人背地裡說些難聽的話，我可不怕！我是講武堂的堂長，我知道我學生的表現；我做的決定，沒有人敢說我什麼！」

學良這回沒有答話；他注視著張作相，心裡卻在想，作相叔叔究竟要說什麼？他要做出什麼決定？當然，那一定和自己有關。畢竟還只是個二十歲的年輕人，學良再怎麼沉穩，這時候也難以克制心裡一陣砰砰的跳。終於，張作相宣布了：

「過了年，我先發表個命令，派你做第三混成旅第二團團長。」

「堂長！這……」

「我知道你一下子可能沒法接受、也沒法適應；但這是我的決定。我提前告訴你，為的就是讓你心裡有個準備……反正你還在堂裡，兩個多月後畢業了，就直接到任。就這麼辦了！」

「堂長……」

「好了！公事談到這兒，你留下來吃飯，我還想跟你聊聊！李副官！通知下去，準備開飯！」

五

東北的深秋，氣溫已經低得讓人有點受不了；尤其吉林、黑龍江一帶，早就冷得到處結冰。有人開玩笑說，從嘴裡吐出一口氣，能凝結成一串串小白球不算什麼；往地上吐一口痰，還沒著地就凍成了冰塊，也不稀奇。

張學良來到一處兵營，聽了有關作戰佈署的報告，也仔細看了部隊出操訓練的情形；然後，他快步走向一塊空地，那兒集合了一百多名剛受完簡短的入伍訓練、剛向部隊裡報到沒幾天的新兵，等著「少帥」訓話。

張學良在講武堂接受了整整一年的嚴格訓練之後，一九二○年三月，他畢業了；毫不意外的，他的畢業成績依舊是全期的第一名。張作霖在張作相的保舉之下，任命學良爲巡閱使署衛隊旅旅長。學良特別向父親請命，發表郭松齡出任旅參謀長；希望借重他的軍事長才輔佐自己。

這一年秋天，吉林、黑龍江一帶鬧土匪，學良奉了張作相的指令率領部隊前來圍剿。部隊裡剛補了一百多名新兵，郭松齡建議旅長親自訓話，以激勵士氣。

「我是張學良，你們的旅長。你們當中可能有人聽說過我，可能有人私底下管我叫少帥。沒錯！我是張作霖的兒子，但是從現在開始，你們把這些統統給忘了，我就只是你們的旅長！……站在我旁邊的是郭松齡、郭參謀長，他是我在講武堂受訓時候的教官，是他教我怎麼帶兵作戰的。郭參謀長不但學問好，而且不抽煙、不喝酒、不玩女人，不貪污；是一個標準的軍人，他就是你們的榜樣！……中國人總喜歡升官發財，可是大家要記住！當軍人是發不了財的；升官嘛，只要你服從命令，奮勇殺敵，打了勝仗立了功，我一定升你們的官……」

說到這兒，張旅長看見前面一排有一名士兵兩條腿直發抖，他皺起眉：

「怎麼？怕冷啊？這才秋天呢！這證明你們的身體不夠好！」

「報告少帥……不！報告旅長，我不是怕冷，是……想小便！」

顯然是個初生之犢，直率率地說了，大夥轟然一笑；張旅長也楞了一下：

「你要小便？成！等我把這段話說完了就讓你去。……大家聽著！馬上就是冬天了，天會更冷；你們要學會忍著小便！知道爲什麼嗎？你們手裡都有一枝步槍，上了戰場就靠它保護自己、也靠它殺敵人。可是天一冷，槍管上的栓子容易結凍，槍栓一結了凍就拉不開，子彈就上不了膛，你就只能等著敵人殺你！記住！知道前面有狀況了，起碼先忍他兩小時，到時候，拉開褲檔，朝著槍管尿下去，嗤的一聲，包管你拉得開槍栓！……」

一百多人又都笑了，大夥都嘖嘖稱奇；畢竟是新兵，得多學著點。

「還有，除非站在隊伍裡點名聽訓什麼的，其他的時候，沒事就找機會跺跺腳丫子，免得站得太久，腳底下像打上釘子，全不能動啦！知道嗎？」

「知道！」一百多名新兵大聲答著。

「好了！不多說了，省得有人尿濕了，結了凍，褲子都脫不下來了！」

「立正……」

值星官啪啪跑步上前，朝張旅長敬了禮；張旅長回了禮，仍然是快步離開。部隊解散的時候，新兵心裡都在想，這少帥挺風趣的，大概沒他老子那麼兇……

沒有花費多少時間和氣力，張學良弭平了這次匪亂。初試啼聲就有此成就，他立刻被晉升為少將，這時候還不滿二十歲。

日本對中國一直懷著侵略野心。甲午戰爭的勝利，讓日本取得台灣和朝鮮的統治權，嚐到了甜頭；到了一九〇五年的日俄戰爭，日本在對馬海峽一舉擊潰俄國艦隊而獲得勝利，俄國讓出了在東三省的利益，日本勢力更直接進入了中國。

張作霖在東北崛起之後，倒是和日本人之間維持著一層還不錯的關係；也許那是為了要鞏固他自己好不容易建立起在軍事和政治上的地位。但骨子裡，張作霖當然也對日本懷著一份戒心。

張作霖有心讓兒子看看外面的世界，他替張學良安排了一趟到日本的官式訪問，主要的名義是參觀軍事演習。一九二一年秋天，張學良由張作霖的日籍顧問本庄繁陪同，和大姊張冠英、二弟張學銘一起到了日本。

是有心炫耀？還是刻意威嚇？也許兩者都有；總之，日本人替張學良安排的行程不只是參觀軍事演習，還帶他到兵工廠和巨型的武器倉庫，讓他看看日本人製造的軍火。除此之外，他還到吳軍港，參觀了金剛、伊勢、陸奧等大型戰艦。看到這幾艘動輒三萬五千多噸、兩萬六千多噸的龐然巨物，張學良的感觸是非常複雜的，他在心裡吶喊：你們是想威脅我？還是想威脅所有的中國人？至少我是決不吃你們這一套的！

在日本訪問的這一段時間，張學良的心情一直不很開朗，除了參觀軍事演習時的一場小插曲。張學良和日本的裕仁太子長得十分像，當他穿著筆挺帥氣的少將軍服、並且佩帶了勳章抵達演習會場時，日本人以爲是太子到了，軍樂隊奏起了日本國歌；等發現是擺了烏龍，所有日本人都傻楞楞地獃在那兒。

和這個烏龍事件異曲同工的一件事情是，張學良到皇宮晉見大正天皇，行禮如儀之後，他退出會客廳，在貴賓簿上簽名；這時候皇后在裡面對他指指點點，說他長得太像自己的兒子。

張學良也晉見了裕仁太子，這位異國皇儲還頒了一枚勳章給他；巧的是，兩個人出生在同一年，生日只差一個多月。

用「五日京兆」形容民國成立後北方政客的權力移轉，一點也不過分。袁世凱皇帝沒當成，氣得病死；北洋軍閥一分爲二，段祺瑞的安徽派和馮國璋的直隸派相持不下，其他中小型的軍閥也紛紛畫地爲王，分庭抗禮。

早在張學良、郭松齡到吉林、黑龍江剿匪之前，直隸派就聯合了奉天的張作霖向安徽派挑戰。直、奉聯軍打垮了安徽軍；當時張學良還帶著他的部隊參加過零星的小戰役。「直皖戰爭」結束後，北京政權落入了直隸派的手裡；張作霖的勢力也已經從關外進入關內。他眼看直隸派把持軍政大權，爲了不讓他們坐大，一九二二年四月下旬，張作霖向直隸軍開戰了。

張作霖成立了「鎮威軍」，親自擔任總司令；張學良率領東路軍第二梯隊出擊。名爲「東路軍」，實際上負責中路的先鋒作戰，郭松齡仍然擔任他的副手。兩人攜手率領大軍，直接指向直隸軍主力吳佩孚總部所在地的保定，攻勢頗爲順利。但是「鎮威軍」負責東路的張作相和指揮西路的張景惠先後吃了敗仗，中路的張學良被牽制住了。眼看整個戰局吃緊，張作霖下令撤退，並且拍了封急電，要張學良集結東西兩路敗下陣來的殘餘部隊，死守山海關。

臨時指揮所裡，張作相一臉愁容，看著前來救援的晚輩：

「慚愧啊！學良！我跟了你爹二、三十年，沒這麼落難過！」

「戰爭本來就有勝有敗；您當年不是教誨過我們，這是兵家常事……」

「可是我對不起你爹呀！而且……把你也給拖累了！」

「說起來這眞是非戰之罪！直隸軍有英國在後面撐腰，支援他們新的裝備，我們當然吃虧。」

「唉……如今這局面，你說該怎麼辦？」

「老實說，只能硬拼了！……父親在電報裡指示我，無論如何要守住；萬一山海關丟了，奉天就危險了！」

「這正是我最擔心的！……剛才你說，硬拼？」

「沒錯！我在講武堂學的，已經全用上了，能想的主意也全想過了；遇上這麼個狀況，除了硬拼，沒別的法子！」

「學良！聽我一句話……你肩膀上扛的擔子，不只是你自己的，還有你爹的！萬一……學良！你可得爲往後的長久日子設想啊！」

張學良不願意去想那個「萬一」；他辭別了張作相，帶著副官和幾名貼身侍衛，直接到了第一線的戰壕裡。他的出現把士兵們嚇了一跳，負責第一線指揮的排長更是張口結舌：

「嗄？是……旅長？您怎麼到這兒來？」

「我來跟你們一起守住這戰壕！」

張學良嘴角帶著微笑，輪著拍了拍幾名士兵的肩膀：

「辛苦你們了！……辛苦你們了！」

突然，一枚砲彈飛了過來，就在戰壕前方不到十尺的地方炸開；一瞬間天搖地動，砂石飛揚、彈片亂射。排長以身體護著張學良，聲音顫抖著：「不成啊！旅長！這……太危險了！」

「是啊！旅長！整個部隊需要您指揮……」

「旅長！您一定得回到指揮所去！」

「旅長！我們不能讓您待在這兒！」

士兵們伏著身子，圍在張學良四周直嚷嚷；張學良嘴角還是掛著微笑：

「我說了！我是來跟你們一起守住這戰壕……也要守住這整條防線！」

「我們知道！但是旅長！守住第一線是我們的責任；您留在這兒，就表示對我們沒信心！旅長！我們向您保證：要是死了就拉倒！只要有一口氣在，我們一定挺得住！請旅長放心！……旅長！我們請您一定回去！旅長！我給您跪下！」

排長撲通一聲跪下了，張學良立刻扶起他；望著這張激動無比、額角青筋不斷抽搐的臉，張學良眼眶紅了。他緊緊握住排長的手：「好！我就聽你們的！……珍重！」

說完看了四周的士兵一眼，每個人眼眶都是濕的；張學良又拍了拍每個人的肩膀，朝他們一一點頭，然後爬出戰壕。

臨時指揮所在戰壕後方幾百尺的地方。當張學良匍伏著、正準備往回跑的時候，他偶一轉頭，看見幾十名士兵也爬出了戰壕；他們直挺挺地站成一排，替他們的旅長掩護，打算替旅長擋下那些不長眼睛的子彈……

山海關守住了。

第一次直奉戰爭，奉軍雖然敗了，卻讓張學良嶄露了頭角；由於他守住山海關，奉天保住了。戰事告一段落之後，他升任第三軍軍長，兼奉天陸軍軍官學校校長。張學良繼續倚靠一直輔佐他的郭松齡，讓郭松齡當他的副軍長。

此外，張作霖痛定思痛，在敗戰之後決心整頓奉軍，他成立了「東三省陸軍整理處」；由張學良再兼任整理處的參謀長，全權負責整編和訓練工作。日本士官出身、一度受到張作霖重用而出任督軍署參謀長的楊宇霆，在賦閒入關一陣子之後，回鍋擔任了整理處的總參議。

張學良不僅有這麼多耀眼的頭銜，這時候東北的空軍也剛剛編組完成，一共四個大隊，從國外買來一百二十架飛機；張學良又兼任了東北空軍司令。空軍在張學良來說並不全然陌生，至少他會開飛機，那是他投入軍旅之前就學會的。

一九二四年，第二次直奉戰爭又打了起來。這一次是爲了反對曹錕賄選，奉天派聯合了安徽派和廣東的軍政府，形成張作霖、段祺瑞和孫中山的三角聯盟。

在一個秘密會議上，張作霖丟下了幾句話：「老段和老孫他們已經動了，我不能不動！……而且，就算是動了之後失敗了，也總比別人先動了，自己再跟上去來得好。」老帥看著會議桌上的將領；其中大部分在兩年前吃過直隸軍的虧，他們似乎心有餘悸。張作霖終究難以壓抑心頭舊恨，他站起身宣布：

「我已經決定了；至於細節，就由你們去策劃！散會！」

晚上回到家裡，于鳳至看到丈夫面有愁容，正想開口，學良堵住了她：

「什麼也別問！我……是來告別的！」

當天晚上，學良約了郭松齡、李景林和張宗昌見面，四個人對老帥驟然打算出兵都感到意外，也對不可知的戰局有點惶恐。但他們仍然以服從帥命爲天職，並且歃血爲盟，相互約定：在作戰的過程中，只掌管軍權，決不牽涉其他的事務，例如政治、例如搶地盤。

九月中旬，奉軍出發了；張學良的第三軍會同姜登選的第一軍直接撲向山海關的直隸軍主力。畢竟是兵家必爭之地，山海關久攻不下，九門口的戰況尤其慘烈。張學良指令郭松齡前往支援第一軍，沒想到爲了一個營長任免的事情，郭松齡和第一軍副軍長韓麟春起了衝突；郭松齡一氣之下，連夜撤軍，張學良得到消息，單騎追了上去。

郭松齡借宿在一家小店裡，半夜被衛兵搖醒，直楞楞地看著他的長官：

「軍長！你……怎麼知道我在這兒？」

「你的事情我都聽說了……這兒談話不方便，我們到外面去。」

後院裡，兩人坐在板凳上，許久沒說話；彼此間這些年來的微妙關係，如今發生了這麼嚴重的事，難怪張學良不知該如何開口。而在郭松齡來說，他是「陸大派」的，跟屬於「士官派」的姜登選、韓麟春他們一向對立；在張作霖底下同樣受重用，彼此卻水火不相容。郭松齡前來支援，還要受氣，他簡直嘔死了。

終於還是張學良先喊了一聲郭松齡的別號：「茂宸！」

「嗯？」

「你這是何苦？」

「他們太跋扈了！我受不了！」

「你是指昨天的事，還是……」

「都有！昨天的，以前的……你是知道的。」

「我知道什麼？我只知道當軍人、打仗，就只能想著服從、想著效忠……茂宸！這不都是以前你教過我們的嗎？」

「……」

「我知道你在氣頭上……但就看我的面子，天亮了跟我回去！」

「我不回去！」

「你這是幹什麼？……茂宸！從前你是老師，我是學生；如今我是長官，你是部屬。從前我敬重你，今天你也要服從我；部隊裡要求的不就是這些嗎？」

「……」

「如果你眞的跟我拗，眞的不肯跟我回去，那也好辦；……你瞧！」

張學良翻開衣服、又拍了拍褲管：

「我什麼傢伙也沒帶，而你有槍；乾脆你就把我打死了，你愛上哪兒就上哪兒，我死了也就管不著了！」

「不！不是你死！是我死！」

郭松齡喊出聲來，淚水從這個一向自認爲是硬漢子的軍人眼裡流了下來；張學良有點意外：

「你哭什麼？」

「雖然你曾經是我的學生，但我有今天的地位，都是你給我的……可是，我確實幹不下去了，你讓我死了吧！」

「你想死還不容易？你回到前線去，去死得漂漂亮亮的！身爲軍人，在戰場上死，才是死得其所！」張學良突然覺得自己也有點恍恍惚惚的；他是在對當年講武堂裡的教官訓話呀！他是在責備一個比自己年長十八歲、曾經那麼盡力輔佐自己的副手啊！老天爺！這是個什麼樣的輪迴！這是一個什麼樣的世界！爲什麼要打仗？爲什麼同樣是中國人，彼此之間非要一而再、再而三地廝殺個你死我活不可？這一切到底是爲了什麼？第一次，張學良在內心深處吶喊出這些問題……

郭松齡回前線了，他依舊像從前那樣驍勇善戰、指揮若定，九門口終於拿下了；代價則是血流滿地，哀鴻遍野。

部隊一路衝到海洋鎮，直隸軍的後援整個被切斷，完全垮了，主帥吳佩孚乘船逃走。奉軍俘擄了幾萬人，卻因爲人手不夠，總是由幾名士兵看管成千上百個俘虜；忙不過來，又怕出狀況，只好動不動就找個藉口殺掉幾個。

奉軍還擄獲了幾萬支槍，成堆成堆的；張學良看了一眼這些戰利品，說不出心裡的滋味，難不成自己已經痲木了？已經殺人殺得眼紅了？

設在錦州的後方醫院裡躺滿了奉軍的傷兵，于鳳至和郭松齡的妻子韓淑秀前來慰問，張學良陪在一旁。好幾次，他不忍看那些斷手斷腿、不停呻吟的傷患；他們都是自己的子弟兵，卻也是別人家的丈夫、兒子。短短幾天裡，張學良第二次體認到戰爭的百般殘酷，而他自己卻是這個戰爭舞台上不可或缺的角色；想起當年曾經想當個救人的醫生，張學良痛苦地把目光轉到別處。

戰爭由曹錕的賄選開始，到曹錕的被捕結束。張學良以五十萬塊錢的代價，策反了直隸派的大將馮玉祥；馮玉祥帶著軍隊從熱河進入北京，抓住了曹錕。整個情勢急轉直下，奉軍打敗了直隸軍。

第二次直奉戰爭勝利之後，奉派勢力不僅重新進入關內，還朝南方伸展，儼然已經控制了半壁江山；許多將領也都分派出去獨當一面，李景林當上了直隸督辦、張宗昌山東督辦、姜登選派到了安徽、楊宇霆派往江蘇……。就算是論功行賞吧，卻偏偏漏掉了郭松齡。由於陸大派和士官派之間長久以來的芥蒂，郭松齡心裡當然把這筆帳記在士官派一幫人的頭上。

郭松齡前一陣子到日本考察，遇上馮玉祥，又在飯店裡和南方國民軍的代表韓復榘有過長談；心裡埋下了對張作霖不滿的種子。此外他又聽說，張作霖似乎有步上袁世凱的後塵、接受日本「二十一條」的傾向，想換取日本供應的大批軍火以對付國民軍；郭松齡對這位自己跟隨了多年的老帥愈加怨忿了。就在這個時候，浙江督辦孫傳芳籌組「五省聯軍」，通電反對奉天派，還把奉軍從江蘇、安徽趕了出去，楊宇霆、姜登選等人灰頭土臉地回到奉天求援；張作霖發火了，準備向孫傳芳宣戰。

郭松齡接到張學良的電報提前回國，他一方面對於張作霖的備戰指令採取消極態度，不打算出兵；另一方面暗中開始了反叛奉軍的準備。當初由東北進關的第三方面軍都由他指揮，加上俘獲的直隸軍整編進去，兵力有十萬人之多；郭松齡自認爲實力已經有了，就等時機到來。

張作霖對於郭松齡的拂逆當然不滿，下令郭松齡即刻回到奉天；郭松齡卻在這時候住進醫院，說是尿道宿疾復發，需要治療。

天津這家義大利人辦的醫院病房裡，張學良看著躺在病床上的郭松齡；這個在戰場上叱吒風雲、屢次在戰爭中立下大功的英雄，此刻穿著寬鬆的病人罩袍，顯得很不相稱，張學良笑了出來：「不相信你會躺在病床上！……恢復的情況如何？好多事情等著你處理！」

「我知道！也……很過意不去。」

「先把病養好再說吧！……一直沒機會問你，日本之行有什麼收穫？」

「還不就是那一套！參觀演習、看他們出操訓練……大概跟你上回去的情況差不多吧！當然，受到的待遇比不上你！」

兩個人都笑了。郭松齡嘴上笑，心裡卻有點不自在；張學良突然提起日本，莫非他知道了什麼？正在猜疑著，張學良卻把話題直接切入了核心：

「對於攻打孫傳芳的事，也許你有你的意見；但依照老帥的個性，他生氣是可以想見的。我看你還是聽他的指令，回奉天去，當面向他解釋你的看法，免得誤會愈積愈深。」

「我看不必了！只要有那批人在，哪有我說話的份！」

「你心裡的結始終揪著，這我能理解；可是它眞的打不開嗎？不是我自私，但看在老帥份上……」

「漢卿！你還看不出來嗎？」

郭松齡叫著張學良的別號；看來他並不太在意老帥少帥的父子關係，他對張學良還是有著很深的情份。郭松齡下了病床，表情比剛才激動多了：「東北都讓這幫人給糟蹋了！這次江蘇、安徽方面受挫，奉軍平白損失了三個師，簡直名譽掃地！他們吃了敗仗回去，還厚著臉皮要老帥出面；可是結果呢？又要我們去賣命，去給他們擦屁股！……漢卿！這仗我是不準備打了！」

張學良咀嚼著郭松齡的話；其實自己的立場才最爲難。如果只是單純的兩派之爭，或許還好辦；但郭松齡這次是衝著老帥而來，他能怎麼辦？

這時候郭松齡突然冒出了一句更可怕的話：「……我甚至在想，老帥被那幫小人包圍，腦筋都快被攪得不清楚了；還不如勸他把位子讓出來，由你繼承！」

這話還得了！這不是要逼宮嗎？學良驚悚了，他萬萬沒想到郭松齡會有這種念頭；他拼命要自己當作沒聽見：「嗯……這樣吧！你也別太鑽牛角尖，我回去勸勸我父親。」

學良談不下去了，他簡直連待都待不下去了；匆匆起身告辭。

人還沒回到奉天，半路上就得到郭松齡倒戈的消息。

十一月二十二日，郭松齡在灤州車站附近一棟荒廢了很久的火柴廠，召集大約一百名中高級軍官開會，痛陳張作霖的罪狀；然後宣布他的計劃，目的是要雨帥退位，力舉張學良繼任。「雨帥」是許多人對張作霖的尊稱，取他別號「雨亭」中的「雨」字。

郭松齡接著發出通電，正式要求張作霖下野，同時把他率領的十萬大軍名稱改爲「東北國民軍」，官兵一律佩帶「不擾民、眞愛民、誓死救國」的臂章；意思非常淸楚，「東北國民軍」擺明了要對抗張作霖的奉軍了。

偏巧在這封通電發出的當天晚上，姜登選路過灤州，郭松齡派人把他抓了起來。當初九門口事件之後，姜登選曾經嚴厲指責郭松齡「有毀軍紀」；郭松齡舊恨難消，兩天後殺了他。事到如此，一切似乎已經沒有了轉圜的餘地。

學良在半路上聽說了這些事情，立刻改走海路，在葫蘆島登上「鎮海號」兵艦；並且會合了張作霖的日籍顧問儀峨誠也少佐，準備向南折返，勸阻郭松齡。鎮海號抵達秦皇島停泊之後，儀峨誠也打電話給曾經是張作霖私人醫生、這時候正在灤州照料郭松齡的日籍醫生守田福松，讓他約郭松齡見面。

守田福松沒有達成任務，趕到秦皇島的鎮海號上見了張學良；張學良託他再跑一趟，把寫好的一封信帶給郭松齡。這封信一開頭就問候郭松齡的病情；信裡有這麼一句凄涼傷感的話：「一旦你我淪爲天涯孤客，必難再有後會之期。」信的末了還附上一句「向夫人致意」。

看完信，郭松齡滿臉悲痛；一眼看見妻子韓淑秀在一旁露出疑問的眼神，他把信遞了過去：

「漢卿在信上提到了妳……」

郭松齡把自己關在房裡，什麼人也不見。第二天早晨，他把想了一整夜所得到的結論告訴守田福松，讓他回去轉告學良：「這一次的行動，我是經過長時間考慮過的；事情到了這個地步，也無從挽回。我已經四十二歲了，身體狀況又很壞，大概活不了多久。總而言之，我是爲了國家整體，更是爲了東北！如果雨帥肯聽勸告，我建議他讓漢卿到日本去留學，也許三、四年吧，等漢卿回來，雨帥正式退位，讓他繼承。我這個建議可以請你們日本的吉田總領事和白川司令官作見證……這是我最後的讓步，我等他五天，但願能聽到好的回音，否則的話……」

否則的話，當然是兵戎相見；郭松齡已經明白指出這是他「最後的讓步」。

守田福松倒像是看到了曙光，他把這段話完完整整地回報給張學良。守田福松雖然是醫生，但實際上也是個日本間諜；站在日本人的立場，當然不願意見到郭松齡眞的動手。那倒不是同情哪一邊的緣故，主要是因爲日本在張作霖身上已經下了不少工夫；他們不願意看到張作霖在這場鬩牆之爭裡有什麼閃失，影響到日本在東北的既得利益，以及往後的長遠好處。

秦皇島的鎮海號上，張學良接到了父親的一封電報，同時署名的還有奉天省長王永江；電報上對學良的稱呼是「漢卿先生閣下」。

張學良流淚了；自己的父親稱他爲「先生」，這代表了什麼？那當然是父子之情可以斷絕，假如有必要的話。因爲電報裡說的很明白，既然兒子的部下要推倒父親、然後擁戴兒子繼位，那麼……張作霖用了讓學良無法承受的字眼；意思是：「你回來吧！我這就辦移交！」

事實上，張作霖還有另一封電報，是發給李景林的；李景林在接到郭松齡通電之後，也拍了一封通電響應，要雨帥下野。張作霖的回電這麼說：「你如出關，我拱手相讓；我與張學良今生父子，前世冤仇。」張學良不僅流淚，關起船艙房門，他哭了。

身邊的親信略略知道了一些；他們看到少帥悲痛難忍，幾乎有了跳海輕生的念頭，特地吩咐侍衛寸步不離，緊緊看著。

六

郭松齡雖然不肯見面，可是前後寫了兩封信給張學良；對於這位自己以前的學生、現在的長官，他還存著最後一線希望。信裡對張學良動之以情，強調他們相處了八年，他不希望張學良對父親過於「愚忠」和「愚孝」。此外，信上也反覆說明他要張作霖交出軍權的原因、以及擁護張學良繼位的一片赤忱。當然，郭松齡心裡明白，自己是在進行一場有生以來最大的豪賭；因此他在信裡說，「成乃公之事業，敗則齡之末局。」郭松齡顯然絕不可能回頭了。

張學良的回信也是充滿了無奈：

承兄厚意，擁良上台，隆誼足感。惟良對於朋友之義，尚不能背；安肯見利忘義，背叛乃父。故兄之所謂統馭三省、經營東北者，我兄自爲猶可耳；良雖萬死，不敢承命，致成千秋忤逆之名。君子愛人以德，我兄知我，必不以此相逼。兄舉兵之心，弟所洞亮；果能即此停止軍事，均可提出磋商，不難解決。至兄一切善後，弟當誓死負責，絕無危險。

張學良說得很清楚，對於郭松齡的好意，他不能接受；但他同樣也存了最後一絲希望：如果郭松齡願意收兵，自己絕對負責他身家性命的安全。

兩個人都努力了，也都毫無保留地表白了，但彼此卻漸行漸遠……

張學良是和郭宇霆一起回到奉天的；張作霖一見到兒子就破口大罵：「闖下這麼大的禍，你還有臉回來？這些年我在你身上花了多少心血？你倒跟人家串通起來，要把我趕下台！……你等不及了是不是？可以呀！我不是在電報裡說了嗎？我隨時辦移交！」

「爹！我怎麼敢？」

「不敢？……你看看這是什麼？」

張作霖從抽屜裡拿出一疊文件，是郭松齡發兵之後所下的一些命令，卻都是和「軍長張學良」一起署名；張作霖把文件往桌上一摔：「你自己看看！」

「爹！您誤會了！那是郭茂宸自己的意思，我完全不知情！……從小您就教我做人做事的道理，您請老師教我讀古書，教的也是忠孝節義；這種忤逆的事，我怎麼可能做得出來？」

「廢話！我當然知道你不知情，要不然，我會讓你再進這個家門嗎？我指的是你縱容郭茂宸！」

「爹！我沒有……」

「沒有？要不是你縱容他，他會如此猖狂？……他那回在九門口臨陣脫逃，你事後爲什麼不辦他？爲什麼不給他一個警惕和教訓？……養虎爲患，哼！我早就說過，你太仁慈、太容易信任別人！要不是你太信任郭茂宸，總是讓他跟著你，會有今天這種事嗎？」

張學良沒話說了，儘管心裡並不完全認同父親的這些評價和推斷，但他也著實說不出父親的看法有什麼錯。而且，事實就是事實；郭松齡叛變總是個事實，是個已經無可挽回的事實。

學良知道父親的個性，吃上這頓排頭是早就預料得到的，他不再爲自己申辯什麼；而且，他心裡還有更重要的話想說。許久之後，看父親的氣似乎消減了些，學良這才重新開口：

「爹！路上我聽他們說，您打算暫時到……別的地方去？」

「嗯，那是準備萬一情況不對，我總不能坐困在這兒。你還沒看到最新的戰報，他們已經衝過山海關啦！」

「這我知道。」

「哦？你的消息倒挺靈通的嘛！」

「這正是我要跟您說的……爹！您不能走！情況再壞您都不能走！」

「為什麼？難道我守在奉天等死？」

「爹！您聽我說。……這一路上，我隨時留心戰況，郭茂宸一開始是挺順手的，但情況已經有了轉變。我掌握了最重要的一個情報：他的部隊本來就是我的部隊，許多官兵甚至不知道這場仗是為什麼而打；知道的人當中，尤其是中下級的軍官，大部份心裡還是向著我的，這點我很清楚，也可以稍稍告慰於您……」

「嗯……你說下去！」

「他們心裡向著我，事實上也就是向著您！……爹！所以我才說，您絕對不能離開奉天！無論情勢如何演變，您在這兒，就代表著奉軍永遠是奉軍，奉軍永遠不會垮。爹！您得從這方面去想！」這會兒張作霖不作聲了，他仔細琢磨兒子這番話。許久之後，他把頭抬了起來：

「好！我聽你的！無論情勢怎麼轉變，我都留在奉天！」

「真的？爹……」

「當然真的！我如果再要想走，我就不是你爹！」

「好極了！爹！……我也向您保證，我要是頂不住郭茂宸，我就不是您的兒子！」

張學良的情報和分析都沒有錯，郭松齡的「國民軍」軍心開始動搖；而就在這個時候，日本人也插上一腳。日本生怕郭松齡的反叛得逞，南方政府的勢力就會進入東北；將來是個什麼局面，誰也難以預料。於是日本透過關東軍，以保護南滿鐵路爲理由，正式通告雙方：鐵路兩旁二十里之內不得有軍事行動。日本的這個通告，擾亂了郭松齡的繼續進軍；加上軍中的人心向背，士氣一蹶不振，甚至有些士兵開始暗中動手腳，破壞武器，抵制命令，郭松齡的氣數已盡。

「巨流河」是兩軍的決戰點。諷刺的是，當年在講武堂的時候，張學良參加的一次重要演習，地點就是在這兒；而那時候在背後教他作戰計劃的，就是郭松齡教官！

情勢逆轉之中，郭松齡司令部所在地的白旗堡被攻下，他帶著妻子韓淑秀倉皇而逃；他的重要幕僚、曾經擔任過北京政府司法總長的林長民身中流彈而死。郭松齡夫妻倆逃到老達房附近，因爲貼身侍衛掉落了一些他的名片而敗露形藏被捕。張學良正想讓人把他們解送到自己的司令部裡、打算找機會放了他們，張作霖卻像是洞察機先；他擔心夜長夢多，直接下令就地槍決。

孫中山先生北上斡旋紛亂的政局，卻在一九二五年三月十二日病逝北京；蔣介石在第二年七月誓師北伐，張作霖要開始應付新的局面、面對新的敵人。這一年年底，他在天津組成「安國軍」，自任總司令，準備與北伐軍對抗；並且由張學良負責北京和天津的警備任務。學良在兩地之間奔波，累是累了點，但比起在前線打仗，還是安定、輕鬆得多；但他看得出來，整個北方的局勢外弛內張。

過年後的一天中午，張作霖在總司令官邸犒賞幾位高級將領喝春酒；吃也吃飽了，喝也喝足了，大夥轉到客廳裡聊著一些輕鬆的事。聊著聊著，學良低頭看了看手錶。張作霖發現了：

「怎麼？漢卿！你還有事啊？」

「是閭珣，說好了要帶他去廠甸逛逛。」

「哦？鳳至呢？她去不去？」

「她受了點風寒，今兒不去了，反正她也常去。」

「嗯！我知道鳳至喜歡詩啊詞啊的，所以喜歡逛廠甸……」

正說著，閭珣找到客廳裡來了；一看祖父和父親還在招呼客人，小傢伙機伶得很，乖乖站在一旁。閭珣是學良的大兒子，才七歲大，可是聰明懂事；長得也挺像父親。

看著自己疼愛的長孫，老帥這會兒像是一般人家裡的老太爺，不像是指揮幾十萬大軍的大帥了；他笑咪咪地看著閭珣，嘴裡的話卻是說給一旁的客人聽：

「我這個孫子啊，從小就喜歡讀書寫字，如今跟他爹娘一樣，喜歡上一些文謅謅的玩藝兒啦！老愛跟著大人逛舊書店、看骨董！」

「欸！家學淵源嘛！漢卿兄和他夫人都是那麼有學問的人……」

一位少將級的參謀顯然想說些奉承話，但一想到老帥是個沒唸過幾本書的人，發現自己的話並不妥當，趕緊收住了口。

張作霖倒是不在意這些，他的眼睛朝四周轉了一圈，站起身：「你們繼續聊，我回房裡打個盹……年也過了，春酒也吃了，你們回去好好準備打仗！……告訴弟兄們，千萬別媽啦個巴子鬆懈下來！這場媽啦個巴子的仗還有得打呢！……要是吃了媽啦個巴子的敗仗，咱們全媽啦個巴子，一起完蛋！」

才一轉眼，剛才的老爺子不見了，那個粗裡粗氣的大帥又回來了；客廳裡的人早就立正站著聽訓，只有閻珣那雙烏溜溜的眼睛直打轉，拼命憋住想笑出來的聲音。

張作霖大步走出客廳，學良跟了出去，閻珣也跟了出去；走廊上，閻珣加快腳步上前，走在祖父身邊：「爺爺！娘前幾天才跟我說，過年的時候不能說壞話，也不能說『媽啦個巴子』……爺爺！剛才我數了，您一共說了四個『媽啦個巴子』……」

小傢伙話還沒說完，拔起腿就跑，一溜煙消失在走廊盡頭，張作霖在後面指指點點，邊罵邊笑得好開心：「你這個小兔崽子！小王八蛋！……」

坐在車子裡，張學良想著剛才客廳裡的那一幕，不自覺地笑了出來；他們爺孫倆的感情，讓學良覺得非常寬慰。自己不常在家、父親也不常在家，跟閻珣相處的時間都不多；而提起「家」這個字，哪兒才是家？奉天？北京？甚至天津？每個地方都有寬敞舒適的宅邸，但無論父親還是自己，由於投身軍旅，儘管官階和地位都讓人羨慕；然而相對的，卻有許多無形的失落，那是別人無法體會的，譬如親情、譬如正常的家庭生活。

此外，閻珣逗得父親邊罵邊笑的事，也讓學良有蠻深的感觸。奉軍前後幾次入關，在關內百姓心目中，東北人率眞的個性固然讓人覺得很好相處，彼此間不必拐彎抹角、各懷鬼胎；但也正因爲如此，容易給人粗魯的感覺。例如，民間就給奉軍作了一首打油詩：

頭戴雙沿帽，身掛盒子砲；後腦勺子是護照，媽啦個巴子免票。

第一句是指奉軍頭上戴的是日本式的雙沿軍帽；第三句是說，前淸時代關外漢人當中肯留辮子的不多，再加上又從小睡炕，後腦勺削得平平的。至於第四句就更不好聽了，那是抱怨奉軍官兵蠻橫，喜歡看白戲；說出一句「媽啦個巴子」，就能讓戲園門口的夥計不敢跟他們收票……

正想著，廠甸到了。

廠甸農曆正月裡開市，這兒有許多店是專賣舊書的，識貨的人常常可以買到一些值得收藏的古書；當然更多的是賣骨董的，裡頭什麼樣的寶貝都有，但就怕買到假貨。

逛著逛著，學良和閭珣進了一家骨董店；兒子喜歡看那些擺在玻璃櫃子裡的小玩藝，學良自己則沿著四周的牆壁看字畫。

突然，學良在一副對聯的前面站住了，顯然這副對聯引起他很大的興趣。

「掌櫃的！麻煩您……」

「欸！……來了！」

掌櫃的正低頭趴在桌上寫著什麼，他連忙把筆放下，走了過來：

「客倌！您看中這副對聯是吧？」

「嗯！不過這標的價錢……」

「您嫌貴是吧！嘿嘿……客倌！您要是喜歡，這價錢可以打商量……」

「不！不貴！我是說寫這副對聯的人……」

「喲！客倌！您可是有眼力勁！他是……」

「我知道！我是說這個人寫的對聯也太不值錢了……要不就是冒牌貨！你這標的是八塊錢……我沒看錯吧！」

「沒錯！沒錯！而且絕對是如假包換的眞跡！它是這麼回事，……年景不怎麼好，能低價賣出就算不錯了……客倌！我就說您識貨嘛！寫這副對聯的人學問好，又是個有名的人……」

說到這兒，掌櫃的朝四周看了看，然後壓低了嗓子：

「我告訴您吶！等哪天他更上一層樓，當了更大的官，這副對聯可就……嘿嘿……」

掌櫃的笑聲很詭異、很諂媚；學良也笑了，但卻是大笑，笑出聲來：

「哈哈……那我就讓他給您多寫幾副，至於價錢呢，拜託您老就……給儘量標高一點！還有！別再拿假貨冒充眞貨！拜託您老啦！」

掌櫃的正覺得一頭霧水，學良脫下了頭上帶著的呢帽，掌櫃的這才看淸楚這位客倌，他獃住了：「您……哎喲！我眞該死！少帥！我給您陪不是！陪一千個、一萬個不是！這……這……這副對聯是……別人寄在我這兒，讓我替他賣的……」

掌櫃的結結巴巴的，舌頭都不聽使喚了；又打恭又作揖。

「哈哈……」學良笑得更大聲了，閭珣從另一個角落裡跑了過來：

「爹！您什麼事笑得這麼開心？」

「哈哈……你瞧……哈哈……」

學良指著牆上的那副對聯，落款的三個字正是「張學良」……

學良牽著兒子的手邊笑邊走出店門；掌櫃的還獃在那兒。

張學良喜歡開些無傷大雅的小玩笑，甚至於小小地作弄人一番。戰場上指揮作戰，甚至營房或辦公室裡處理公務，開不得玩笑；憋得久了，一旦有機會到了市井上，稍稍縱容自己一下，應該不至於過分吧？

張學良還喜歡玩些動態的、新鮮的、有趣的，調劑調劑既緊張、又出生入死的軍旅生活。他打網球、打高爾夫球，還在奉天辦過規模不小的運動會；他開飛機、更有的是機會開汽車……當然，這些都是在他離開火炮下的前線、離開森嚴的營房和辦公室之後。

這一天，學良從北京往東、經過通州到天津去，身上穿的是便裝；興致來了，他坐上駕駛座，讓司機和副官都到後座去。

路上看見有兩個人攔車，學良放慢速度；車靠路邊停了下來，一個人俯下身、隔著車窗向裡面探頭：「我們鄉長有急事上通州去，搭個便車，順不順路？」

「上來吧！」

問話的人鑽進了後座，那個沒開口的鄉長坐進了比較寬敞的前座；車子飛快向前駛去。

看著不說話的鄉長，學良有點不甘寂寞了：「後面那位先生說，您要到通州去？」

「嗯！」

「通州的那兒啊？」

「警察所。」

這位鄉長回答兩個問題，一共只用了四個字，還眞是簡單扼要，要不然就是這位鄉長不愛說話。學良心裡嘀咕著，他偏想繼續跟這位鄉長搭搭訕，而且這位鄉長要去的通州警察所，所長還是以前在學良手底下當差的。

「我說鄉長！你們這附近有沒有什麼部隊啊？」

「有！」

「哪個部隊啊？」

「三、四方面軍的。」

「三、四方面軍？什麼三、四方面軍啊？」

學良故意在裝傻、想逗逗這位不愛說話的鄉長；後座的副官和司機知道軍團長又在尋人家開心了，都憋住笑。鄉長這回總算多說了幾個字：

「三、四方面軍你都不知道？就是張學良、張少帥的部隊！」

「哦！那……這張學良是怎麼樣的一個人吶？」

「就是少帥嘛！很年輕。」

「你見過他沒有？」

「沒有。」

「堂堂的鄉長大人，沒見過張少帥？」

「有一回差點見著了，可是……結果還是沒見著。」

「怎麼回事？」

「那回是少帥要來我們縣裡閱兵，上面通知我們都得去，我有事情耽擱了，等趕到那兒，少帥已經離開了。」

好傢伙！總算把你逼出這麼多話來，還眞難呢！這會兒車子經過一個路口，速度慢了下來；路邊好有幾名軍官，一見到駕駛座上的軍團長，全都舉手敬禮，這可讓不喜歡說話的鄉長主動問話了：

「後頭坐的是什麼人啊？」

「大概是什麼不大不小的官吧？」

「那你呢？你這身打扮……」

「我是天津龍津汽車行的司機，他們臨時調我來開車的。」

「哦！」

鄉長又不說話了，直到車子在通州警察所門口停住。

「到了，您請下車吧！」

「謝謝！」

鄉長下車了，跟班的也下車了；跟班的上了車之後一路上就沒開過口，鄉長不喜歡說話，跟班的大概也只能不說話。學良本來想放他們一馬的，但還是忍不住又逗逗人了：

「我說你這位鄉長可真不太懂禮貌，坐了我開的車，咱們……好歹也說了些話，就算交個新朋友吧，你連我性啥名啥也不問。」

「呃……那就請教尊姓大名？」

「我就是你上回沒見到的張學良！」學良一踩油門，車子飛也似地開走了；留下鄉長和跟班的獃在那兒，就跟廠甸那家骨董店裡掌櫃的一樣。

天津一處高級別墅的花園裡，趙綺雪抬頭看了看晴朗的夜空，深深吸一口氣；外面有點涼，但感覺卻挺舒服！一旁倚在棚架柱子上的妹妹淺淺地笑了：

「大姊！是不是比裡面清靜多了？」

「嗯，是挺舒服的；可是小妹！我們只是出來透透氣……這是剛才妳自己說的；一會兒就得進去，免得妳姊夫到處找我們！」

「我知道！要不……我自己多待一會兒。」

「妳啊！下回還是乖乖待在家裡看書、聽音樂吧！……說要跟我們出來的是妳，嫌裡頭吵、要躲到外面來的也是妳！」

妹妹低下頭，嘴角還是那淺淺的笑。

趙綺雪和馮武越小倆口參加這類聚會是常有的事；妹妹綺霞對外面的世界很好奇，最近老是黏著姊姊、非得帶她出來看看不可。這也難怪，十六歲了，也上高中了；像人家說的，要是在鄉下，什麼社交場合也沒見識過，卻很有可能已經訂了親，甚至早嫁過門去了。

但即使在天津這樣的大都市裡，雖然感染著濃郁的西方習氣，卻還是得看家世；有些人一輩子也不懂得什麼叫作「社交」，什麼是「Party」。

趙家姊妹倒是系出名門，父親趙慶華算得上是政界頗有名氣的人物，先後擔任過好幾條重要鐵路的局長，例如廣九線、滬杭甬線、津浦線；還曾經出任過北洋政府的交通次長。小女兒綺霞就是在他擔任廣九鐵路局長的時候，在香港出生的。

綺雪看見妹妹這會兒靜靜的，她突然意識到，小丫頭這份靜，倒不全然是長久待在家裡看書聽音樂的慣性，而是一種屬於少女的矜持。是了！十六歲的丫頭長大了，所以想踮起腳看看外面的世界。綺雪存心逗逗她：

「小妹！剛才好幾個人請妳跳舞，妳怎麼全給人家打了回票？」

「妳知道我不會跳……我才不出那種醜呢！」

「學學就會了嘛！我還不是跟妳姊夫學的？」

「那是有姊夫教妳，我……」

「那哪天讓姊夫也教教妳，怎麼樣？」

「不要！學會了幹嘛？」

「學會了就跳呀！老實說，妳該試著多參加這種聚會，別老是把自己關在家裡。而且……」

「而且什麼？」

「我問妳！女孩子長大了，是等著讓家裡安排什麼說媒呀、相親呀？還是自己認識幾個男孩子，從裡頭挑一個中意的……這兩種哪一種好？」

「大姊！妳怎麼突然問這個？我說了，只是對你們這種舞會很好奇，想看看是怎麼回事！妳扯到哪兒去了？」

「好好好！我不說！」

綺雪繞了半天的彎，沒問出名堂來，只好聳聳肩；正打算拉妹妹回廳裡去，背後傳來丈夫馮武越的聲音：「綺雪！沒想到妳們躲到這兒來！」

看見馮武越身邊有個人，綺雪迎了上去：「軍團長！好久不見！」

「是啊！綺雪！好一陣子沒見到妳了，都好吧？」

「還不錯！……剛才在裡頭還問他，你會不會來。」

綺雪指了指馮武越，然後回身向綺霞招招手：

「小妹！來！我替妳介紹，這位是張學良、張軍團長……她就是我四妹綺霞，彩霞的霞。」

「趙小姐好！常聽妳姊姊跟姊夫提起妳。」

「軍團長好！」

綺霞帶著點靦腆，張學良卻瀟灑地朝綺雪笑了笑：「綺雪！這一點妳是最讓我窩心的！」

綺雪楞了一下，但立刻會過意來，也笑了；馮武越摟著妻子肩膀：

「妳們出來好一會兒了，外頭涼，別凍著了！……妳跟小妹先進去吧！軍團長跟我談點事情。」

「我是在這兒陪小妹，她嫌裡頭吵，外面清靜，空氣也新鮮！……走吧，小妹！我們進去！……軍團長！待會兒見！」

綺雪移動腳步，綺霞跟上去，挽著大姊的手；一抬頭，看見學良對她笑著：

「趙小姐，幸會！」

「軍團長，幸會！」

姊妹倆走在花園走道上，綺霞輕輕地拉了拉大姊：「他就是張學良啊？」

「是啊！」

「……剛才他說，妳最讓他窩心，是什麼事啊？」

「是因為我喊他軍團長！……妳是知道的，人家都喊他少帥，可是私底下他偏偏不喜歡那個稱呼！」

「哦？……」

綺霞暗自點了點頭，跟著大姊走進廳裡；果然，裡頭還是那麼吵。

北京飯店的酒吧裡，張學良左手握著酒杯，右手食指在杯子的上沿一圈圈地轉，心裡想著的許多話也在一圈圈地轉；趙綺霞則是低著頭，靜靜看著桌上自己的那杯橘子汁。

這是酒吧角落裡的座位，兩人面對面；打從坐下來到現在，學良幾乎沒說過一句話。時間已經接近午夜，酒吧裡沒幾個客人；學良卻覺得連留聲機裡放出的輕柔音樂都那麼擾人。他想說的話那麼重要，那麼神聖；他要靜靜地說，讓對面的女孩兒靜靜地聽，不要有任何的干擾……

不管那音樂吧，但該從哪兒說起呢？兩個多月了，這個女孩兒的影子老是在自己心裡不停地晃動；即使是在一起的時候，學良也不能不去想她。學良曾經覺得好奇怪：想念一個人，不都是在見不到這個人的時候才會的嗎？他實在無法解釋自己心裡這種感覺，而那感覺不斷觸動他，讓他難受。

好幾次了，學良在初次見面的那種場合裡遇見趙綺霞；跟她跳過舞，聊過一些不著邊際的話。他記得很清楚，每一次跳的舞、聊的話都比上一次多。就像剛才在飯店樓上的舞廳裡，兩人跳得好過癮、聊得好愉快……

學良看得出來，這個清純的少女才剛開始從她自己的小天地裡走出來；她還在適應，卻適應得蠻好，也挺快。有一回這少女說，是學良帶著她走入外面的世界；眞是這樣的嗎？學良不知道。也許這話說得並不誇張，因爲還有一件事學良也看得出來。這少女不排斥他、不懼怕他中將軍團長的頭銜；在一起跳舞聊天的時候，這少女總是帶著純眞的笑，開心的笑。

學良把目光移到綺霞臉上，酒杯上的右手食指也不再轉了；他必須定定地把心裡的話說出來，說多少算多少。

「也不知道爲什麼，心裡老想著妳……最近我要離開北京一段日子，也不會到天津去……我是說，不知道什麼時候才能再見到妳。」

「爲什麼？」

綺霞的問題脫口而出，那是本能的反應；但問完又覺得不該問。對面這個男人是「軍團長」，很重要的人物；綺霞不懂得什麼叫作「軍事機密」，她只是直覺地認爲自己眞不該問。而在學良來說，他是要去打仗了，他不會說什麼；但綺霞的一句「爲什麼」問得那麼率眞、也聽得出是那麼急切，學良心裡被撼動了！他幾乎聽得出這份率眞和急切裡帶著些許的失望和落寞。原先在內心深處打轉的許多許多話都拋開了，學良只輕輕地吐出幾個字：

「答應我，好好保重！」

「我……會的，你也一樣。」

綺霞眼裡泛著淚光。眞的！學良覺得其他的話都屬多餘。留聲機裡傳來的音樂這會兒不再擾人了，像是把那份輕柔完全蒸餾了出來；每個音符都那麼美，帶著點傷感的美。話別的時候總是傷感的，不是嗎？

許久許久，學良輕聲問：「這回在北京待多久？」

「兩、三天吧！」

「還住妳那位長輩那兒？」

「嗯！」

「該送妳回去了，我自己開了車。」

「哦……」

車裡，學良吻了她。

七

六月裡，張作霖在北京成立「安國軍政府」，自任大元帥。張學良原來就擔任「第三、四方面軍」的軍團長，統率奉軍的第三和第四兩個軍團；軍政府成立，他從中將升爲上將，這時候他才二十七歲。

然而北伐軍勢如破竹，安國軍顯然抵擋不了；尤其一度下野的蔣介石在一九二八年四月再度揮師北上，連日本都緊張了。爲了阻止北伐的國民軍進攻北京，日本先後三次直接出兵山東，製造了濟南事件；同時積極介入戰事，暗中以各種方式大力支援張作霖。

張學良把整個情勢看在眼裡，他對於父親這一陣子的做法有點不以爲然。早在一年前鄭州戰事失利、奉軍退守的時候，學良就想要把心裡的一些話說出來；這一天，他終於忍不住了。

安國軍政府大元帥的辦公室戒備森嚴，門口侍衛持槍佇立；裡面傳出了張作霖和兒子激辯的聲音：「我好不容易才在北京站穩，怎麼能讓南方的軍隊把我趕走？你以爲我看不出他們存什麼心？十幾年來，一個接著一個，還不是都一樣？誰的槍多、誰能把對方壓下去，誰就是主子！」

「爹！我不贊成您的看法！好不容易推翻了帝制，以前那種靠著刀槍打天下的想法也該修正了。彼此意見不合，爲什麼非要訴諸武力不可？爲什麼不能坐下來談？」

「談？談什麼？怎麼談？你想談，人家不願意談，你能怎麼辦？……就拿這回來說吧！南方這是想談嗎？他們不是號稱『國民革命軍』？他們不是高喊『北伐』？我問你，『軍』字不是指軍隊是什麼？這『伐』字不是『討伐』是什麼？人家是開著軍隊來討伐咱們吶！人家可不是像你說的、要來跟我們『談』！這一點你還看不清楚嗎？」

「可是爹！這樣下去，得打到哪年哪月？得死多少人？」

「那也不是我願意的啊！……照你的說法，人家打上門來了，我們就得跪下投降，是不是？假如不是，那就得打！打仗就得死人，我有什麼法子？」

「可是爹！死的不只是軍人吶！還有多少老百姓也要賠上性命？他們又是招誰惹誰了？爹！您不能不替老百姓想想啊！」

說到這兒，學良哭了；大元帥把目光轉到窗外；然後從椅子上站起身，踱著步子。辦公室裡霎時靜了下來，只聽得見沉重的腳步聲，夾雜著低低的啜泣聲。大元帥沒想到兒子會如此激動；而學良在啜泣中突然也站了起來：

「爹！上回部隊從鄭州撤離，經過一個小火車站的時候，我在路旁看見一位老太太，手裡拿著一個破碗，跟我們的弟兄討東西吃；我於心不忍，讓伙夫替她張羅了些吃的。看她孤零零的，我就問她的家人到哪兒去了；老太太看著我，說她的兩個兒子都在戰爭裡不見了，也不知道是逃走了還是被打死了……爹！老太太那眼神是呆癡癡的，眼睛裡沒有一點淚水；可是看起來那比哭著更讓人難受！那是一種絕望，已經沒有了悲傷的絕望！爹！您能體會嗎？……那老太太為什麼這麼苦？是戰爭！爹！是戰爭！……」

張作霖這會兒在窗戶旁，他望著窗外；院子裡收拾得很整齊、很乾淨。大元帥依憑著自己三十多年來在戰場上打滾的無數記憶，對應著兒子敘述的那一幕情景，他有蠻深的感觸。

彼此沉默了好一陣子，張作霖轉過身，回椅子上坐下：「漢卿！你說的這些，我不是沒想過；……唉！也許是造化作弄人吧！三十多年來，我一直在槍子兒裡進進出出；有許多事，我壓根沒工夫去仔細體會。可是你要相信我！兒子！你說的這些，我不是不懂！」

「所以，爹！我尤其反對內戰！打來打去，殺的都是自己人，死的老百姓也都是自己的同胞！爲什麼？爲什麼要打內戰？」

這個問題把大元帥問倒了；他不能不承認，自己這三十幾年來打的可眞都是「內戰」，即使是當年的鄉團「保險隊」，他和弟兄殺的也確實是自己的同胞。

這時候，張學良又想起了一件事：

「爹！孫先生病在協和醫院的時候，您帶我去看他，您記得他在病床上跟我說的話嗎？……我可沒忘！孫先生說，身爲東北青年，對國家所擔負的責任更重大，因爲我們得面對兩個帝國主義。……爹！孫先生說得一點也不錯！俄國人走了，不知道什麼時候又會進來；何況，俄國人是給日本人趕走的！現在是日本人在咱們東北得意洋洋、予取予求……」

「漢卿！你這話的意思是……」

「我只是大膽提醒爹，別太倚靠日本人！這回日本人表面上是幫著我們，可是他們存的是什麼心，相信您也看得出來。爹！日本人一直堅持要您留在北京，您應該明白那是爲什麼，……」

張作霖又沉默了，他顯然在思考一個非同小可的問題；再一次，他背著手踱步子。來回總有十多趟吧，他站住了：「那依你的看法，這局棋我該怎麼走下去？」

「是很難走，但總得從各個角度去思考、去研判。爹！我的看法是……」

「沒關係！你儘管說，不要有任何顧慮！」

「……我斗膽建議您回奉天去！」

「回奉天？你是要我放棄這兒……」

「沒錯！情勢已經很清楚，如果您聽得進去我前面說的，那您一定可以想像得到，單靠我們自己，恐怕撐不了多久；反過來說，那就得靠日本人……」

兒子的話已經說得很清楚；剩下的，就像張作霖自己說的，這局棋，他該怎麼走下去。

日本關東軍司令部大門兩邊門柱上的圓形燈球在夜霧中陰森森地照著，燈柱下的兩名憲兵像木偶般站得直挺挺；另外兩名則來回交叉走動，手裡的長槍斜斜地夾在肩窩下，刺刀尖隱隱發光。司令部廳舍角落的一個房間裡，辦公桌上的檯燈在燈罩下顯得特別刺眼。高級參謀河本大作手指掐著香煙，一口一口地吸，看得出是在壓抑緊繃的情緒；坐在辦公桌右側的另一名參謀鈴木數馬露出不解的神情：

「大佐！我實在不明白，北京的機會多的是，我們爲什麼不在那兒動手？爲什麼一定要安排在他搭火車回奉天的路上？」

「因爲我這個計劃絕對萬無一失！而且，我們眞正的目的是在除掉張作霖之後，立刻引起連鎖的效應，讓關東軍有十足的理由和把握佔領南滿洲。少佐！這一點你要特別弄清楚！」

「可是大佐！如果你不說出計劃的後半段，也就是佔領南滿洲的理由和把握何在，你教我如何明白？而且，我上一次到北京去，已經做了一些安排……更何況我是奉了村岡大將的直接命令！」

「後面這一點你且不必操心，我會向大將報告的。至於計劃的後半段，很抱歉，我不能告訴你，因爲那牽涉到整個關東軍的機密。」

鈴木數馬只能閉上嘴，不再追問。爲了進一步說服對方，河本大作從背後的保險櫃裡拿出一張地圖，攤在檯燈下，壓低了聲音：「我把前半段計劃的詳細情形告訴你……這是從北京到奉天的北寧鐵路，這是南滿鐵路，兩條鐵路在皇姑屯鐵橋交會，上下兩層交叉通過……這些都是你非常清楚的。我們動手的地方就在鐵橋上，用強力的炸藥在上層的鐵橋引爆，炸垮的鋼樑鋼架能把下層鐵橋上的整節車廂壓得稀爛，你懂了嗎？」

「可是，時間上你怎麼能算得那麼準？」

「靠我們的情報，還有……靠我們精準的作業。你看……這裡是山海關，這裡是新民縣，再加上北京……我們在幾個關鍵地點都將安排專人，負責通報列車經過的正確時間；至於技術上的問題，炸藥的威力、引爆裝置、引爆點、引爆時間、乃至於所有的執行人員，都經過嚴密的設計和嚴格的訓練，絕對不會出任何差錯……你明白了嗎？」

鈴木數馬點點頭，他也點燃一支香煙；在知道了細節之後，顯然也感染了那份緊張。鈴木數馬的眼角飄向河本大作，他發現自己眼皮都在跳動。

河本大作把地圖收了起來；他有一句最重要的話必須交代清楚：

「少佐！今天晚上我們所講過的每一個字，你都要絕對保密，否則……後果你是知道的！」

「是！大佐！」

不只是司令部大門門柱上的那兩個圓形燈球，連這盞原來刺眼的檯燈，這會兒都變得那麼陰森森的。

六月二日，張作霖在北京懷仁堂召集各機關的高層主管，其中絕大多數是從奉天跟著大元帥來上任的；張作霖對他們殷殷話別：

「……一年前，安國軍政府成立，當時我的想法，就是要讓北京十多年動盪不安的局面有個結束。這段時間裡，你們在各部門賣力工作，我都看見了。這一年來，外邊的小規模戰鬥雖然有，但是在北京，卻是難得一見的安定，這都是你們的功勞。如今南方的革命軍來了，我可不想讓他們革我的命！也不想讓北京的老百姓遭到池魚之殃！因此，我回奉天去，那兒才是我的老家。……我捨不得你們，相信你們當中也有人捨不得我。我在這兒宣布，凡是願意回東北老家去的，我保證，一碗高粱米粥總有得吃……」

一篇告別演說講得非常誠懇，當場有不少東北老鄉動容不已。

在緊接著的外交使節團告別晚宴上，張作霖談笑風生當中，不忘再一次叮嚀他的兒子：

「漢卿！你留在北京善後，我當然放心，但你也要注意自己的安全……王士珍、汪大燮那兒我都已經交代了，一定要組一個治安維持會，再讓鮑毓麟把他的三十七旅帶一個團過來，幫著維持這兒的秩序。千萬記住：北京決不能亂，等南方的部隊開到了，把一切交給他們。」

「爹！您放心，我們會謹慎處理的。倒是……爹！您要多保重，回到奉天先別忙著打點，好好休息一陣子，您已經累了這麼多年了！」

「我知道！好了！別說了！免得人家說我這告別宴是爲了兒子才辦的，……我得跟他們應酬應酬！」

張作霖剛轉到另一桌，日本的小幡公使拿著酒杯走過來：

「大元帥！啊呶……上回我跟你提起的事……」

「哪件事？」

「啊呶……你們中國人說，貴人多忘，大元帥實在是一個大大的貴人！啊呶……就是修築吉敦鐵路的事，大元帥如果不答應，那麼我們的關東軍……」

這簡直是威脅！沒等他的話說完，張作霖把手裡的煙管往地下重重一摔：

「哼！」

張作霖站起身往隔壁桌走去；小幡公使討了個沒趣，悻悻然地離席了……

望著摔在地上的煙管居然折斷了，張學良心裡砰然一跳。他想起一年前軍政府成立，在祭祀的典禮上，一只盛酒的金爵掉落地下；當時有人拿著父親的八字卜卦，說那不是個吉祥之兆……

外面這會兒傳來大元帥貼身副官交代侍衛的聲音：「時候不早了，大元帥明天一早就要出發；路上一天一夜，挺累的，讓他早點回府裡。通知下去，讓司機備車！」

「是！」

六月四日凌晨三點多，火車在北寧鐵路上疾駛；張作霖睡醒了，他悠閒地坐在舒適的沙發上和黑龍江督軍吳俊陞閒聊。這節高級車廂是大元帥專屬的；前段佈置成小客廳的格局。列車經過一處彎道，他們隨著車廂的晃動而左右搖擺；剛過新民縣沒多久，這會兒離奉天大約不到一百里了。張作霖望著車窗外的一片漆黑，嘴角不自覺地露出一絲笑意：

「興權！還記得那回過年，你那些個大紅包的事嗎？」

「記得！我怎麼敢忘！」

別號叫做興權的吳俊陞頓時有點不好意思，勉強陪著笑。

那是多少年前的事了。吳俊陞雖然官位已經不小，但在大帥面前，誰不是必恭必敬、唯命是從？那年春節，吳俊陞到大帥府拜年，見到從學良以下的八個兄弟；吳督軍讓他的副官掏出八個紅包，每個紅包裡裝了一張銀號的票子，面額全是五千塊錢，那可是不得了的數目。張作霖當場訶斥，責怪他給孩子那麼大的紅包；吳俊陞只好自我解嘲，說他的錢就是大帥的錢，卻惹得大帥更加生氣。吳俊陞一看苗頭不對，當場撲通跪下，磕頭告罪……

「興權！後來有個小插曲我一直沒告訴過你。」

「哦？」

「是漢卿那小子！……那天你剛從地上爬起來，匆匆走了之後，漢卿說，看到你這麼一位堂堂的大官給我跪下，他嚇得頭髮全豎了起來！哈哈……」

吳俊陞還是只能陪著笑，沒答腔。

「都是往事啦！咱們再怎麼有本事，也沒法讓過去的日子倒轉回來！」

張作霖又把目光轉向車窗外，剎那間，他像是回到了新民府、回到了海城縣、回到了那間自己晴天雨天都得賣包子的趙家廟……

副官從通道那頭走了過來：

「報告元帥！要不了半個時辰就到了；奉天車站有歡迎的儀式，您是不是要換件衣服？」

「也好！……換袍子跟馬褂吧！」

「是！早就給您準備好了！……元帥請！」

「嗯……興權！我到後頭換衣服！」

「您請！……對了！怎麼沒看見儀峨誠也少佐？」

「剛才跟我報告過了，他到後面一節車廂拿大衣，一直還沒過來，大概跟什麼人聊起來了吧……你找他有事啊？」

「沒關係！到了奉天再說。」張作霖站了起來，朝車廂末端走去。

清晨五點整，日本關東軍獨立警備隊的中隊長東宮鐵男大尉在碉堡裡端坐著閉目養神；這座碉堡是皇姑屯鐵橋鄰近的兩座碉堡之一，專門負責鐵橋的安全。東宮鐵男的神情看不出有任何的異樣，顯然是受過嚴格專業訓練的特務軍官。

幾分鐘前剛傳來的情報說，列車已經通過新民站；先前從北京經由奉天關東軍司令部轉來的消息是，由於班次不多，張作霖的專屬車廂是掛在一列普通火車裡，是第五節。東宮鐵男在心裡默默記著所有情報裡的每一個細節。

從碉堡拉了一條電線，連接兩百公尺外、上層鐵橋橋面鋼樑上的強力炸藥，電線這一端是個黑色的小盒子，那是引爆器，上面丁字型的拉桿已經拉起，只要往下一壓……

這些都是三十幾個小時以前，由工兵二十九大隊的藤井中尉安裝的；提早裝置的原因當然是避免過於倉促之下的任何差錯；而裝置完成之後的三十幾個小時裡，也當然有衛兵在每一個重要的地點嚴加守衛。

再怎麼沉著的人，到了這個節骨眼也還是會心跳加速；東宮鐵男深深吸了口氣。時刻就要到了，他張開眼，站起身，慢慢走到引爆器旁邊，蹲了下來……

五點二十分，遠遠的列車車頭燈光已經看得見了；東宮鐵男從胸口拿起望遠鏡之前，低下頭看了一眼引爆器，那黑色盒子忠實地在那兒待命。

燈光愈來愈近，車頭吐出的陣陣白煙也看得愈來愈清楚，甚至隨著白煙傳來「噗噗噗」的蒸氣聲都聽得見了。望遠鏡裡，東宮鐵男緊緊盯著整列火車，尤其是那第五節車廂；它的外觀和其他車廂不同，是藍色鋼質的，很容易辨認。

火車減速了，車頭上了鐵橋；一會兒之後，第五節車廂也上了鐵橋。慢著！讓它再往前一點、再往前一點……兩百公尺的距離，需要一秒鐘的前置時間；而且，必須在第五節車廂到了接近鐵橋中央點的時候引爆，炸垮下來的鋼樑鋼架才能發揮最大的殺傷力；這些都是事前一次次準確計算好了的。

終於，東宮鐵男壓下了丁字形的引爆桿。一秒鐘之後，鐵橋上先是一團團的火光，緊接著是一聲聲巨大的爆炸聲，以及像地震般的震動；上層南滿鐵路鐵橋從中央垮了下來，被炸斷了的一根根鋼樑鋼架重重壓垮了那節藍色鋼質車廂。

不僅僅是鐵橋上一陣哭天搶地的哀嚎，連附近幾百尺範圍內的居民都從一間間屋子裡衝了出來，大聲喊著……

爆炸時噴出的陣陣濃煙，夾雜著令人窒息的煙硝味，在鐵橋上空盤旋了好一陣子。人群中有的開始往橋上奔了過去；映入眼簾的是，連外觀都跟其他車廂顯著不同的第五節，已經在犬牙交錯的鋼樑鋼架下完全扭曲變形，連同後面的第六節和第七節車廂，都在起火燃燒……

奉天火車站的月台上一陣混亂，前來迎接張作霖的各界人士有好幾百個，聽說火車在鐵橋上被炸了，全都張惶失措；奉天警備司令黃慕親自率領前來車站擔任安全戒護的一個大隊，立刻開往現場。

黃慕也是張作霖的日籍軍事顧問，本名叫作荒木五郎；他帶著整個大隊抵達的時候，幾節車箱還在燃燒，四周有日本兵在警戒。黃慕邊跑邊下令士兵協助維持秩序，多餘的人力投入搶救工作；自己則帶了十幾名官兵衝到第五節車廂。

黃慕一眼看見了一張被煙燻得發黑的熟面孔，他衝向前去：「儀峨少佐！大帥呢？他平安嗎？」

「不知道！看樣子傷得非常重，已經被送回府裡去了……」

儀峨誠也搖搖頭，一臉的痛苦；黃慕看見他肩膀和手肘上的軍服撕裂了，滲出血漬。

「你自己呢？傷在哪兒？只有右邊手臂嗎？」

「嗯，大概不要緊……」

「張班長！叫醫護兵過來！」

黃慕吩咐完，回過頭望著儀峨誠也：

「這到底怎麼回事？怎麼會炸成這個樣子？」

「我也不知道；火車上了鐵橋，眼看著就要進奉天車站了，我們都在整理東西，誰知道突然一連串的爆炸聲，還沒來得及反應，就……已經是這樣了。」

「那些皇軍的人有沒有說什麼？」

「沒有……不過，先前來了幾個軍官，不像是在附近負責守備任務的，……他們的表情很詭異……」

「哦？」

黃慕心裡有點狐疑，低頭思索；儀峨誠也看看他，又朝四周看了看這一片狼籍，他壓低聲音：「我在猜想，會不會是皇軍……」

黃慕的表情從狐疑轉爲愕然，然後轉爲驚恐；不過他沒說什麼，只是繼續思索著。儀峨誠也依然壓低著嗓門，不過語氣卻變得憤憤的：

「假如眞是那樣，那太可惡了，也太可恨了！」

「先不要妄加推斷，我們慢慢調查……不過，你這麼一說，我倒是想到了一件事。如果皇軍眞的牽涉在這裡頭，那麼要防著他們的另一招……」

黃慕沒有往下說；他心裡已經決定向上面建議：就算事情眞的是日本皇軍幹的，也無論如何要禁止奉軍向日本關東軍動武報復。因爲，假如這件事的確出自日本人的計劃，那麼內情絕不單純。依黃慕的猜想，日本的眞正用意，是在藉這個事件讓奉軍先挑起戰端，那麼關東軍就師出有名，可以大模大樣地出兵，全面佔領滿洲。

想到這些，黃慕心裡的驚恐更劇烈了。

一輛小型的軍車在前面開道，接著是兩輛黑頭轎車，後面還跟著幾輛不同型的車子，一路直奔奉天故宮東後方的大帥府；由於事先聯絡過，車隊一到，側門立刻打開，前導車引著兩輛黑頭車直接開入，停在小青樓前，這是張作霖五夫人壽素懿的居處。

車上的侍衛下來了，在門口等得發急的一堆人衝過來了；連壽夫人和提著大小急救藥箱的大夫、護士，也都快步跑向前面的那輛黑頭轎車。

「快！快！屋裡都準備好了沒有？」

「都準備好了！」

「留神點！……那邊讓開路！」

「讓開點！讓開點！」

「小心別碰著車門！」

一陣亂，每個人的心裡更亂；誰也沒經歷過這種陣仗，誰也沒想到會發生這種事。

一名貼身侍衛謹謹愼愼地側著身子一腳先跨下車，低下頭，鑽出車外；碩壯有力的雙臂抱著裹在毯子裡的大元帥，兩腳先在地上站穩了，然後快步進了小青樓……

寬大的軟墊紅木床上，張作霖呻吟著，氣喘著，血在傷口流著；大夫用外科手術器具和藥品急救，一邊還四處檢查傷勢，護士在一旁幫著。壽夫人隔著大夫和護士晃動著身軀，爲的是看清楚丈夫那張痛苦的臉，再從那痛苦的程度胡亂猜測丈夫究竟傷得多重。

時間慢得像蝸牛在爬，每個人心裡都在拼命忍著煎熬；終於，床上傳來微弱的聲音：

「來人……」

「我在這兒……」

壽夫人撥開護士，俯下身，握住丈夫的手：「別動！也……別說話！」

「不！我要說……妳……靠過來一點……」

壽夫人把臉靠了上去，半貼著丈夫：「你要說什麼？」

「我……沒力氣大聲……說話……妳要……聽清楚……」

「我知道，你說吧！」

「讓……漢卿……趕快……回來！但……別讓他知道我……受傷……」

「嗯，知道了，還有什麼？」

「還有……告訴……作相、宇霆他們……要幫著……漢卿……」

壽夫人趕緊點頭；忍了半天的眼淚沿著面頰流下來：

「老爺子！你得撐著！你……撐得過去的！」

張作霖沒能撐過去。上午九點半，距離皇姑屯鐵橋上的那一聲爆炸四個小時之後，他走完了屬於他的五十四年。

北京的一家飯館裡，席開十多桌；這是少帥的二十八歲壽宴，前來祝賀的賓客卻幾乎鴉雀無聲，全場多半時候是靜悄悄的。

門口有人通報，又來客人了，是溥傑；前清宣統帝溥儀的弟弟。遲到的溥傑正要到主桌上向少帥致歉並且拜壽，一看場內氣氛不對，只好尷尬地上前兩步，遠遠朝張學良拱拱手，學良點了點頭，臉上的微笑有點不自在。

溥傑心裡憋著，直到宴會草草結束，才看見少帥從座位上站起身向大家致意：

「謝謝各位長輩、各位父老和各位弟兄，學良小生日，蒙各位光臨，很不敢當……各位大概都已經聽說了，大元帥回奉天搭乘的火車，今天清晨在皇姑屯被炸……大元帥的情況還好，吳興權、興帥不幸遇難，這是初步的消息……學良再一次謝謝各位……」

賓客們還是悄無聲地陸續離開；張學良就在現場臨時召集了重要的幕僚；他語氣平穩、面無表情：「大元帥在爆炸當中確實受了傷，但我不願意讓外面知道……我打算即刻把司令部遷到灤州，從那兒執行撤軍的任務；你們這就回去準備。」

一個星期後的這天下午，灤州北邊山上的一間小廟裡，張學良正在低頭批公文，楊宇霆、孫傳芳等人在一旁商量事情。張學良的秘書劉鳴九照例把下午收到的幾封普通電報送到張學良桌上。張學良看完那些電報，對劉鳴九使使眼色，然後朝裡間走去。

裡間是張學良的寢室，他等劉鳴九跟進來之後，輕輕掩上房門，兩行熱淚流了下來：

「今天早上我聽說了，你們爲什麼要瞞著我？」

「這……是五夫人直接交代下來的密令。五夫人說，是老帥臨終的時候特別叮囑的……」

「可是你們要瞞多久?總不能瞞著我一輩子！」

劉鳴九哀戚著臉，沒答話；過了好一會兒，才聽見少帥有氣無力的聲音：

「好了，你出去吧！」

劉鳴九正要轉身，張學良又把他喊住：「想法子把消息壓著，要是有人提起來，就說那是謠言……但是記住！一定要輕描淡寫地否認！」

「啪」地一聲，劉鳴九一個靠腿，昂步走了出去。

張學良這會兒猛然意識到：六月四日，父親遇害的那一天，正是自己二十八歲的生日！

八

一列火車緩緩駛入奉天車站，其中有兩節幾乎是密閉的，外觀也不太一樣。由於時局吃緊，鐵路長途班車大幅減少，有時候一天只有一班；這兩節不一樣的車廂是軍方專用的，掛在普通列車上。

抵站的旅客、來接車的親友，月台上一下子擠滿了人。一百多名軍人也下了車，正在整理隊伍；但其中有兩名士兵卻立刻脫隊，快速穿過月台末端的一個小側門，鑽進一輛不起眼的老爺汽車，疾速離去。

鑽進後座的士兵露出滿臉的疲憊與憂戚；他脫下壓得低低的軍帽，朝椅座上一靠，長長吁了口氣：「總算到了！」

坐在身邊的是來接他的，正打量著他的整張面孔和這身陳舊的土灰色軍服：

「把你累壞了吧！沒想到這班車走了那麼久。」

「是啊！整整兩天！」

「要不要喝點水？」

他接過水瓶，一連喝了好幾口；發現自己還在被好奇地打量著，他嘴角露出一絲很勉強的笑，那是兩個星期以來的第一個笑容：

「老李！別說是你，就連我自己照鏡子都認不出來！」

他下意識地摸了摸頭髮、又摸了摸人中兩旁，自己確實是換了個人似的；一頭油亮亮的長髮剪得不能再短，原來的兩撇小鬍鬚也剃掉了……

張學良就這副模樣回到了奉天。化裝易容、擠在鐵罐似的車廂裡四十多個小時，爲的都是安全，他絕不能讓沿途的日本人發現；連口袋裡都帶著炊事兵的證件，身上這套陳舊軍服上別的名牌符號也是借來的。張作霖被炸了，誰知道日本人會不會把他也殺了？

來接學良的是李宜春，他是奉天軍迫擊炮廠的廠長、學良一直重用的親信。

奉軍自製的迫擊炮遠近馳名，在直奉戰爭中立下過大功勞；李宜春從德國留學回來，被學良任命爲迫擊炮廠廠長，後來更參與了奉軍的高層參謀作業。

「剛才火車經過鐵橋上，我……」

學良像是自言自語，說了這幾個字就停住了，兩眼呆滯地望著窗外。李宜春當然體會得到他的心情；除了原來的父子情深，再加上學良又是老帥一心栽培的繼位人，張作霖的慘遭不測，任誰都能想像他那到了極點的哀慟。

回到大帥府之後的情景自然是令人鼻酸的。李宜春默默看著學良在父親靈前長跪不起；任憑淚水從面頰上往下直流，卻使勁咬著下嘴唇，不讓自己哭出聲來。李宜春從學良臉上看到的不只是悲痛，還有仇恨……

書房裡，情緒稍稍平復了的學良壓低嗓音和李宜春商量著：

「我眼前的打算分爲幾方面：首先，不能讓外面知道我回到奉天了，這樣可以給我一點時間把幾件最迫切的事情處理好。其次，父親過世的消息繼續壓著，讓外頭以爲他還在養傷；重要的命令和公文還是要以他的名義發布……反正都已經兩個星期了，再拖幾天吧！否則，難保不出什麼狀況……當然，最重要的是，得把情報工作做好，凡是可能對奉天造成任何傷害的，都要防著。」

學良指的當然是日本方面。回來才兩個小時，他已經對整個情勢有了相當程度的瞭解，而且也做了審慎的研判。日本關東軍設計了炸火車的暗殺事件，目的非常明顯；他們不但要除掉開始不合作的張作霖，更希望藉著奉天軍的任何報復行動，冠冕堂皇地全面出兵，佔領滿洲。令人欣慰的是，奉天省長臧式毅看穿了這個陰謀，早已經嚴令禁止奉天軍輕舉妄動。

當然，張學良這些想法，也是爲了爭取時間；他要儘快地完成佈局，準備接掌東北的軍政大權。針對學良的想法，李宜春只提出了一點疑問：

「你所說的這些都有絕對的必要，但是一方面要壓著老帥過世的消息，另一方面又要以他的名義發布命令和公文，這恐怕……」

「你不用擔心，我已經想好了……父親很周到，他回來的時候帶著所有的印信，也幸虧這些印信沒有在爆炸中受損；而我模仿他的簽名，別人是絕對看不出來的。」

李宜春點了點頭，把學良交代的事記在了心裡。

張學良是在六月十七日回到奉天；四天後，他發表了父親遇刺身亡的消息，喪禮訂在八月初。七月一日，張學良在東北軍政要員的一致推舉下，就任東三省保安總司令，正式接下了父親的權位。

張作霖的喪禮備極哀榮，前來弔祭的不只是那些檯面上的人物，更有無數的老百姓，場面盛大。日本關東軍司令村岡長太郎也來了；旁邊跟著的是特務機關的土肥原賢二中佐。

土肥原賢二一直也是張作霖的軍事顧問，早年在日本陸軍大學畢業後就被派到中國東北；他憑著長袖善舞的本事，結交各種朋友，成爲關東軍少壯派裡的中國通。另一方面也利用張作霖對他的信任，建立起他在中國人社會裡的地位。然而，他正是暗殺張作霖的幕後主使者之一。

村岡長太郎站在張作霖靈位前，口裡唸唸有詞；土肥原賢二的一雙鷹眼四處搜尋，他看見了一個醒目的弔唁花圈，上款是「雨兄千古」，下款是「蔣中正」。

張學良從靈堂後方走了過來，村岡長太郎快步向前：

「我代表關東軍全體官兵向大元帥致上最深的哀悼之意，也請總司令閣下節哀保重！」

「謝謝！」張學良鞠了個躬，臉上沒有什麼表情。

就在這同時，土肥原賢二在一旁拉住張學良的一位秘書，指著那個醒目的花圈輕聲問：

「那是誰送的？」

「你說是誰送的？難道中國有兩個蔣介石嗎？」

土肥原賢二討個沒趣，閉上嘴了，但心裡很不是滋味；他暗中希望，張作霖的喪禮上出現蔣介石致送的花圈，但願只是屬於純粹的禮儀應酬……

除了代表關東軍的村岡長太郎，日本政府由天皇指派曾經兩度出任駐清廷公使、也擔任過日本外務省關東廳長官的林權助爲特使，前來弔唁。

村岡長太郎離去的時候，轉達了林權助的一個要求：

「日本國特使林權助先生希望有機會和總司令談談。」

「……好，我請我的辦公室安排。」

「謝謝！請保重！再見！」

「謝謝！再見！」

土肥原賢二跟在村岡長太郎後面步出靈堂的時候，又看了那個花圈一眼。

東三省保安軍總司令辦公室裡，林權助坐在沙發上，他先欠了欠身子：

「對於令尊的不幸去世，日本政府感到非常遺憾；這次事件究竟是不是關東軍蒙蔽軍部和陸軍大臣而私自策動的，我們還在調查，但是田中首相已經向裕仁天皇辭職，關東軍自司令村岡大將以下，也已經受到處分……」

林權助提到天皇，這使張學良想起了訪問日本時曾經見過的裕仁皇太子；跟自己同年、長得十分相像的裕仁，如今已經是天皇了。

林權助接著就鼓起三寸不爛之舌，想盡辦法力勸張學良不要與國民軍合作。

「……總司令應該很明白，日本在滿洲已經投下了許多資本，我們在滿洲所做的各種建設，對於這裡的民衆有許多好處……」翻譯官王家楨一句一句仔細地翻譯成中文，張學良嚴肅地聽著。

「爲了促進日本和滿洲的雙方利益，我們以全部的力量幫助經營撫順的煤礦和鞍山的鐵礦，成效非常好，直接得到好處的就是這裡的民衆！不但使他們增加了許多工作的機會，改善了生活，而且也帶動了其他行業的發展……總司令！日本對於滿洲的貢獻是非常大的！」

「這些我確實明白，謝謝日本政府對東三省的幫助，我們很感激。但是也請特使先生不要忘記，由於中國人的勤奮工作，才能使你們在東三省經營的事業有今天的成績；這是雙方共同努力的結果。」

「當然！當然！……所以，爲了雙方共同的利益，請總司令無論如何要繼續令尊在世時候的做法，不要有什麼改變。」

「你的意思是……」

「我是說，令尊對日本很尊重……」

「我同樣對日本很尊重！」

「但是聽說總司令也很尊重蔣介石……」林權助這句話說出口就收住了；他已經觸及了這次談話的核心問題，而且把問題直接拋給了張學良。

六月三日張作霖出關，五天之後，國民軍就進入了北京；基本上，北伐已經告一段落，因爲北京是十多年來與南方國民政府相抗衡的樞紐之地。如今，全國統一版圖上的唯一缺角就是東北。日本人看在眼裡，情勢已經到了一翻兩瞪眼的時刻；假如能夠說服張學良繼續合作，不但能夠保住他們在東北的利益，更可以讓中國繼續分裂下去。

張學良何嘗不知道日本居心何在？兩個多月前，就是自己勸服了父親，讓父親做出放棄北京、返回奉天的決定。張學良心裡對這一切清清楚楚，可是他要讓林權助把話說個明白：

「特使先生好像很在意我和蔣先生之間的關係？」

「一點也不錯！如果總司令的立場偏向於蔣介石，那麼多年來日本在滿州的努力成果，都將要受到損害！」

「特使先生！是不是可以請你把話說得更清楚一點？」

「當然可以……日本政府的態度是，請總司令維持滿洲現在的局面，不要讓蔣介石的勢力進來！」

張學良的表情還是很嚴肅、很沉穩，但心裡卻在冷笑。日本人的如意算盤，藉著林權助的這番話表露無遺；而林權助是日本政府特使，這幾近正式的會談，應該讓所有的內容明確一些！想到這兒，張學良謹慎地回應林權助拋出的問題：

「特使先生提到我對蔣先生和國民軍的態度；老實說，直到目前爲止，我還沒有跟他們接觸過，更談不上有任何來往。雖然私底下我相當佩服國民軍，但這只不過是站在同樣是軍人的立場……中國有一句話，不知道特使先生您聽說過沒有，那就是『惺惺相惜』。國民軍的最終目的是統一中國，結束十多年來不斷內戰帶給老百姓的痛苦，這一點跟我的想法很接近……但是剛才我說過，到目前爲止，我跟他們之間並沒有任何接觸；什麼時候會有，我現在無法斷定。」

「日本的立場，我也說得很清楚了，我們希望這種接觸永遠不會有！」

「這我就不懂了！就算有接觸，那也是中國人跟中國人之間的家務事，我實在看不出，爲什麼日本對我們中國的家務事會有這麼大的興趣！」

張學良這句話說得很風趣，但自然也是一種挖苦；林權助按捺不住了：

「聽說滿洲已經傳出在醞釀換旗的耳語，但願這不是眞的！假如你們眞有這種念頭，我必須明白告訴你：我們絕不准滿洲換旗！」

所謂「換旗」，指的是把北洋政府的五色旗換成國民政府的青天白日旗。王家楨翻譯這句話的時候，他根據日本文法，把林權助的用詞強調出來：

「總司令！他是以命令的用詞說：不准我們換旗！」

「這是什麼意思？」

張學良這回也按捺不住了，他有了火氣；林權助趕緊見風轉舵：

「總司令！其實我們也是為了你著想。以奉天今天的實力，你難道還怕蔣介石？滿洲一旦變成中國的一部份，那總司令……以及令尊這些年來打下的基礎，不是要全部毀掉了嗎？總司令！拋開日本的利益不談，就算是為了你自己，你也應該堅守滿洲的立場，而且，日本一定會支持你……」

「特使先生！非常謝謝！你替我所做的考慮，比我自己還要周到；但是你忘了最重要的一點：我是中國人！」

談到這裡，確實是談不下去了；張學良站起身：

「對不起！特使先生！我還有別的貴客要接待！」

林權助，這位自認為相當了解中國和中國人的日本資深職業外交官，只能黯然告辭。

土肥原賢二坐在張學良辦公桌對面的椅子上，兩撇仁丹鬍子隨著他張口說話而不斷翹動；張學良對這個日本人的印象壞到了極點，但在公事上，他不能不應付。不過這天下午，倒是張學良主動約他來的。

張作霖去世之後，土肥原賢二繼續以關東軍特務軍官的身分，被指派擔任張學良的軍事顧問；這時候他已經升任大佐。也許是長期被寵的、也可能是他自認立下過不少「功勞」；土肥原賢二的態度一直顯得有點趾高氣揚，甚至在張學良面前也不例外。

「總司令今天找我來，想必是那篇文章已經看完了？」

「沒錯！我想你心裡有數得很！」

張學良桌上放的就是這篇文章，題目是「王道論」，那是土肥原前幾天讓人送過來的。照土肥原的說法，那是他前一陣子花了許多工夫、特地爲張總司令寫的。土肥原故作輕鬆地笑了笑：

「當然！我猜想閣下早晚要跟我討論這篇文章的！」

「你的大作非常精采，中國話叫做『文情並茂』……何況你還畫了地圖跟圖表，我確實佩服！」

「總司令！這些恭維的話就省了吧！……閣下想要討論的，也絕不是這些表面上的東西，對不？」

「那當然，彼此都是明白人。爲了不多耽誤你的時間，我直接請問你：這篇文章最主要的重點，究竟是成立『滿洲國』呢？還是要我當滿洲國的皇帝？」

「這……這不是同一件事嗎？」

土肥原傻住了！他自認爲這篇文章擲地有聲，陳意明確，既然是「特地爲張總司令寫的」，怎麼可能引發出張學良這麼一個問題？而張學良卻冷冷地笑了：

「當然不是同一件事！……我說了，我不願意耽擱你寶貴的時間，所以我這就把話說清楚……如果這篇文章的目的只是要整個東北獨立，成立你所謂的『滿洲國』，那麼你應該把它公佈出來，讓所有的東北人都讀得到，讓所有的東北人給你一個答案！」

「這……情況不盡然如此，我們的確希望由你主持『滿洲國』，日本會給你一切必要的支持，無論是有形的還是無形的。」

「這麼說，你們眞的是爲了我囉？」

「是啊！是啊！」

「那就單純得多，而且也不需要到外面敲鑼打鼓了。我很替你高興，因爲你不必冒那麼大的風險……我是說，如果你問的對象是所有的東北人，萬一他們的答案是否定的，那麼你的面子掛不住，日本的面子也掛不住。而現在你需要問的就只有我一個人，你要的答案也只有我們兩個人知道。」

「……」

土肥原當然也不是簡單的人物，他已經料到張學良的「答案」是什麼；他靜靜地等候答案的公佈。張學良的聲調突然揚了起來：

「我只想反問你一句：你在搞什麼鬼？沒錯，你是關東軍派給我的顧問，但是你要弄清楚，你畢竟是我的『顧問』，不是我的主子！這主從的關係你懂嗎？你要拱我做皇帝，你這是在煽動我叛變、叛國！你知道嗎？」

土肥原要到了他已經猜中的答案，整張臉鐵青著；他知道是告辭的時候了，緩緩站起身：

「不論怎麼說，希望閣下把這篇文章再仔細讀一讀。告辭了！」

「請便！」張學良連正眼都沒看他。

第二天，張學良把關東軍特務機關長秦眞次找來了：

「機關長！請你替我換掉土肥原大佐，改派一位顧問。」

「總司令！你的顧問是由陸軍部下令指派，當初和令尊簽訂合約的時候，就是這樣寫明的。換句話說，關東軍的顧問，是派給奉天政府，不是派給你個人，因此，你沒有權利要求更換。」

「……那麼，我總有權利決定哪時候才需要見我的顧問吧？機關長！我正式向你表明，這位土肥原大佐，此後我是不會見他的！」

秦眞次想了想，見不見顧問的面，主動權確實操在張學良的手裡，他無法越俎代庖；秦眞次只能在心裡徒呼負負！

這一年十二月二十九日，東北易幟了！換上青天白日旗的，不只是奉天省政府，也不只是東北的另外兩個省政府：吉林和黑龍江，而是整個的東北。張學良事前秘密指令好幾個染織廠，準備了無數面青天白日旗，二十九日這一天，它們飄遍了整個東北。

東三省易幟之後，張學良被任命爲東北政務委員會委員長，兼東北邊防軍司令，代表國民政府負責整個東三省的軍政大計。

這天晚上七點多，張學良憋著一肚子氣從外面回來，坐在辦公室裡抽鴉片。每逢遇到棘手的事、或是心裡嘔著，學良就從櫃子裡拿出煙管；一口一口地吸，然後一口一口地吐，想要把煩惱或怨氣吐個乾淨。

桌上的電話鈴響了，學良拿起話筒，沒好氣地應著：「喂？」

「報告委員長，天津電話。」

「哦……接過來吧！」

天津？那自然是她的，學良有點迫不及待，甚至連煙管都可以丟開了。才幾秒鐘的時間，學良卻等得好心焦；電話終於接通了，果然是那柔柔的聲音：「喂？」

「是我！好巧！剛剛還在想著要撥過去……」

「我才不相信！哪那麼巧？……你哄我！」

「眞的！一荻！……我煩！我好煩！」

學良喊著趙綺霞的別名，那是她英文名字Edith 的諧音；發覺學良的語氣有點哽咽，綺霞心疼了：「不要！你不要煩！你說過的，只要聽到我的聲音，任他什麼樣的煩都不見了……」

「我知道，所以我說，剛才正想撥過去，而妳卻不相信……」

「我相信！我相信！我是逗你的……漢卿！我知道你的負擔好重好重！」

「我也不知道爲什麼，心裡一煩，就想著妳、就想聽見妳的聲音，想跟你說說話，哪怕只有幾句……」

「我知道！我都知道！……漢卿！像每次一樣，你不要告訴我什麼，只要你眞的一放下電話就不再煩，我就……放心了。」

「一荻！不管你信不信，我這會兒已經不煩了……我也不明白，總而言之，謝謝妳！……對了！想不想到這兒來玩一趟？」

「嗄？……你是說，要我到奉天去？」

「現在叫瀋陽啦！」

「我知道……唉呀！習慣了嘛！……再說吧！漢卿！出遠門不那麼容易，還不知道家裡肯不肯……」

「我是說，如果你想來，我會想法子安排……」

這時候外面有敲門的聲音，學良得結束這通電話：「我這兒有事，再聯絡！」

「好！再見！……你要保重！」

「我知道！再見！」學良放下電話，心裡舒暢多了；他刻意提高嗓門：「進來！」

門打開了，是政務委員會秘書長王樹翰。

「委員長！您找我？」

「抱歉！都下班了還麻煩你……」

「沒關係！我也還在看幾件公文……委員長！您參加楊府老太爺的壽宴，怎麼這麼早就回來了？」

「就是這件事讓我心裡不痛快！」

「哦？發生了什麼事？」

「老楊他……」

老楊指的是楊宇霆。爲了替他父親日作壽，楊宇霆辦了一個西式的Party，好接待陸陸續續前來拜壽祝賀的客人。

「我到場的時候，沒看見老楊，過了好一陣子他才從二樓下來，什麼話也沒說，就拉著我到一個小會客室裡……你猜還有誰在裡面？」

「是誰？」

「老常！」

「我猜也是他！……還是爲了那件事？」

「還會有別的事嗎？」

「老常」是常蔭槐，當時是黑龍江省長，又是東北交通委員會的副委員長；爲了擴張權力，最近還想要兼任中東鐵路的督辦，好撈一些好處。常蔭槐和楊宇霆是一夥的，楊宇霆就一直逼著張學良答應這件事。

王樹翰關切地望著張學良：「您一定還是沒答應？」

「當然！……可是讓我火大的是他們的做法！你能想像那種場面嗎？他們拿著派令的文稿逼我簽字！……眞沒想到，替自己的老太爺作壽，卻利用這種機會逼我就範！」

「委員長！那您怎麼說？」

「那種場合，我怎麼拉得下臉？只好用緩兵之計，告訴他們明天再說。」

「可是委員長！到了明天，您還是得面對他們啊！」

「我知道！唉！……我眞不想幹了！」

「不成啊！委員長！……東北鄉親父老把您推出來，就是認定只有您才能撐得住整個局面，您要是洩了氣，他們還能指望誰？……委員長！您就擔待些！古話說，打落門牙和血呑……」

「哼！何止門牙？現在是連大牙都給打掉了！……樹翰兄！你是知道的，老楊他們多少年來就仗著士官派的那股勢力，不斷興風作浪……最近又有吃裡扒外的跡象……」

王樹翰當然知道委員長指的是什麼；張學良得到的情報是，楊宇霆暗中勾結日本人，想要扳倒張學良。從這個角度來看，楊宇霆爲常蔭槐撐腰、不把張學良放在眼裡，也是意料中的了。

這時候，張學良又迸出了一句：「再這樣下去，我可要放炮了！」

「放炮」的意思是「出手」，張學良有了這麼一個意向，王樹翰憂心了：

「委員長！這……妥當嗎？您要忍著！您要三思啊！」

張學良沒有回答。

傍晚時分，張學良獨自在書房裡愁眉深鎖，苦思對策；因爲楊宇霆和常蔭槐兩三個鐘頭之後就要來聽回音了。兩個人這天上午已經來過了一趟，張學良對於他們的步步進逼非常反感；但爲了謹慎從事，不得不使出第二次緩兵之計，推說另外有要緊的會議，讓他們晚上到家裡談。

有人敲門，門被輕輕推開，于鳳至面帶笑容走了進來，手裡端著一杯牛奶：

「看你一回來就把自己關在書房，知道你準有心事……先把牛奶喝了！」

學良感激地看了妻子一眼，接過杯子連續幾口就喝完了。于鳳至再把杯子接回來，笑著直搖頭：「你這叫做『飲』而不知其味！……是不是還爲了他們逼你簽字的事？」

「嗯！……他們還眞等不及！上午果然到辦公室裡來了。」

「那是你自己跟他們說好的嘛！……漢卿！你打算怎麼辦？」

「我都仔細想過了，問題關鍵不在於這張派令，而是他們的心態！……爹在世的時候，他們老拿他老人家撐腰，惹過多少事！沒想到爹過世之後，他們更跋扈了！根本不把我放在眼裡，不把體制放在眼裡！」

「漢卿！我是問你，你打算怎麼辦！」

「如果他們眞的逼人太甚，我……我要把他們關起來！」

「關起來？關多久？而且……關得住嗎？萬一張作相那批爹身邊的老人替他們求情，你能不賣面子嗎？」

學良沉默了，這一點他並不是沒想過；但如果事情眞演變到無法收拾的地步、如果他們眞的是「柿子挑軟的捏」，學良只好也來硬的。

不過，妻子這麼一提醒，學良倒是把可能的情況在心裡再推演一次……

他思忖自己瞞著妻子的一些事、一些讓他痛苦萬分、也驚恐萬分的事：楊宇霆不但暗中勾結外人，不但私下開過秘密會議，甚至從捷克買進三萬支槍、卻不讓學良知道；還有，最近以來，他拼命在抓錢、在籠絡人……這些意味著什麼？當年郭松齡的前車之鑑，使學良不得不警覺、不得不先發制人！學良這時候心裡想的，已經不只是把他們關起來……

但他絕不能說，即使對自己的妻子；學良看了于鳳至一眼：「這樣吧！我卜個卦！」

學良從抽屜裡拿出一個袁大頭，上下翻了翻：「我扔三次，如果都是大頭朝上，就表示我該做！」

「咯啷」、「咯啷」、「咯啷」……連著三次，大頭都朝上；于鳳至的眼睛睜得一次比一次大，她渾身開始顫抖：「不！不要！」

「我知道妳不是擔心他們，是擔心我！……不用怕！我再扔三次，這回我押反面，看看老天爺到底怎麼說！」

「咯瑯」、「咯瑯」、「咯瑯」……連著三次，大頭都蓋在底下；于鳳至的壓抑已經到了極限，她哭了出來：「我知道……你要殺人了！……你別瞞著我！你不是要關他們……絕對不是！要不然你不會這麼拿不定主意、不會這麼痛苦、這麼掙扎，不會把事情交給老天爺去決定……我知道，你是要……」

學良手裡緊緊握住那個袁大頭；他摟住妻子，沒再說話。

九

遼寧省警務處長高紀毅進入大帥府的時候，是傍晚五點半。他知道一定有緊急的事情；因爲張學良很少在下班前召他到府裡來，而且一下車，侍衛就請他直接到一間隱密的內室。

張學良在裡面等著，一臉的肅穆：「楊宇霆的事該做個了斷了……你坐！」

「是！」

高紀毅坐了下來，張學良以少見的冷峻口吻開門見山地交代他的這名親信：

「老楊跟常蔭槐晚上要過來，我要你把他們處死！」

「處死？」

「沒錯！就今天晚上！就在府裡！」

高紀毅愣住了，他知道有要緊的事，但決料不到是要執行這麼一個任務；張學良端起桌上的茶杯，喝了一口：「老楊這一陣子的囂張，你應該都看在了眼裡……這表示他已經準備得差不多了；我要是不先動手，當年郭茂宸的事件恐怕會重演！」

高紀毅靜靜聽著；雖然自己是總司令相當信任和倚重的人，但碰到這種事，他還是不便表達什麼意見。這時候張學良冷笑了：「哼！他們以爲我處處讓著、遷就著，就是怕他們，就是懦弱！……你知道的，我是爲了不傷和氣，爲了不引起內鬨！更是爲了讓東北名副其實的擁戴國民政府，讓中國眞正統一起來！可是老楊一直不這麼想，他想走回頭路；想靠外人的撐腰從中作梗，把東北再分裂出去，然後他就……」

底下的話沒說出來，但意思非常明顯；高紀毅依然默默聽著。

「……上回他們硬要我把你調走，爲的就是想讓他們自己人佔著你的位子，好埋伏了當內應；幸好我警覺到了，又把你調回來，否則……」

張學良指的是高紀毅被調到哈爾濱的事，這件事高紀毅自己當然清楚；但現在究竟又發生了什麼事，讓總司令下這麼大的決心？

「這兩天的情況更是變本加厲……這件事我還沒告訴你，他們逼著我在擬好的派令上簽字，讓常蔭槐兼任中東鐵路的督辦！我不能再忍了！你這就去安排！就在今天晚上把他們處決！……但他們絕不是省油的燈，你要格外小心！」

「是！」

高紀毅完全明白了，不只是事情的緣由，還有張學良「做個了斷」的決心。

兩輛汽車開進大帥府，在大青樓門前停下。後面那輛先下來幾名衛士，然後前面那輛的車門也打開了；楊宇霆和常蔭槐一前一後下了車，跨上台階，張學良的副官譚海在那兒恭迎，引他們進去。

大青樓旁有幾個身影閃了出來，最前面的是張學良的資深侍衛劉多荃，他走向楊宇霆帶來的衛士：「辛苦了！給各位準備了火鍋，喝點酒，暖和暖和！……老錢！快請這幾位弟兄過去！」

「欸！……各位請！」

老錢做了個手勢，指著大青樓邊上的一間警衛室。

「這怎麼好意思！……謝謝！」

楊宇霆的幾名衛士嘴裡客氣，腳底下可立刻跟著老錢往警衛室走；天氣冷得讓人直打哆嗦，喝兩杯白乾、吃幾口火鍋，那確實是瞞誘惑人的……

大青樓裡，譚海引著楊宇霆和常蔭槐來到老虎廳，招呼他們坐下：

「兩位請坐！我這就去請總司令……」

老虎廳裡那隻老虎標本看起來挺嚇人的；體型比一般東北虎小一些，兩隻虎眼卻瞪得好大。廳裡的水汀讓人覺得有點悶熱，楊宇霆和常蔭槐脫下厚重的外套，露出一身軍服，皮腰帶上都配著手槍。

走廊上響起一陣腳步聲，首先進來的是譚海，緊接著的是高紀毅，後面是六名武裝侍衛。楊宇霆和常蔭槐對望了一眼；心裡正在想，怎麼不是張學良走在最前頭？念頭還沒轉完，六名侍衛已經衝到面前，把兩個人緊緊抓住，手槍也給繳掉了；別說反抗，連掙扎的機會都沒有。

一臉驚愕的楊宇霆和常蔭槐正要開口，高紀毅先說話了：

「奉總司令之命，兩位挾外自重、阻撓統一，著即槍決！」

話音剛落下，六名侍衛中的四名分別把兩個人按住，另外兩名舉起槍，當場把楊宇霆和常蔭槐處決了。這是一九二九年一月十日的晚上。老虎廳裡的那隻標本老虎一直瞪著兩隻大眼，看著剛才的這一幕……

東北的冬天去得晚，但這是三月裡，雪花早就不飄了，河面的冰也解了凍，空氣中有了春的氣息。一輛黑頭轎車緩緩開進了東北大學的校園，停在一座花圃旁。張學良從左邊跨了出來，繞到右邊；隨行的副官早已經打開車門，學良挺紳士地伸出手，扶著下車的趙綺霞。

學良指著花圃裡的一張石椅，綺霞露出淺淺的笑，跟著學良到石椅上坐下：

「校園裡空氣挺好的，尤其是這花圃；我每次來，總喜歡在這兒坐坐。」

「漢卿！你眞的沒有公事要處理？」

「如果不怕人家說我是假公濟私，我到這兒來也算是處理公務！」

學良笑得很開朗，綺霞還是以她那特有的、淺淺的笑回應著。當然，學良是東北大學校長，隨時到這兒來都可以是名正言順的。綺霞朝四周看了看：「好大的校園！」

「嗯！佔地兩千六百畝，是蠻大的。」

「天津的報上說，你捐出的錢不只是擴充這所大學，也辦了幾所中學？」

「沒錯！主要的一所叫同澤中學……不過，我的重點還是擺在這所大學。以前整個東北連一所大學都沒有，只有高等師範學校。……父親過世了，我知道他一輩子最遺憾的就是沒唸過什麼書，於是我捐錢、找人商量、做計劃，就拿原來的高等師範做底子，把它擴充開來……算是紀念父親吧！」

「報上說，你捐了三千萬？」

「數字沒錯，但是直接用在大學的只有一半，另外一半用在中學，還有就是設立了幾項基金，對象是一般的中小學……一莢！我做這些事，主要的目的就是讓東北的下一代有個比較好的教育環境。你不知道，以前東北子弟要上大學，都得到關內去。」

「這我聽說過……欸？那邊那座大樓，好像特別壯觀！」

綺霞指著一棟正在蓋的大樓，它比別的校舍要雄偉得多。學良笑了笑：

「樓還沒蓋好，他們已經決定要取名爲『漢卿樓』……中國人喜歡這一套，我就不推辭了吧！但還得看以後這棟大樓裡能夠栽培出什麼樣的學生。不過有一點我倒是挺安慰的，我們從關內請來不少好教授……」

「我知道！梁啓超梁任公的兒子也來了，對不對？」

「妳倒挺注意東北大學的消息嘛……是不是因爲我兼這兒的校長？」

「你……」綺霞的臉紅了；或許是家世的緣故，她看起來比一般少女成熟，但屬於少女的嬌羞還是有的。

學良的笑容裡透著一絲得意：

「他叫梁思成，留學美國，學建築的，我們把他請了來……一荻！學校的事我慢慢再告訴妳。昨天妳到得晚，看妳挺累的；我府裡又有事要處理，所以沒陪妳多聊聊……怎麼樣？從家裡出來，這一路上……」

綺霞知道學良眞正要問的是什麼；不是指「一路上」，而是「從家裡出來」的那一段。她想逗逗學良，把嘴一抿：「跟家裡鬧翻了！我幾乎是逃出來的！」

「嗄？有那麼嚴重？那妳……」

學良神情緊張了，他早料到會有麻煩。要一位名門閨秀隻身出遠門，做父母的當然不放心。

而且在天津的時候，他聽綺霞提起過，趙慶華有一陣子對女兒的夜歸很有些微詞；而他女兒好多次參加的Party聚會，學良又都在場，甚至綺霞從天津到北京去玩，多半也是爲了要跟學良會面……想到這兒，學良面色更凝重了。可是不對呀！上個星期綺霞在電話裡說，她已經向父母「請准了假」；難道老人家臨時又反悔了？

正思量著，綺霞噗哧一聲笑了：「騙你的！瞧你緊張的……」

「好啊！妳存心讓我著急！妳……還眞皮！」

「誰說的！……人家以爲陳先生早就向你報告過了！」

「陳先生」是陳大章，學良的貼身侍衛；爲了愼重起見，學良特地派陳大章跑了一趟天津，專程把綺霞接來。

「昨兒晚上我忙得挺晚，他沒機會說……快告訴我，家裡對妳到這兒玩，沒太反對吧？」

「沒有！……不但沒有，爹跟娘還送我到火車站……哎呀！你慢慢問陳先生不就得了？」

「好好好！我慢慢問他！」

學良心裡的一塊石頭放下了；可是綺霞心裡也有一塊石頭，她的這塊石頭可一直壓著：

「漢卿！我不想拿一些我們之間的事煩你，但我又不能不說……這回我來，你家裡……我是說，她知道嗎？」

「我暫時還沒說，……找個恰當的機會，我會跟她說的。一荻！我……」

這是早晚要面對的問題，學良的確在心裡考慮了很長一段時間；尤其這次約綺霞到瀋陽來，他更得提前面對這個問題。綺霞倒是能夠諒解的，她低下頭：

「你要謹愼點，現在不比你父親那個年代；而且，以你眼前的地位……反正你別爲了我……唉！我也不知道該怎麼說。」

「不！一荻！有幾句話，我一定要說出來……妳說得沒錯，時代不同了，我是不能像父親那樣……我曾經告訴過妳，前些年在外頭的時候多，總難免有機會認識一些女的……但是對妳……我就是有那種說不出的感覺。所以，我必須認眞地處理這件事；也就因爲如此，像妳說的，我得謹愼……這不單單是爲了妳，也是爲我自己。我這麼說，應該夠坦白了吧？」

「我懂！可是漢卿……」

「妳聽我把話說完……我會找個機會跟她說。這回妳來，是來玩的，這是短暫的，我考慮的是長久的……」

綺霞聽著，眼裡突然泛起了一片淚光；十九歲的她，的確不知道該怎麼處理這複雜的感情問題。彼此都沉默了好一會兒，然後學良站起身：

「我帶妳到校園的其他地方轉一轉，中午吃過飯送妳回去歇著，我忙完了再過來陪妳，晚上給妳接風！」

兩個人相對笑了，那件麻煩的事終究要解決的，現在先不去想它吧！綺霞靜靜地跟在學良身旁，走出花圃……

臥房外的起居室裡，于鳳至坐在沙發上，沉著面孔；其實眞正沉著的是她的心。張學良手裡拿著那份報紙，也面色凝重地坐著，看來兩個人已經僵住好一會兒了。

終於是于鳳至重新開了口：「我這兒好解決，問題是你自己，你打算怎麼辦？」

「可是我要的是妳一句話。妳得先告訴我，如果我讓她留下來……」

「留下來？留多久？留在哪兒？」

「暫時還讓她住在那兒，等過一段時間再說……否則，妳讓她上哪兒去？她又能上哪兒去？」

「都怪你自己！在天津、在北京，跳跳舞、玩玩也就罷了，幹嘛把人家請到瀋陽來？好了！現在她家裡把她趕出來了，不說我這邊，你怎麼對她交代？……你、你這是作孽！」

「別把話說得那麼難聽！剛才我都承認了，是我對不起妳，……而且，這幾天我一直想跟妳提這件事……」

「提哪件事？是要告訴我，你關內來了紅粉知己，得跟我請幾天假陪著她？還是……想把她娶進門？」

「妳這……」

「別以爲我什麼都不知道！我只是睜隻眼閉隻眼，不想拆穿你！」

「我真的一直想告訴妳……」

「現在說這些都來不及了！……我再說一次，我這兒好辦，其他的一切都是你自己惹出來的，你自己去解決！」

學良沒再吭聲，他也沒法吭聲；事實上，妻子的反應已經比他想像中要緩和得多。既然如此，就像妻子說的，剩下的是自己該怎麼面對另外那個人，而那個人才是主角……

這天一大早，學良在報紙上看到一則啓事，是趙慶華具名刊登的，內容非常嚴重；大意是說他的女兒趙綺霞有辱門風、與人私奔，從此脫離父女關係，而且把女兒永遠從趙家逐出，不許再返家門。學良心裡明白，綺霞人在瀋陽，這件事早晚要曝光，兩人之間的關係也瞞不下去了；而最重要的一點是，綺霞根本回不了天津了！

於是，學良立刻趕去見了綺霞；當綺霞哭倒在他懷裡的時候，學良難過、自責，卻只能盡力把綺霞的情緒穩住，陪了她一整天……

於是，他決定要把前前後後所有的經過，坦白地向于鳳至招認……

又一陣的沉默中，學良盤算著整件事。他還是認爲于鳳至的態度才是關鍵；只要于鳳至不追究自己和綺霞之間的關係，他應該能夠讓事情淡化，讓綺霞留在瀋陽的理由變得充分。

仔細地想了又想，學良再一次提出同樣的要求：「我只希望妳同意，讓她留下來。」

「我還是那句話，我不管你的事！但是有一點我是絕對不會答應的！」

「哪一點？」

「你別想把她帶進府裡來！」于鳳至走進臥房的時候，是面無表情的。

學良看著妻子，分不出自己心裡這會兒的感覺。是慶幸還是失望？是感激還是怨妻子不通人情？而一件重要的事正等著他去做；學良必須立刻再趕到綺霞那兒去，他得繼續穩住綺霞的情緒……

張學良的這座別墅在北陵附近，離東北大學也不遠；趙綺霞到了瀋陽，就被安頓在這兒，算算已經三個多月了。綺霞很懂事，她絕不主動要學良帶她出去、或是陪著自己。當學良忙著的時候，綺霞偶爾搭個便車到城裡逛逛；但多半的時候都待在別墅裡，看看書報雜誌、聽聽音樂。綺霞知道，無論從公的或私的角度來說，學良大部份的時間都不屬於她；只要學良有空，一定會陪著自己的，而且事先一定有電話來。

但是這一天傍晚，學良卻毫無預告地出現了，還帶著滿臉的笑：

「我一定要當面告訴妳……不！應該說是邀請妳！有人請吃飯，妳快準備一下……」

「幹嘛呀！也不先撥個電話過來，這麼匆匆忙忙的！」

「我不是說了嘛！一定得當面邀請妳！」

「到底是誰請吃飯？神神秘秘的！」

「是鳳至！」

「什麼？是她？」

「沒錯！是她！」

「在什麼地方請？都有些什麼人？」

「在家裡，只請妳一個人！」

綺霞緊張了，她感到一陣暈眩；這太離奇了！當然，在這麼一種情形下，任誰都會先往壞處想。但綺霞何等聰慧，看學良一直是滿臉的笑，她不往壞處想了，雖然心裡還是那麼忐忑。

看看身上這身衣服，淺紫色的洋裝，還算雅致，應該不至於失禮，稍稍化點妝就行了。對著梳妝鏡撲了淡淡的粉，唇上抹了淡淡的口紅，左看右看，好像少了件什麼東西；學良打開梳妝台上的小首飾盒，拿出那串珍珠項鍊：「戴上它吧！」

綺霞在鏡子裡感激地投過去一抹甜甜的笑；學良也在笑，卻是神秘的笑：

「走吧！路上告訴妳這頓飯是爲了什麼。」

三個人剛在餐廳裡坐定，于鳳至舉起酒杯，杯裡紅紅的葡萄酒在燈光下格外鮮豔。

「聽漢卿說，妳家裡的人都喊妳小妹，我也就這麼喊妳……來，我敬妳！」

「我……敬夫人！」

綺霞謹慎地端起面前的酒杯，輕輕喝了一小口，她看見于鳳至把杯子放下：

「別這麼喊我！如果妳不介意，就喊我大姊吧……漢卿有時候也這麼喊我，我本來就大他兩歲。……都是一家人了，以後就別見外！」

「是！……大姊！」

「我想漢卿已經把我的意思跟妳說了。最重要的是，妳這麼沒名沒份的一直拖下去也不是辦法；尤其對漢卿來說，這樣非常不妥當。甚至於對妳家裡，我覺得也應該有個交代……妳既然跟了漢卿，如果一直不明不白的，他們大概更不諒解。妳說我的話對嗎？」

「謝謝大姊想得這麼周到。」

「我說了，這樣的安排對大家都好；往後妳也可以名正言順地幫著漢卿……我是說，每個人都有每個人的長處，多一個人照顧漢卿，於公於私，對他應該有幫助。府裡事情多，妳是知道的……對了！提起對漢卿的幫助，我希望妳進東北大學，把學問基礎紮得更深一點。」

「是！大姊！」

「有一件事我還沒說……連漢卿都還不知道。帥府邊上有一間房子，我去看過，挺雅致的；我已經決定買下來，妳就搬進去，這麼一來就方便得多了……而且我說句玩笑話，要是妳還住在北陵別墅，我想去那兒走走都去不了！」

大概是于鳳至刻意讓氣氛輕鬆點、讓這「小妹」自在點；她後面這句話，眞把其他兩個人都逗得笑了。綺霞心裡感到一陣溫暖，這位大姊豈只是周到！

「謝謝大姊！」

「大姊！我沒想到妳連房子都替一荻找好了！謝謝大姊！」

學良也跟著一聲聲「大姊」地喊了起來，于鳳至趁機消遣他：

「你以後就這麼喊我！不管人前人後！……還有，說好了今天晚上不准你開口的……小妹！我讓他去接妳之前跟他約定了的，這些事完全由我跟妳說，他只能聽著！」

綺霞看了學良一眼，學良聳聳肩；像是在說：已經這麼大的恩了，我還敢不聽話嗎？

鳳至大姊下命令了，不過這回的對象是在餐廳外面伺候著的老媽子：

「周媽！這就開飯吧！」

「是！夫人！」

「夫人」的頭銜是很尊貴的；綺霞意識到，她被接納的同時，更要懂得怎麼扮演好自己的角色，尤其是對這位「夫人」，她的「大姊」。

國民軍的北伐雖然由於東北張學良的易幟而克竟全功，但是蔣介石卻和北方幾個軍閥底子的悍將，先後結下了樑子：

西北的馮玉祥在一九二八年夏天、日本勢力退出山東時，準備取而代之，卻讓蔣介石佔了先；馮玉祥公開譴責，並且調兵遣將，準備報復。蔣介石策反了馮玉祥手下的石友三和韓復榘，馮玉祥知難而退……

以山西爲主要勢力範圍的閻錫山，在奉軍撤出關外之後，出兵佔領北京和天津一帶，並且派了官員接收；但是南方也派來人馬，彼此對上了，結果是山西來的人吃了虧，西北軍因此發表了反抗蔣介石的文章……

此外，因爲對於國民黨第三次全國代表大會的代表人選意見相左，汪精衛和蔣介石鬧翻，與馮玉祥有了接觸……

一九三〇年春天，這幾股勢力結合了；閻錫山、馮玉祥，加上李宗仁等，一共五十幾名將領在山西太原集會，發表通電，聯手向蔣介石開戰。蔣介石的國民軍雖然在裝備上比較先進，但面對來自各方面的敵人，也顯得窮於應付；彼此相持不下，戰情膠著。

到此刻爲止，唯一置身事外的就是遠在關外的張學良，但他卻成了雙方極力爭取的合作對象。因爲張學良擁有將近三十萬大軍，他的動向當然可以左右整個局面。於是，兩邊分別動員人馬前往瀋陽，傾全力想要說服張學良伸出援手。蔣介石派出的代表有李石曾、吳鐵城、張群……；閻錫山和馮玉祥方面有賈景德、薛篤弼、楊廷溥……；汪精衛請出了覃振、傅作義、陳公博……很顯然的，蔣介石的人馬佔了上風；尤其是張群，他和張學良成了好朋友，經常來往。

張學良這一年夏天到北戴河避暑，七月初還特地到葫蘆島主持建港的開工典禮。他以兼任東北海軍總司令的身分，生平第一次穿上白色的海軍將官制服，站在典禮台上致詞，說得慷慨激昂：「……各位都知道，我們等這一天等了二十多年！在廣大的東北，我們的出海港大連旅順，一直操縱在外國人手裡。西歐許多國家爭先恐後向我們買大豆，但是東北的大豆卻運出不去！因此，我們必須要有自己的港口，還有鐵路……三年前，我們造好了從打虎山到通遼的鐵路；去年，我們也完成了從吉林到海龍的鐵路，這兩條鐵路和北寧鐵路相連接……現在路上的運輸線有了，但是怎麼運往海外呢？因此，我們要開闢港口……」

張學良如數家珍地講著，神情顯得非常興奮；這些都是他接掌了東北軍政大權之後的建設。坐在台下的于鳳至和趙綺霞分享著他的成功，也感染了他的那份驕傲。綺霞想起自己剛到瀋陽的第二天，學良帶她參觀東北大學，當時在學良臉上，也曾看見同樣的興奮表情……

想到東北大學，綺霞情不自禁地轉過頭去，右手掌半捂著嘴，在于鳳至耳旁輕輕吐出她心裡的感激：「大姊！謝謝妳和漢卿帶我來……謝謝妳爲我所做的一切！」

于鳳至點了點頭，嘴角浮起微笑；她握住綺霞的手。

人在北戴河度假，心裡可沒閒著；張學良表面上似乎對中原一帶的戰事無動於衷，但思緒卻始終在打轉。他知道自己終究會捲入這場紛爭，因爲他從頭到尾就反對中國人在自己的土地上殺來殺去；他看不慣、他必須想法子阻止。唯一還沒有決定的是，他究竟幫著誰、以及用什麼方式去幫他們……

張群也隨著張學良到了北戴河。這一天下午，兩個人躺在沙灘上，聽憑海風和海水的交織，洗滌著塵世的煩囂，尤其是那還在北方草原上響著的槍砲聲。

又是一波海水湧過來了，閉著眼睛假寐的張學良，幾乎可以猜得準那海水幾時會湧到他的腳上、腿上、身上。這一波海水又退了回去時，張學良睜開眼，轉過頭看著張群：

「岳軍兄！這些年來，每到了夏天，只要沒有什麼大事要處理，我一定來北戴河住上一陣子。」

「漢卿兄雅興！而且拿得起、放得下，再大的困局也難不倒您！這種氣慨我萬分佩服！」

「說『氣慨』我可不敢當，但『率性』是有的……套半句古詞，我自己管它叫做『不識愁滋味』！眞的！岳軍兄！我家人都知道，譬如在戰場上，明天要決戰了，我今天晚上照樣時候一到、倒頭就睡，從不發愁！」

「所以我說漢卿兄的氣慨讓人敬佩！」

說到這兒，張學良不能不發發小牢騷：

「岳軍兄！可就是這一陣子中原一帶的戰火，燒得我不好受！」

「這我們明白，也覺得對漢卿兄很過意不去……提起這個，我尤其要向您說聲抱歉！都纏著您幾個月了，罪過！罪過！」

「快別這麼說！咱們倆有緣嘛！……岳軍兄風趣、達觀，對事理的分析常有獨到之處，而且，您不會強人所難！」

「漢卿兄過獎了！」

「……這幾個月下來，有一點咱們倆倒眞是臭味相投！您也是學軍事出身的，跟我一樣，可是我們卻都厭惡戰爭！」

「沒錯！就拿這回來說吧，好不容易在您的大力支持下，全國統一了，可是才多久時間，又開打了……」

張學良沒有接詞，搖搖頭，嘆了口氣；沉默了好一會兒，他決定把自己的意向稍稍透露一些：「爲了早日結束這場原可避免的戰爭，只要蔣先生拿下濟南，大勢應該可以底定，到時候我會出面……」

張群是明白人，他沒有再多問；故意打哈哈：

「不談這些了！今天晚上輪誰請客？是你還是我？」

「哈哈……」兩人的笑聲都有點勉強，但卻都挺眞心；遠處，又有一波海水湧過來了。

八月中旬，蔣介石拿下了濟南。

九月十八日，張學良發出通電，以中原大戰殃及百姓、以致生靈塗炭，要求各方面立刻停火，一致擁護國民政府，以紓民困。

九月十九日，東北軍十萬人開進關內，張學良遂行了「武裝調停」；反對蔣介石的各方聯軍立刻瓦解。

十月九日，張學良就任國民革命軍陸海空軍副司令；他以還不到三十歲的年齡，正式進入了國民政府的軍事領導階層。

十

張學良搭乘的專車，經由津浦鐵路抵達浦口的時候，那個場面是他沒料想到的；月台上掛著好幾幅大紅布條，歡迎的隊伍更是高舉著標語牌，年紀輕輕的張學良嚐到了身為英雄的滋味。在東北老家，他早已是英雄；但是千里之外的南方也把他當作英雄，這種感覺是不一樣的。

這是一九三〇年十一月十二日，張學良應蔣介石的邀請前來南京，出席國民黨第三屆第四次大會。

從浦口登上軍艦渡江，對岸就是南京的下關了。站在甲板上，學良想起自己上回來南方，已經是五年前的事了。那是第二次直奉戰爭之後，奉軍勢力擴及江蘇；「五卅慘案」發生，為了維持上海市井秩序，張學良奉派率領兩千名奉天軍校的學生軍南下，他在上海待了半個月。

五年，多快啊！可又是多漫長啊！五年裡發生了多少大大小小的事，那還眞是從「家事」、「國事」、到「天下事」；年紀輕輕的張學良，已歷經了多少滄桑……

南京的歡迎場面當然比浦口更熱烈、更隆重、也更正式。尤其當乘坐的禮車一路上都有民衆夾道歡呼、蔣介石親自在國民黨中央委員會門口迎接，這些都讓張學良體會到，自己確實已經躍上了一個巨大的舞台；他不再是僅限於東北的方面大員，而是整個中國的一名要角。

在接見報社記者的時候，張學良對他的南京之行做了這樣的剖白：

「……我這次到南京來，是為了看一看我們國家新的首都；許多黨和國家的重要人士，我以前沒有機會見面，這次可以結識他們、向他們請益。我是懷著無比的赤忱，把自己奉獻在中央當局的領導之下。……我期待與蔣公介石主席以及政府其他官員的晤面，使我在今後爲國家和平與民族振興的工作中，能掌握更正確的方向……」

透過會談，張學良和蔣介石達成了一些協議，其中的「絕對制止內戰、保證國家安定」，最符合張學良一向的主張；而「國民政府協助東北的全面規劃、支持鐵路、港口的建設和工業的發展」，更讓張學良對國民政府的重視東北，有了充分信心。

張學良在國民黨大會上的演說，表明了他對中央的完全擁戴：

「……我和蔣主席達成了一些協議，從此以後將不惜任何代價，維護國家的和平；只有那些最野蠻的民族才會採取戰爭手段……如果我們能在中國維持五年或十年的和平，國家各方面的進步自然會非常可觀。……我的意向已決，將不遺餘力支持中央政府，維護國內和平；爲了這個偉大的事業，粉身碎骨在所不辭。」

于鳳至由於在瀋陽主持遼西水災的賑濟活動，晚了幾天才趕到南京和學良會合；除了官式的會議、拜訪，張學良也陪著妻子參加了一些社交活動、遍覽了曾歷經六朝金粉的國府首都。五年前張學良在上海結識宋美齡，這次見面，宋美齡已經是蔣介石的夫人。于鳳至和宋美齡一見如故；甚至富可敵國的宋家獨子宋子文也成張學良夫妻倆的好朋友。

張學良風風光光地去了南京，又志得意滿地回到瀋陽；等在他前面的是那個「偉大的事業」：建設東北、報效國家。

從國民革命軍北伐勝利到中原大戰結束，中國的統一實現了，中國人的民族意識也抬頭了。

前清末期與西方列強簽訂的種種不平等條約，多少年來一直綑綁著中國人、更壓榨著中國人；現在，廢除不平等條約的呼聲出現了。

張學良主政下的東北，不但興建了自己的鐵路，也積極進行葫蘆島的建港工程；甚至民間的排日風潮也在暗中醞釀。偏巧旅順、大連兩個港口的租期即將屆滿，張學良衡情度勢，展開了和日本的談判，但卻顯然不順利。

這一天的晚飯是跟趙綺霞一起吃的；只見學良悶著頭，一口一口地吃，沒說話、更沒有一點笑容。綺霞這時候懷了身孕，看著學良顯然在生悶氣，她腦筋一轉，打了個趣：

「大夫說了，西方流行的什麼『胎教』，也傳到我們這兒了……」

「妳怎麼突然跟我說這個？」

學良只是微微楞了一下，又低頭吃他的；綺霞乾脆把筷子放下：「怎麼？是嫌今兒晚上的菜不好？還是嫌我肚子大了、身材變了、讓你倒胃口？……瞧你氣的！」

「好好好！不氣！不氣！」

看到綺霞鼓著腮幫子，學良投降了；他就是拿綺霞沒輒，說話總是那麼細緻婉婉，連嬌嗔都娟秀得獨樹一格。

「大夫說什麼了？」

「大夫說，肚子裡的小傢伙看不見，但他聽得到、也感覺得到；要是爹媽老是在生氣，他有樣學樣，將來一生下來就懂得生氣……光是哭呀鬧呀的，就能把爹媽折騰的……」

綺霞說得一本正經，眼角卻瞄著學良；她終於看見學良笑了：

「瞧你說得跟眞的一樣！」

「要是不信，你去問大夫！……讓他給你好好上一課！」

學良無奈地搖搖頭，又笑了；綺霞這會兒朝餐廳外面喊著：「陳媽！拿瓶葡萄酒來！」

陳媽拿著葡萄酒和兩個高腳杯進來，給夫妻倆斟上，然後出去了。綺霞舉起酒杯：

「我也陪你喝一點，解解你的悶！……告訴我，到底爲什麼生氣？」

「我……下午聽見了一句最蠻橫、最不講理、最惡毒的話！」

「下午？……你是說，跟日本人談判的時候？」

「那哪叫談判？談判應該是對等的，兩邊實力差不多的；而咱們跟日本……能說得上對等嗎？」

旅順、大連的事情已經談了好幾回，綺霞約略知道一些；她心裡想，八成是完全觸礁了，否則學良不會氣成這個樣子。綺霞很謹慎地問著：

「是不是依舊不太順利？下一回什麼時候再談？」

「已經談不下去了！……哼！」

學良忿忿地拿起酒杯，一大口全喝了下去；綺霞知道自己又碰觸到了學良心裡的痛，她覺得有點愧疚：「別喝那麼猛！……漢卿！你要是不想說出來，就不要說。」

「不！一荻！我說出來也好，讓妳知道日本人有多可惡、多霸道！……妳知道的，我們提出的要求只是把旅順跟大連改成自由港，然後透過選舉，選出負責經營管理的人……那當然還是他們的人。也就是說，主權歸我們，經營和管理權還屬於他們，這有什麼不好？又有什麼不對？」

「那……日本人不同意？」

「豈只是不同意，他們說出來的話能把所有的中國人都給氣瘋了！他們說，這兩個港口是他們當初用箭射來的，如果我們想拿回主權，就得用箭射回去！意思就是說，他們是靠武力拿下的，我們也得靠武力拿回來！這不是擺明了要永遠霸佔著不放、永遠騎在中國人頭上？……一荻！妳說！聽了這種話，我們忍得下去嗎？」

綺霞沉默了，學良說得對，身爲中國人，誰忍受得了這種氣？過了一會兒，綺霞想起前幾天學良告訴她的另一件事：

「漢卿！你不是說，日本外務省哪一個負責決策的大官，最近提出了跟中國共存共榮的看法……」

「是他們的外相幣原喜重郎，他主張對中國採取協調外交的政策，不贊成用過於激烈的手段。可是，他的看法被某些日本軍方的人批評得一文不値，認爲那是懦弱。……一荻！不是我過於悲觀，我總覺得，也許他們自己之間有不同的主張，但日本人侵略我們的終極目標是一致的。而且，軍方的勢力太強，我擔心像幣原這種比較溫和的人，會鬥不過那些好戰的軍人！……我父親的死就是一個最典型的例子！」

提起父親，張學良沉默了；好快啊！父親遇刺都已經兩年半了！

也許由於常聽學良談起張作霖，綺霞對她這位生前未曾謀面的公公，是相當景仰的；她看著學良，默默地替他把酒杯斟滿。

北京協和醫院一間特別病房裡，主治大夫左吉問了一些例行的問題之後，親自給床上的病人量血壓、量體溫，非常禮貌地朝于鳳至笑著：

「副司令的狀況很穩定，一切都在控制之中，請夫人放心！」

「謝謝左大夫！」

嘴裡含著體溫計的張學良往床頭櫃上的一個空碗指了指；揚起眉毛看著左大夫，左大夫沒能理解學良的意思，微微斜著頭，正想要問，于鳳至笑了：

「他是嘴饞！流質的東西吃了幾個星期，這幾天老是吵著肚子餓！」

學良趕緊點點頭，還是用眼神問著；左大夫也點了點頭：

「病人想吃東西，這是好現象；但是以目前的狀況，我看副司令還得忍上幾天。一般說來，傷寒這種病最危險的是發病之後的十五天到二十多天這段期間，如今副司令可以說已經度過了危險期，但是……不瞞副司令，您或許是平日太勞累了，整個身體的狀況並不很好；所以，各方面我們都得留意。而且，站在醫院的立場，就算病完全醫好了，恐怕您還得在醫院裡療養一段日子……至於吃的方面嘛，再過幾天我跟其他的大夫研究一下，看看有沒有什麼變通的方法。」

左大夫取出學良嘴裡的體溫計看了看：「體溫也正常。」

這時候學良坐起身來：「我不是饞，是真的肚子餓！左大夫！就拜託您啦！快點替我解禁！還有，你說我病好了還得在醫院裡住一段日子，左大夫！得住多久？」

「這我們也不敢說，總得看您整個的身體狀況……」

做妻子的總是比生病的丈夫本人還要關切病情，于鳳至把話接了過去：

「對對對！聽大夫的話不會有錯。你啊！就乖乖躺一陣子吧！」

「可是我能躺多久？外頭有那麼多的事……唉！」

「你就聽話嘛！……左大夫！勞駕您哪！還得麻煩您多費心……」

「這是我們該做的，您別客氣……副司令！夫人！有事隨時讓他們喊我，我先告退了……」

「謝謝！」

張學良躺在病床上已經一個月了。四月中旬，他從瀋陽遷到北京；前清時的「順王府」這會兒成了「國民政府陸海空軍副司令」的府邸。五月裡他又去了一趟南京，參加「國民會議」；沒想到吃壞了肚子，月底回到北京之後傷寒病發，住進了協和醫院。

左大夫離開沒多久，護士小姐進來了，把浴室裡的一些衣物裝在一個籃子裡，送去消毒。護士的模樣挺討人喜歡，嘴也甜：「副司令！夫人！早！需要什麼嗎？」

「不用了！謝謝妳啊！密斯王！」

于鳳至剛說完，學良藉著逗趣發洩發洩：「給我端一大鍋人參燉雞來！」

三個人都笑了。

天剛亮，一群人就聚集在這條溝渠旁，男的女的都有；每個人手裡都拿著田裡幹活的工具，有鋤頭、有鏟子、有簸箕。

「咱們今天一定要動手！這口氣再也忍不下去了！」

「對！對！這些高麗棒子太可惡了！給他們一點顏色看看！」

「鄉親們！我們這是爲了自己，爲了保護我們的農田莊稼！」

「對！對！咱們不能再讓高麗棒子欺負下去了！」

大夥你一言我一語，群情激昂；唯一空著手、留著鬍鬚的一位長者高舉雙臂，站在小土丘上嘶聲喊著：「各位！各位！……大家冷靜一點，不要太衝動！衝動會壞了事情！我們還是再等幾天，讓縣政府出面解決……」

「等？楊大爺！您還要我們等多久？高麗棒子這回仗勢欺人、橫行霸道都好幾個月了！我們向縣政府陳情也一個多星期了，有用嗎？再等下去，我們都得餓死！……各位！你們說對不對？」

「對！對！石大哥說得一點也不錯！再這樣下去，整個的萬寶山、整個長春、整個吉林省、整個東北的田地都要被他們破壞光了！」

「咱們不要等！咱們自己解決！本來是咱們的田地，有什麼不可以？」

「對！咱們這就動手，高麗棒子敢怎麼樣？」

群衆顯然沒有把楊大爺的話聽進去，繼續喊著，手裡的各種傢伙也揮舞著；一大群農人憋了許久的氣全爆發了。

這是七月二日清晨。甲午戰後，除了台灣澎湖，日本還佔領了朝鮮。由於地理位置的方便，日本政府讓大批日本人移民到朝鮮，而又驅使許多朝鮮人到東北開墾；這些朝鮮人在東北討生活，自然有日本政府在背後撐腰。

四月裡，十幾個朝鮮人向長春縣政府申請租地，目標是縣城北方、伊通河東岸的萬寶山一帶。縣政府還沒核准下來，朝鮮人就私自動手開挖大小渠道，從伊通河引水灌溉。這個舉動給附近農民帶來了極大的損失；不但損害了莊稼，連農田都被淹沒了一大片。農民向縣政府陳情，卻沒有下文……

就在群衆高聲吶喊的時候，一群朝鮮人聞訊趕到，帶頭的說話了：「你們要做什麼？」

「我們要在這條溝裡塡土，怎麼樣？」

情緒最激動的石大哥從人群裡站了出來；左手叉腰、右手握著鐵鏟，一臉的不含糊。帶頭的朝鮮人退了幾步：「你們不可以！不可以！」

「不可以？誰說不可以？就憑媽啦個巴子你這個小高麗棒子？」

「這個是我們挖的！你們不可以……」

「你們挖的？我問你！你們挖的時候跟誰說過了？你們高興挖就挖，你以爲你們是誰啊！媽啦個巴子什麼玩藝！」

「我們向日本皇軍報告過的……」

「日本皇軍？日本皇軍是你媽啦個巴子的祖宗！告訴你！這兒是中國！少仗著日本人在我們面前耍威風！哼！狗仗人勢！」

「你……你們不可以塡土，我們要去向皇軍報告……」

「去啊！去跟你祖宗告狀呀！哼！我倒要看看誰能把我們怎麼樣！……各位老鄉！咱們動手！上！」

一群人剛開始有了動作，平素愛吃辣椒的朝鮮人可也槓上了，拼命阻擋；拉拉扯扯之間，幾個東北老鄉的鐵鏟鋤頭掄了出去，有人倒下……

這時候的張學良不僅僅是治理東北，國民政府甚至把華北的軍政大權也交在他手裡；人在醫院裡躺著，比較重要的事情還是得處理，何況東北老家發生了這麼一件嚴重的事。

于鳳至一進病房就看到學良緊蹙著的眉頭；她走到床頭坐下：

「怎麼了？又不舒服啦？」

「不是！是剛才的一個電話，老榮打來的……萬寶山的事情擴大了！」

榮臻是東北軍的參謀長，學良身爲全國三軍的副司令，還兼著東北邊防軍司令；他搬到北京辦公之後，東北的軍務都交給榮臻負責。

于鳳至看著丈夫：「哦？怎麼回事？」

「前天是咱們中國人跟朝鮮人對打，昨天可只剩下咱們中國人挨打！」

「在哪兒？還是萬寶山？」

「不是！是在朝鮮！好幾個地方發生了暴動，專挑中國人打！」

「是……朝鮮人報復？」

「嗯！」學良深思了一會兒，他彷彿找到了一些蛛絲馬跡：

「我看這整件事情很不單純，尤其是昨天……妳想想，整個朝鮮都在日本統治之下，就算朝鮮人想報復吧，假如日本人處理得好、控制得住，會讓事情發生嗎？……而且，根據老榮得到的初步消息，好像是朝鮮幾家日本人辦的報紙在挑撥，把前天萬寶山的事情大事渲染。」

「唉！眞是妖孽！……我還沒告訴你呢，前兩天一個娘家親戚到北京來，聽她說，日本人對咱們東北人的高壓政策更變本加厲了！就拿所謂的侵入鐵路保護區來說吧，咱們的居民不小心越過了南滿鐵路沿途的警戒線，以前抓起來打一頓就算了，現在啊！聽說一被日本軍人抓到，就往火車頭的鍋爐裡一扔、活活給燒死！……慘囉！」

「我看日本人隨時都在挑釁，尤其是關東軍！……還不止萬寶山，恐怕中村震太郎的事早晚也要惹出麻煩！」

中村震太郎是關東軍參謀本部的大尉，這一陣子他冒充蒙古人，闖入禁止外國人進出的興安嶺地區蒐集情報，六月二十七日被人殺了，日本一口咬定是東北軍下的手，事情還在調查當中。

這一年年初有關旅順、大連以及南滿鐵路主權的談判先後觸礁，加上最近這一連串的事件，兩國之間的關係愈繃愈緊是可以想見的。而且根據情報，日本關東軍有不尋常的調動，更運來了大批先進武器，包括大口徑的榴彈炮；這些意味著什麼？

病床上的張學良竟然有了「山雨欲來」的感覺，眉毛蹙得更緊了；他像是在分析給于鳳至聽、更像是在自言自語：「如果這些真的都是關東軍的存心挑釁，我們只能寄望日本內閣裡的溫和派能夠牽制他們，譬如幣原外相……我始終相信，在中國發動戰爭，對日本本身也是不利的，難道日本政府看不出來？」

學良邊說邊望向窗外；天氣轉陰了，遠方有一大片烏雲飄著。

八月十七日，「中村事件」的調查報告公佈了，證實中村震太郎由於執行情報蒐集任務，闖入外國人的禁區，被中國士兵槍殺；在東北的日本人一陣譁然，關東軍的一些幹部更是主張以武力進行報復。張學良向中央政府報告之後，接到了蔣介石的回電：

……無論日軍此後如何在東北尋釁，我方應予不抵抗，全力避免衝突；吾兄萬勿逞一時之憤，置國家民族於不顧。

張學良從協和醫院把這封電報的內容轉給了東北。

九月十八日晚上十點二十分，東北軍獨立第七旅駐紮的北大營，落下了日本關東軍的砲彈；不久後，日本步兵也朝著北大營移動。

團長王鐵漢拿起電話，接通了榮臻的辦公室。

「參謀長！我是王鐵漢！」

「王團長！有什麼事？」

「報告參謀長！關東軍向我們營房開炮，而且他們的部隊也正朝著我們開過來！」

「哦？……繼續瞭解狀況，隨時向我報告！」

「是！參謀長！」

過了午夜，正當情況愈來愈緊張的時候，榮臻的電話來了；沒等他問，王鐵漢搶先開口：

「報告參謀長！日本部隊持續向我們營房進攻，除了火砲，連槍聲都聽得見了，請問參謀長，本團如何處置應變？」

「副司令上個月轉來中央方面的指示，你們已經知道了；剛才我跟副司令通過電話，他再一次親自下達命令：不許抵抗！」

「可是參謀長！弟兄們都義憤填膺，準備跟日本人拼了……」

「我說了不許抵抗就不許抵抗！明白嗎？」

「報告參謀長！本團全體弟兄要與北大營共存亡！……參謀長！弟兄們槍彈都已經上了膛，我不能讓他們持槍待斃……」

「王團長！你聽清楚！立刻叫弟兄們把槍械彈藥繳到軍火庫！準備撤退！……請你轉告弟兄們，副司令知道他們保鄉衛國的決心。」

「是！參謀長……」

王鐵漢，這位個性和他名字一樣的團長，含著淚水掛上電話；衝出團部，發現有一些弟兄已經開火還擊了，但是他不能不把參謀長的命令轉達下去……

第二天天剛亮，大批日本軍隊佔領了整個瀋陽；不但瀋陽，連北邊的長春、南邊的營口……這些沿著南滿鐵路的城鎮，都在這一天淪陷了。

當第一顆日本砲彈在北大營炸開的時候，張學良正陪著英國公使在北京中和戲院聽梅蘭芳唱戲，于鳳至和趙綺霞也都在座。榮臻一個緊急電話打到順王府，張學良接到府裡的通知，把英國公使都撂下了，立刻趕了回去。

瞭解初步狀況之後，學良向榮臻下達了第一道指令；然後連夜召集會議，和他的高層軍事幕僚商量對策；會議開到第二天凌晨，並且向南京發了電報：

據東北軍參謀長榮臻將軍報告，日本軍隊於九月十八日晚十時許向我駐紮北大營的士兵開火。我方堅持不抵抗政策，沒有還擊。……日本捏造謊言指稱中國人炸毀南滿鐵路，並聲稱進攻中國兵營乃出於自衛；事實並非如此，甚至日本軍隊火燒北大營時，我方都未進行抵抗……

緊接著在上午，張學良召集了另一個會議，參加的人員都是東北外交委員會的委員；因為許多國家在瀋陽設有領事館，日本的這個舉動不但破壞了國際和平條約，更衝擊到東北的外交事務。張學良首先說明了事件的大致經過，然後分析了他的看法：

「……雖然日本人是以南滿鐵路被炸作為藉口，出兵的理由也說是為了保護南滿鐵路，但是根據我們目前所掌握的情報，這次炸鐵路跟上回皇姑屯炸鐵橋的事件如出一轍，是日本人自己設計的，想要嫁禍給我們！……先不說這一陣子以來好幾件讓人起疑竇的事；各位只要仔細想一想，瀋陽、長春、營口……這些重要的地方在同一天被佔領，這能說不是事先計劃好的嗎？」

「副座！瀋陽方面有沒有提到各國領事館的反應？」

提出問題的是顧維鈞，外交委員會的重要成員；張學良看著手裡的筆記本：

「昨天一整夜和瀋陽方面的電話時通時斷，幸好榮參謀長另外發了詳盡的電報過來……榮參謀長先後跟英國、美國、德國、法國、義大利這幾個主要國家的領事通過電話，得到的答覆幾乎都一樣，說是要等到他們國內訓令來了，才能表明態度。……不過有一點是很明白的，日本這麼一開火，這些國家必然不會袖手旁觀，因為他們在中國的利益也會受到損害。」

「我同意副座的看法……而且我想，不會袖手旁觀的，應該不只是各個單一的國家……」

「維鈞兄！你的意思是……」

「我想我們應該透過國際聯盟尋求解決……我是說讓國聯出面主持正義。各位想想，除了剛才副座所說的，其他各國的利益也會受損之外，國聯還肩負著促進國際間各種條約以及和平協定被確實遵守的責任，我想，只要我們正式向國聯提出控訴，國聯會插手的。」

聽了顧維鈞的建議，學良頻頻點頭；會議桌另一端的湯爾和也附議著：

「副座！各位委員！我一個星期以前才從日本回來，我發現日本政府裡有一些比較溫和的人，他們並不贊成軍部的做法，幣原外相私下就跟我說過，如果在咱們東北挑起戰端，那等於是日本自己吞下一顆炸彈！……因此，我贊成維鈞兄的建議，透過國聯向日本內閣施加壓力，讓他們的內閣壓制住軍部！」

這項會議做成了決定，建議南京的中央政府向國聯提出正式抗議，請國聯出面解決。

愈來愈多的情報證實了所有中國人的猜測；九月十八日晚上的事變，完全出自日本關東軍的設計和執行；石原莞爾和板垣征四郎，這兩名特務機關的高級參謀，爲了製造整個事件，早已經策劃了許久。他們在柳條湖炸燬一小段鐵軌的枕木，誣陷中國士兵；然後直接下令攻擊北大營，開始的時候，甚至瞞過了剛上任不到一個月的關東軍司令本庄繁，這位當年陪著張學良到日本考察的軍事顧問。

一天晚上，趙綺霞問張學良：「如果當時你在瀋陽，你會不會跟日本人打起來？眼看著營房被攻擊，你會照樣下令北大營的軍隊不抵抗嗎？」

張學良沉默了許久，同樣的問題他也曾問過自己；這會兒他整理了一下曾經給過自己的答案：「我下令不抵抗，是個絕對正確的決定；那不只是服從命令、信守承諾，而且也是盱衡全局。我們沒有還手的本錢、沒有必勝的把握。」

綺霞靜靜聽著；然後，學良又補充了幾句：

「不過，我承認自己對日本人的動向判斷錯誤，我始終認為日本不會眞的動手，因爲我誤信日本的文人可以制伏得住軍人。但我錯了！……如果我看準了日本內閣壓不住軍人，我會守在瀋陽、守在長春、守在營口，讓關東軍根本不敢動手！一翍！妳懂嗎？」

綺霞還是靜靜地聽，沒有答話。

十一

「瀋陽會館」裡裡外外戒備森嚴，一股肅殺的氣氛瀰漫著；秋天裡，這種氣氛尤其讓人的背脊骨覺得冷颼颼的。這是九一八事變後的第四天，日本關東軍的最高層幕僚正在會館裡秘密集會。

本庄繁司令的心情是沉重的，他對於石原莞爾和板垣征四郎發動戰爭的計劃事前毫無所悉。本庄繁是在八月二十日抵達旅順接任關東軍司令；事變前兩天到瀋陽打了個轉，又回旅順去。九月十八日晚上參加了一個應酬，回到住處剛睡下，接到了關東軍出擊的消息。

本庄繁的目光朝他的部屬轉了一圈，語氣和他的心情一樣沉重：

「那天深夜我是在非常不得已的情形之下，才批准了全面出擊的命令……」

說完這句話，本庄繁又看了石原莞爾一眼；停了一會兒才繼續說下去：

「整個局勢演變到現在，就像當天晚上我所說的，我會對這次的行動負責。但是各位也知道，我下的命令僅限於對東北軍的攻擊；對於一般民衆，不得無故騷擾。今天我要特別強調這一點……」

「九一八」的深夜，本庄繁在旅順召集緊急會議；當時石原莞爾強調，攻擊北大營的一個中隊遭到東北軍抵抗，必須發動全面進攻，本庄繁勉爲其難地同意了。從張作霖在世的時候開始，本庄繁和他們父子之間的私交一直不錯；他不願意對張學良造成太大的傷害。

開場白說過了，本庄繁進入了主題：「……今天的會議是要討論如何決定滿洲今後的走向。軍事方面我們是控制住了，但是在政治上，我們怎麼走出下一步，需要大家提出意見……板垣大佐！聽說你們早就擬好了計劃，請你說明！」

「是！……」

板垣征四郎是在兩年前奉派到關東軍擔任高級參謀。就如同當年的皇姑屯事件，柳條湖炸鐵軌，也是經過精密計劃的；板垣征四郎和石原莞爾在幕後操控一切。不僅事件本身，連後續的計劃也一樣，要挑起全面戰爭；不同的是，這一次的後續計劃實現了。

然而在這個會議上，板垣和石原提出的報告，卻延伸到更進一步的謀略；他們師承土肥原賢二當年的構想，要在東北建立所謂的「滿洲國」，拱出一個傀儡皇帝。至於人選方面，張學良已被排除在外，他們考慮的是前清宣統帝溥儀、或是溥儀的弟弟溥傑，甚至孔老夫子的後代……

漫長的會議結束了，決定的人選是溥儀；此外還正式作成「滿蒙問題解決方案」，準備提報內閣。方案中非常明白地指出：「**滿洲國以東三省和蒙古爲疆域，接受日本帝國支持；國防與外交事務，由滿洲國委託日本帝國掌理……**」。

十一月八日，原始的策劃人土肥原賢二在天津製造暴動，趁著混亂擄走了溥儀，帶到營口軟禁起來。第二年二月十八日，滿洲宣布獨立；三月一日，正式宣布成立「滿洲國」，溥儀出任「滿洲國執政」，後來當上了「皇帝」。

「田中奏摺」裡說得很清楚：「從台灣、朝鮮，經由滿蒙到中國，這是征服全世界的捷徑。」無論從哪個角度看，也無論誰在主導，日本正朝著田中奏摺裡所說的，一步一步往下走。

日本收買漢奸組成「便衣隊」在天津暴動，加上日本駐軍的公然支援，整個事件進行了二十幾天。張學良這時候的態度轉趨強硬；在他的運籌帷幄之下，中國軍隊毫不手軟，事件終於平息了。

張學良知道了溥儀被擄走，他心裡的懊惱是無法形容的；當于鳳至走進臥房的時候，學良劈頭就這麼一句：「前一陣子我在天津還遇見他了！」

「誰？你說遇見了誰？」

「溥儀，我們的小皇帝！」

「他怎麼了？」

「失蹤了！聽說被日本人藏了起來！……就是這回天津暴動的時候。」

「眞的嗎？這消息可不可靠？」

「應該可靠。哼！日本人安的什麼心，我一清二楚！」

「你是說……」

于鳳至也想起了當年土肥原賢二想要變的把戲；她也著慌了：

「那怎麼辦？……對了！上回在天津，溥儀沒跟你提到什麼嗎？」

「沒有。這種事，就算他心裡明白，嘴裡也不好說、不能說。」

「嗯，那倒是眞的……」

事實上早就有一些蛛絲馬跡；「九一八」之前，在日本讀軍校的溥傑就聽說過，日本軍人當中的激進派想要設計他哥哥回滿洲主政。

于鳳至這時候跟她丈夫一樣關心「小皇帝」的動向：

「那你呢？你跟他說了什麼沒有？」

「說了些……那天是在飯店裡吃早餐，我看見他一個人進來，所以說話沒顧忌。我勸他把還跟在身邊的那些『前朝遺老』給辭退掉，勸他到南開大學、或者到美國去讀書……說起來妳也許不相信，我甚至告訴他：時代變了，共和是必走的路，帝制不可能復活。假如有一天中國要選總統了，他可以出來競選，但是如果他老是跟某些人在一起，還老想著要過皇帝夢，搞不好連腦袋都要搬家！」

「哦？那你說得夠明白了嘛！……他怎麼說？」

「他什麼也沒說！」

「唉！……」于鳳至深深嘆了口氣，她覺得自己也沒什麼好說的了，夫妻倆的感觸是一樣的；但另外有一件事她非說不可：

「漢卿！報上那兩首詩的事情，小妹已經知道了！」

「嗄？她知道了？」

「我不早說了？這種事只能瞞住一兩天，她早晚會聽人家說起的！」

「這……」

「她問我，我只好照實說了；而且把你不願意讓她知道的好意也解釋了。」

「嗯……我得看看她去！」

「我剛從她房裡回來，這會兒她正哄著孩子睡，我看你就明天再說吧！」

「可是她……」

「你放心，我已經先安慰過她了；她倒是挺能看得開……也許她把那份難過藏在心裡。我常想，小妹年紀輕，可是世故得很！」

學良沒再說什麼，他走到起居室裡，點燃煙管。他的鴉片癮曾經用含有嗎啡的針劑戒掉過，但卻因而染上了嗎啡的癮；這一陣子懊惱的事接二連三，鴉片又吸上了……

那是十一月二十日，上海的《時事新報》刊登了兩首詩，題目是「馬君武感時近作」：

趙四風流朱五狂，翩翩蝴蝶最當行；
溫柔鄉是英雄塚，哪管東師入瀋陽。
告急軍書夜半來，開場弦管又相催；
瀋陽已陷休回顧，更抱佳人舞幾回。

「九一八」之後，國內有許多人對張學良的「不抵抗」相當不滿，一些媒體甚至給他封了「不抵抗將軍」的名號。張學良自然覺得委屈，但他無法爲自己辯駁。再加上東北局勢愈來愈壞，東北邊防軍司令部和遼寧省政府早在事變之後第五天遷到了西南角的錦州。情勢如此，張學良哪有可能辯駁些什麼？

廣西大學校長馬君武這兩首「感時」的詩，就是在這麼一個譴責張學良的心境之下發表的。詩裡的「朱五」，是指朱湄筠，曾經出任北洋政府內務總長的朱啓鈐的第五個女兒、也是張學良秘書朱光沐的妻子；「蝴蝶」指的是當紅的電影明星胡蝶，而「趙四」當然是趙綺霞。

當時有不少傳言，說張學良「九一八」晚上是跟胡蝶在跳舞；又說朱湄筠跟張學良之間的私下來往已經到了「狂」的地步。至於趙綺霞，更成了大作文章的好題材……

跟張學良過不去的人，拿馬君武的這兩首詩到處張揚；同情張學良的人，則認爲馬君武上了日本人的當，因爲那些謠言正是日本人辦的報紙最先製造的。

張學良自己心裡非常清楚，對於「朱五」，他絕不是那種「吃窩邊草」的小人；至於翩翩的「蝴蝶」，則在馬君武兩首詩發表的第二天，透過她所屬的「明星電影公司」，在上海的《申報》刊登了闢謠的啓事。胡蝶很明確地指出，她是在「九一八」的第二天才隨著影片「啼笑因緣」的外景隊到了北京；而且她從來沒見過張學良……

然而這些都不是張學良放在心上的，他這會兒坐在趙綺霞身邊，兩隻手緊緊握住她：

「委屈妳了，一荻……」

綺霞沒說話，仍是她那特有的淺淺的笑，但那笑卻是苦苦的。

「都快三年了！看來……我的一句『對不起』得說一輩子！」

聽了這句話，綺霞淚水倒眞的流了下來；學良鬆開手，掏出褲袋裡的白手帕替她擦著：

「別哭！看著妳哭，我更自責了！……一荻！妳要堅強！妳會的，告訴我，妳會的！」

「我會，我當然會堅強！」

綺霞把手帕還給學良，長長地吁了口氣；她走到梳妝台前，從小抽屜裡拿出一張紙，遞給學良：「這是我昨天晚上給自己寫的。」

學良低頭看著：

我不計較，更不悔恨，只因爲我有了兩個「他」……

綺霞低頭看著小床鋪裡還不滿週歲的兒子閭琳，又抬起頭看著學良；她再一次露出淺淺的笑。這一回，那笑裡除了苦，還盈著幾許淚……

北京順王府這天來了一位很特別的客人；穿著便服，但卻是日本關東軍少佐的身分，侍衛把他引到張學良的辦公室。

「報告總司令！本庄司令向您問好！」是關東軍司令本庄繁派來的人，他們還習慣於以前對張學良的稱呼；張學良低頭看了一眼對方遞給他的名片：「謝謝！山田少佐！請坐！……本庄司令好嗎？」

「他很好，謝謝總司令關心！」

「九一八」之後，學良對本庄繁的感情是極其複雜而矛盾的。本庄繁和張作霖父子的交情一直不錯，但關東軍卻在他接任司令之後發動了侵占東北的戰爭；這一點無論如何無法讓學良釋懷。

學良也明白，把一切的國仇家恨記在本庄繁頭上，似乎並不公允，但他能從心裡抹掉那一筆一筆的仇與恨嗎？「九一八」過後沒幾天，本庄繁就透過學良一位外交方面的高層幕僚解釋過，說攻打北大營不是他的意思；但那解釋有用嗎？就像自己的孩子把鄰家孩子打得遍體鱗傷，然後告訴鄰家的父親「那不是他的意思」；難道被打的孩子只好自認倒楣？難道做父親的沒有一點管教上的責任？學良的情緒一下子幾乎控制不住，但他還是忍著；兩軍交戰、不殺來使，最起碼的禮貌還是得維持。

山田少佐從皮包裡拿出一封信：

「這是本庄司令的親筆信，裡面還附了一份翻譯好的中文；他命令我要親自交給總司令。」

學良沒說話，接過信之後立刻就拆開看了；信的開始大概是一些問候的客套話，也可能重提了對「九一八」的遺憾。學良起初沒什麼表情，但看著看著，他臉上的肌肉開始微微抽搐，像是在拚命壓抑著什麼，最後他的嘴角露出了一絲冷笑。學良抬起頭，望著一旁的侍衛：

「去請兩位夫人來！」

侍衛應聲而去；學良沉默著，山田少佐也沉默著。不一會兒，于鳳至和趙綺霞進來了；學良讓她們坐下，這才重新面對這位關東軍司令的使者：

「我請我的兩位太太來，是要讓她們當面聽清楚我跟你說的話；一方面請他們做個見證，另一方面嘛……這件事情多少也跟她們有關！」

「是的！總司令！」

山田少佐不明白學良的眞正用意，于鳳至和趙綺霞也對這個場面困惑不已，她們甚至不知道究竟是怎麼一回事；正在納悶，學良說話了：

「鳳至！一荻！這位是山田少佐，本庄繁司令派他來的。本庄司令給了我一封信，信上說，他對於關東軍佔領東北的事感到很遺憾，他特地把我們在瀋陽家裡的財產運來了，要還給我們，……山田少佐，是不是這樣？」

「是！是這樣的！……報告二位夫人，本庄司令曉得總司令在瀋陽大帥府裡有許多很值錢的東西，因此特別交代我們非常小心地把這些東西整理好、統統裝在安全的木櫃和箱子裡，用火車運到北京來，一共有兩節車廂……一點也沒有損壞，現在都在火車站，由我們的士兵看守……」

山田恭恭敬敬地說完，學良接了下去：

「是山田少佐負責押運到北京的，我們很感謝！……但是少佐！請你再辛苦一趟，把這些東西運回去！」

「我請你把這兩節車廂裡的東西運回瀋陽去！否則我把它們就地燒了！」

「嗄？總司令！您是說……」

「這……」

「請你告訴本庄司令，他的好意我心領了；但是我無法接受。」

「這……可以請總司令告訴我原因嗎？」

「可以！……我告訴你一個故事。在美國獨立戰爭中，聽說有一次華盛頓從外面回來，發現他房子門口除了原來的一名警衛，還多了幾名士兵；一問之下，才知道是他部下的好意，派士兵來保護他的房子。華盛頓當時非常生氣，他把那名部下找來罵了一頓，說他帶領軍人打仗，是爲了一個理想、是爲了與敵人作戰，不是爲了保護他的房子；他說，這麼做等於是在侮辱他！……山田少佐！你聽懂了這個故事嗎？我現在的感覺也一樣，我覺得你們這麼做是在侮辱我！」

山田少佐聽完這段話，一時不知道該說什麼。他看了看學良，又看了看兩位夫人；正尷尬著，學良突然站了起來：「請你回去告訴本庄司令，我非常謝謝他的周到，但是如果他眞的對關東軍的作爲感到遺憾，那麼他該歸還的，不是我個人的這些財產，而是屬於中國人的整個東北！……少佐！你請回吧！」

學良說完走到窗戶前，背對著不知所措的山田少佐，直到聽見那雙皮靴的聲音消失在門外……

學良轉過頭，于鳳至和趙綺霞看見他眼裡的淚光。

年底，東北軍司令部臨時所在地的錦州，遭到關東軍的全面進攻，日本甚至出動飛機轟炸；局勢急速惡化，危在旦夕。十二月二十五日，張學良向南京的中央政府告急，卻意外地接到一項新的的指示：不再是「不抵抗」，而是「全力防守」。

但是談何容易！東北軍在一連串的退卻之下，士氣早就一蹶不振，而且在武器裝備上又遠不如日本軍隊；一九三二年元旦剛過，錦州也失守了。一個月之後，另一個重要的城市哈爾濱也淪陷了，東北整個完了。三年前東北易幟、全國統一之後，中央把熱河也劃入張學良的轄區，「東三省」成了「東四省」；這時候勉強算起來，只剩下了一個熱河。

張學良一面哀慟於故鄉的淪失，一面要承受仍然接踵而來的各方指責，就在這時候，中央政府新科的行政院長汪精衛到了北京。

不久前，南京又發生政爭，導致蔣介石辭職，轉任軍事委員會委員長；由林森出任國民政府主席，汪精衛接任行政院長。汪精衛在「中原大戰」時和支持蔣介石的張學良結下樑子，這回到北京來，彼此間的嫌隙絲毫未減。

汪精衛帶了一封蔣介石的信，信裡讓張學良和汪精衛就日本軍隊的長驅直入商討對策。

會談一開始的氣氛就不很好；兩個人針對當前局勢各作分析之後，汪精衛直截了當地提出尖銳的問題：

「你因爲守土不力，引咎辭掉國家三軍副司令的職位，這一點也許我們能夠諒解，但是你改任了北京綏靖公署主任，這北方的的整個大局還是在你手裡，你打算怎麼辦？」

「我能怎麼辦？不就是一句『不抵抗』嗎？」

「那錦州的事你怎麼說？」

「命令來得太晚，整個部隊的元氣早就傷到底了，弟兄們雖然還是拼了命，但實在守不住，只能放棄。」

「那此後呢？難道你就一路棄守下去？」

「當然不是！但如果要打，就得各方面配合；光靠我在這兒獨自撐著，這仗怎麼打？」

學良心裡的那股氣，是長久以來一直嘔著的；從「九一八」開始，他何嘗不想打？那是自己的故鄉啊！但中央的命令永遠只是不變的三個字：「不抵抗」，他能怎麼做？而且，誠如學良這會兒說的，要打就得各方面配合；光靠他一個人，能撐得住嗎？但他的話汪精衛似乎聽不進去：

「不論怎麼說，你要繼續頂著日本人！」

「怎麼頂？……就算這場仗得打下去，那也應該是全國一起打！我請問你，政府對於跟日本人作戰，究竟有過什麼樣的準備？有沒有打贏的把握？」

「老實說……沒有！」

「那憑什麼只讓東北軍去打、去拼？」

「那是因爲……目前政府受到各方面的壓力，假如你能夠繼續打下去，政府就可以有個說詞……」

聽了這番話，學良心裡覺得十分好笑，但沒說什麼；他把蔣介石的信又看了一遍，抬起頭，把自己的想法再一次堅定地表達出來：

「如果委員長直接對我下命令，要我繼續打，那沒二話，我一直是服從命令的；但他信裡是要我跟你商量，我當然可以表示我的意見！」

汪精衛沉默了一會兒，像是在估量什麼，然後露出有點不耐煩的樣子：

「反正你的意見已經表示過了，不需要再多費唇舌……讓我把話說明白些，假如你堅持下去，我這行政院長也別當了！」

「哦？這話怎麼說？」

「我這一趟特地到北京，是代表政府來跟你談的；你這是讓我沒有面子！」

這是幾近惱羞成怒了，汪精衛脹紅著臉，氣呼呼的；學良這時候的態度反而輕鬆無比，他笑了：「閣下想以我們弟兄的性命，保住你的政治地位……很抱歉，我無法照辦！」

汪精衛幾乎是拂袖而去的；學良心裡明白，自己跟這個人之間的嫌隙更深了。

熱河的地理位置在東北和華北之間；換句話說，多少年來，中國北方政治中心的北京，就在它的南邊。繼東北之後，日本的目標當然鎖定華北；終於，他們開始攻打熱河了，這是一九三二年二月二十三日的事。就在前一天，張學良的外籍顧問威廉端納還正式發了一封電報給南京的外交部長羅文幹，建議政府採取強硬的對策，並且要求中央方面全力支援抵抗日軍。

端納是澳大利亞人，他是張學良早年在東北結交的好友，學良一直非常倚重他，尤其是牽涉到外交方面的事務。針對「九一八」向國聯提出控訴的建議，也是由端納居間協商、奔走於北京和南京之間。

端納手裡拿著發給羅文幹的電報原稿，和學良在辦公室裡研判熱河的情勢。

端納樸直的面孔上有著一絲愧疚：「張先生！我的這封電報也許發得太晚……」

「不要這麼說！威廉！更不要太過自責！……你在電報上所提出的要求，事實上我們提過不只一次。遠的不說，上回宋先生來視察，他親眼看到的情況，回南京之後應該都跟上面報告過了。」

宋子文不久前來了一趟熱河，學良陪著他視察軍事防務；當時就把部隊的困境作了相當詳細的解說。端納回憶著：「……當然很難爲宋先生，冰天雪地裡，光看他穿著厚重的皮衣、還帶著皮帽，那種氣候，南方來的他大概一輩子都不會忘記！……其實我特別安排他去看我們的戰壕，主要還是讓他瞭解我們部隊的作戰環境和條件……」

「我當然明白！」

端納指的不是部隊怕冷、御不了寒，而是「作戰的環境和條件」；譬如說那戰壕，是早些年挖的，它的深度根本保護不了士兵，因爲日本的火炮威力早就進步了不知有多少。至於各種武器裝備上的貧乏，更是中國軍隊的致命傷。

這時候學良的思緒，已經從自己部隊這些有形的弱點轉到了無形的障礙上：

「知道嗎？威廉！……除了這些方面讓我擔心之外，還有更可怕的隱憂！」

端納在學良身邊有很長的一段日子了，他明白學良這會兒在想什麼：

「您是說……人的方面？」

「嗯！而且是雙方面的困擾！……西北軍到時候是不是肯捐棄成見、共赴國難？這是一個大疑問。另外，湯主席是我的父執輩，我也很難動得了他……」

在「人」的方面，學良的苦衷確實是雙重的。當年的「中原大戰」，使他和閻錫山、馮玉祥之間有了極深的芥蒂；而華北一帶的駐軍，除了有限的東北軍之外，主要的還是西北軍。此外，熱河省主席湯玉麟是張作霖的老部下，學良怕指揮不動他。

當然，光是憂愁解決不了問題，一切只能盡力而爲了；學良站起身、拍了拍端納肩膀：

「我們一起努力吧！威廉！謝謝你爲我所做的一切。」

學良跨出沉重的步子；端納望著他沮喪的背影消失在辦公室門口。

四月十日晚上，上海福熙路一棟宅邸的客廳裡，張學良手捧一杯熱茶，神情平靜，端納坐在他對面。

「威廉！套一句好像是你們西方人喜歡說的話：這又是一段人生！……把過去拋棄掉的感覺眞不錯！」

「張先生！我很高興聽見你說這一句話。」

當然，連學良自己都有一種很奇怪的欣喜感覺；他不自覺地笑了出來：

「還記得你那天夜裡在火車上跟我說的話嗎？你要我『Be a man, brave and strong！』……說起來眞慚愧，當時我那種失態……」

「不！那是非常 natural 、非常自然的感情，用你們中國話說，就是……赤子之心。」

兩個人相望而笑……

才抵擋了十天，三月四日熱河就失守了。西北軍根本不按照佈署計劃行事，更不聽從命令；而當最後一批部隊從承德撤退之前，湯玉麟早就帶著幾卡車的財產家當跑了，一切就那麼無奈地、完全在預料之中。

三天後，張學良引咎提出辭呈。蔣介石專程北上，三月九日在保定火車站停靠的專車車廂裡約見；由陪同的宋子文輾轉地暗示要張學良徹底下野、完全退出軍事和政治圈子。兩天後，張學良發表通電，向全國請罪：

……在東北保持中國的主權，是我已故的父親和我共同的奮鬥目標；我父親已為此事獻身……「九一八」危機爆發時，我被困在北京的病床上，但我相信向國聯呼籲，能夠得到公正裁決……熱河戰事中，將士們始終履行職責，數萬人為國家犧牲……最近與蔣委員長會晤之後，使我愈加相信，我此時辭職，是鞏固中央政府的最佳方案……

通電發出的第二天，張學良帶著家人和幾名親信，搭飛機離開北京，到了上海……

然而那天從保定回北京的火車裡，學良曾經那麼無望地痛哭過；隨行的端納安慰他：「要做一個男子漢大丈夫，勇敢、堅強。」

這會兒在客廳裡，端納又拿另一件事揶揄學良：

「幸好你眞的覺得有了一段新的人生，……否則我在醫院裡挨的那一拳就太冤枉了！」

「哦？那現在你就還我一拳！」

學良這回是笑出聲音來了。那是到了上海之後，學良在張伯苓和宋子文的勸說安排之下，住進一家外國人開設的醫院，由一位德國大夫使盡最狠毒、但也最有效的方法，把學良的鴉片煙癮完全戒除了。戒毒的過程是很難受、很痛苦的；有一天學良為了一件小事拿端納出氣，揍了他一拳。想著那一段時間的煎熬，學良說出了他的感觸：「還好戒掉了；要不然，這一輩子就只能拿自己活生生的肉體，永遠讓一樣死的東西擺佈！」

正說著，于鳳至和趙綺霞走進客廳；于鳳至搓著手掌：

「好不容易才讓小傢伙們全睡下了……欸？你們什麼事聊得這麼開心？」

「沒什麼！一些不足與外人道的小事！」

「外人？……好啊！你把我們當外人？小妹！看樣子咱們倆都得出家當尼姑去了！」

「大姊說得對！漢卿！這句話你可說得太過分了！……大姊！是你罰他？還是由我來？」

「好了好了！我鬥不過妳們姊妹倆，成了吧？……」

三個人笑成一團；眞是另一段人生！端納陪著笑，心裡對自己說著。

笑夠了，學良發現自己手裡捧的茶涼了，他站起來，到角落的高腳几上續了熱水，回過頭望著「姊妹倆」：「都準備好了？」

「都好了……反正託運的早就打了包，就幾件手提的。我剛才還跟小妹說，這趟出去，大概穿不著中國的衣服了……」

于鳳至的話，引起了淡淡的離愁；趙綺霞的眼眶有點紅，她別過身子。

明天就要上船了；幾時啊！東北的老家，苦難的中國，幾時才能再回來……

十二

羅馬深秋的黃昏讓人沐浴在一股濃濃的幽雅氣息裡；斜陽灑在掀開一半的淺綠色窗簾上，客廳裡的光線柔和得讓人有說不出的舒適。張學良坐在沙發上翻閱一本雜誌；他看不懂義大利文，但這篇顯然是介紹羅馬古蹟古物的文章，光是那些精緻的照片，就讓他看得津津有味。

趙綺霞輕著步子走到學良身旁，打開沙發邊上的一盞落地藝術燈，燈光照在那本雜誌上，也是柔柔的。

「這樣是不是亮一些？」

綺霞悠悠問著，她身穿一件寶石藍的長禮服，衣襬蓋在腳踝上，腳底是一雙靛藍色的半高跟鞋；學良在她全身上下打量著，把頭斜斜地抬起：

「怎麼？穿得這麼正式啊？」

「難得這麼正式的晚宴嘛！……你別笑我！在巴黎買的這件禮服還沒穿過，我心裡一直在嘔著呢！」

「總有機會穿的嘛！……今天晚上又不是到什麼高級餐廳去！」

「可是要見的人是最高級的呀！」

學良笑了；他低頭看著自己身上穿的這套深色西服，雖然也挺正式，但怎麼看都配不上綺霞的打扮。他像是在自言自語：「嗯，看樣子我得換一套……」

這兒是齊亞諾伯爵的公館，張學良全家客居義大利的住處。齊亞諾曾經是駐中國公使，跟學良有相當深的交情；他也是義大利總理墨索里尼的女婿。學良五月裡帶著家人和隨從抵達義大利；四處參觀之後，轉往法國、德國、丹麥和英國遊覽，然後又回到羅馬。這一天晚上，墨索里尼特地安排了到女婿家裡吃飯，順便見一見學良的家人。

兩個人正聊著，于鳳至也到了客廳；一看她的打扮，綺霞和學良相對會心一笑，鳳至穿的是銀灰色的中國旗袍。綺霞突然想起一件事：

「大姊！妳不是說，到國外來養胖了，以前的衣服都穿不下了嗎？」

「就剩下這件啦！原來還嫌它大了點，現在得勉強才擠得下，腰身還放了一些！……嗯，你們看怎麼樣？會不會太緊？」

鳳至說著轉了兩轉，又低頭仔細左看右看；其實自己剛才在臥房裡已經看了好一會兒了。學良打趣著：「可以啦！這樣正好……妳們不也聽洋人說過，咱們的旗袍最讓西方女人羨慕的就是這線條；所以，太緊了不雅觀，太寬了也不好……」

鳳至放心了。也許是心境完全放開的緣故吧，自從離開國內，鳳至胖了好幾公斤；原來過於纖瘦的體型，現在豐腴多了。不只是她，學良也長胖了。丟開那些沉重的包袱，加上又戒了鴉片煙癮，學良像是換了個人似的；精神尤其愉快，顯得容光煥發。

三個人都挺體面，就等著跟這個國家的元首一起進餐了。

其實，張學良已經跟墨索里尼見過幾次面；學良在中國的地位、以及這些年來有點像是傳奇的生涯，讓西歐國家的政要不僅對他不陌生，甚至帶著點好奇地想跟他來往。學良這幾個月在歐洲的旅行是並不寂寞的。

晚餐後，鳳至和綺霞禮貌地坐了一會兒，找個藉口離開了，剩下墨索里尼翁婿倆和學良在餐廳裡繼續聊天。當然，在座有專人翻譯，而且齊亞諾能說些中國話。聊著聊著，話題轉到了中國的政治局勢；學良心裡有些感慨：「……閣下是知道的，我離開中國有難以言喻的苦衷。中國的政治環境太複雜……幾千年的帝制一下子改變了，不只是握有權力的人，連一般民衆都沒法適應……而我們是一個有四、五億人口的國家！」

「你說得對，中國是需要一段時間調適……不過，我覺得你們缺少一個強而有力的人主導全局；尤其那麼多的派別匯聚在一起，沒有一個突出的領導者，很難應付紛亂的局面……你應該知道我常常在說的一個道理：事情由所有的人一起做，討論只能侷限在少數幾個人之間；而負責決策的，就只能有一個人！」

學良咀嚼著墨索里尼這番話，所謂的「一個人」，那眞必須是個強者、是個最強的人；難道，墨索里尼在影射他自己？這時候，學良又想到另一層：

「這還只是自己內部的問題，比較容易解決，而且總有一天會解決；但是我們還要面對外來的勢力，這些勢力從上個世紀以來，一直侵擾著中國……」

「你是不是指日本？」

「主要的當然是日本，但還有別的國家。我們總希望隨著中國共和政府的建立，西方國家能夠站在鼓勵和幫助的立場，讓中國在世界舞台上再站起來。我們需要各國的協助，譬如上次向國際聯盟抗議的事……」

「我必須說，你對國際情勢還需要進一步瞭解……不錯，你們眼裡看到的是歐洲，因爲歐洲國家多、影響力似乎比較大。但是歐洲的國家現在也是問題重重，他們一切都轉過頭倚靠美國。這一點我是並不怎麼贊同的……」

望著這位義大利的強勢統治者，學良心裡有一股說不出的感覺。墨索里尼一九二二年首度組閣，法西斯黨最初也是靠著選舉取得了政權，但兩年後變成了獨裁。連續十幾年，整個國家由同一個人統治著，這種制度是不是在開民主倒車？而墨索里尼所說的，中國需要一個強勢的領導者，這種推論究竟有沒有道理？國內二十幾年來不斷的鬩牆之戰、未曾停止過的種種政爭；在這種環境之下，是不是應該出現一位各方都擁戴的領袖人物？

學良思索著，他原以爲自己已經平靜下來的一顆心，又莫名地躁動了……

一個多月後，依舊是同一個客廳裡，張學良手裡拿著剛從中國駐義大利大使館轉來的一封電報，是蔣介石給他的。電報裡言詞懇切；除了問候、思念之語，最重要的一個訊息是，蔣介石希望學良儘速回國。

于鳳至和趙綺霞坐在長沙發上。綺霞這些年來一直謹守本分；即使有機會並排而坐，她也絕對坐在下首，而且等鳳至坐定了，她才坐下。姊妹倆也看過了蔣介石的電報，這會兒一起等著學良開口。

「原則上我是得回去……」

盼了好一會兒，才盼到學良的這幾個字；而且那不像是一整句，似乎底下還有話，鳳至和綺霞對望了一眼。

「沒錯，原則上我是得回去……」

同樣的話重複著；顯然學良在極其愼重地思考著什麼，而那必定就是還沒說出來的那些。鳳至像是幫著學良思考、也像是在提醒他：

「電報裡沒有很明確的字眼，譬如說，爲什麼要你回去；還有，讓你回去做什麼……」

「當然和上回那封電報有關！」

「上回那封電報」是學良的舊屬前幾天發給他的，電報內容也很扼要；只提到福建發生動亂，暗中有一股力量正在拉攏東北軍……。學良初步的瞭解是，李濟琛爲首的十九路軍在福建成立了「人民政府」，對抗中央。

學良這時候想的不只是回國以後的問題，還有帶誰回去的問題。他決定先把後面這個問題提出來：

「……我想，如果全家都回去，大概是一個很不聰明的做法。我們出國原來就是長久的打算，尤其料想不到這麼快就回去；要不然，也不會替孩子們安排學校的事……」

學良指的是他們到英國遊覽的時候，已經打聽好鳳至的三個孩子在那兒上學的事。事實上，鳳至最關心的還是這方面；而她心裡已經有了打算：

「剛才我也在想這個問題。如果全家都回去，說不定哪一天又出了什麼狀況……我是說，要是替孩子著想，似乎應該把他們留下來……」

「嗯！……小妹！妳覺得呢？」

「我當然贊成大姊的想法……尤其是閭瑛，都快到了上大學的年紀，既然出來了，當然讓她留在國外；閭恂、閭玗也一樣……至於閭琳，反正還小，先別考慮他吧！」

綺霞的話說得很漂亮，也很誠懇。學良的子女中，只有閭琳是她生的；鳳至生了四個，三兒子閭琪早年夭折了。

三個人的意見一致，剩下來就是孩子由誰照顧的問題了；鳳至把心裡進一步的打算說了出來：「我陪孩子留下來……」

「大姊？」

學良和綺霞幾乎同時喊出聲來；鳳至繼續把她心裡的打算說完：

「我身子骨一向不怎麼好，國外這種清閒的日子正可以讓我好好調養，而且……」

鳳至說到這兒停了下來，因爲往下才是她心裡眞正想說的話；學良和綺霞盯著她看，都在等她往下說。

「而且，孩子需要照顧，大人身邊更少不了一個能伺候著的人……」

鳳至那「大人」兩個字說得特別重，說的時候還特地瞄了學良一眼；綺霞心裡明白鳳至的意思了：「不！大姊……」

「小妹！妳讓我把話說完……還記得我們第一次見面時候我跟妳說的那些話嗎？漢卿需要有個人在身邊照顧；這些年下來，我看得很淸楚，如果大家都能在一起，那當然最好，否則……我覺得妳跟著他比較妥當。」

雖然這些年來姊妹倆相互扶持，彼此沒有任何隔閡，但眼前這件事非比尋常；綺霞緊緊抓住鳳至的手：「大姊！您不要這麼說……中國人講究的就是倫常、道理，更何況是女人家！我……我不能單獨跟漢卿回去！……漢卿！要不然，我跟大姊都留下來，你先回去待一段時間，看看情況再做往後的決定，這樣好嗎？」

學良還沒回答，鳳至又搶了話：「小妹，妳聽我說……我說的都是心裡的話。其實，我這是把一副擔子往妳身上放；妳跟著回去……那是受苦、受罪，我在國外反而輕鬆得多！」

綺霞一下子不知道該說什麼；她看了看學良。學良心裡也在矛盾，鳳至說的確實有幾番道理，但自己也確實很難拿定主意。考慮了好一會兒，學良拍了拍手上的電報：

「讓我進一步瞭解要我回去的原因再說吧！」

其實，學良眞正要考慮的不是這個，他心裡已經決定了要回去；爲難他的還是鳳至的打算。客廳裡一陣沉默；牆邊一座很雅致的擺飾櫃上，那只時鐘滴答滴答地響著。

張學良在一九三四年一月八日回到了上海，跟他回來的除了趙綺霞，還有一起出去的端納和幾名隨從；連來回航程也算在內，離開國內還不到九個月。

學良回國後的第一件事，就是到南京見蔣介石。

從歐洲回來的路上，張學良曾經花了相當多的時間思考國內的問題；他不得不承認，墨索里尼說的話對自己起了很大的衝擊。而每當他思考著的時候，總是謹愼地把「國家」和「蔣介石」這兩者、涇渭分明地在自己思維裡切割開來。

從理性的角度看，法西斯主義的一些堅持並不是張學良所心儀的，例如它的反自由、反民主，例如它的崇尚暴力；但是墨索里尼主張極端的國家主義和英雄主義，卻讓張學良在情感上不得不認同。

不知多少次，他對最知己的家人、朋友、乃至部屬坦承，自己是個無藥可救的「愛國狂」；隨時準備把性命獻給國家。另一方面，他牢牢記住墨索里尼告訴他的，中國需要一個強有力的領導者，能夠領袖群倫、整合分歧。這難道不是「英雄主義」的具象化？唯一的問題是，誰將是那「英雄」？誰當得了「領導者」？好幾次，當學良佇立甲板遠眺時，海面上的薄霧中總會浮出蔣介石的影子；他知道自己決定回國，跟他心目中正在描繪的一幅畫像有關。學良甚至進一步想，也許自己得先接近畫像裡的人，把他認識清楚、瞭解透徹……

見了面，蔣介石相當關心學良，問了他的身體情況、旅歐的經過，以及大大小小的一家人。最後，沒等學良問，蔣介石主動提到了對學良的安排：

「漢卿！我打算還讓你指揮部隊；你一直在帶兵，這是你最拿手的。」

「可是，委員長，辭職之後，我把兵權都交出去了；而且出國半年多，各方面都陌生了。」

「這些都不成問題，我來安排！」

蔣介石說得那麼直接而且篤定，學良卻有點遲疑，但他只遲疑了一霎那：

「委員長，如果您能夠同意，我想……擔任您的侍從室主任。」

「侍從室主任？不不不！不妥當，而且委屈你的才幹。」

蔣介石一連說了好幾個「不」字，手掌也一直搖著；學良退縮了。看他不再說話，蔣介石換了一種口氣；不但像長官，更像長兄：

「你回來了，就要好好幹，做出一些成績來……你知道的，國內有一些人對你不滿。」

「這我明白；如果不是帶著將功折罪的心情，我也不敢回來。」

「那就好！你先做幾件事情……」

「委員長吩咐之前，我想先知道，哪些事情最迫切、也最困難。」

「你有決心做這些事情嗎？」

「有的，請委員長指示。」

「好！你跟著我剿共去！」

學良稍稍愣了一下；他不是沒想到這方面的差事，但蔣介石眞的提出來，還是讓他有點愕然。

「我打算成立『豫皖鄂剿匪總司令部』，我兼總司令，你做副總司令，實際的工作由你負責。」

這當然不是一席話之間才做的決定；學良心裡明白，蔣介石催他回來，是要他對付共產黨。學良想起部屬拍到國外給他的電報，「暗中有一股力量在拉攏東北軍」；這使學良想起當年的「中原大戰」……

似乎沒有考慮的餘地了，而且也不可能有所考慮。決定回來，原就是打算盡一己之力幫著蔣介石；讓墨索里尼口中的「強有力的領導者」在中國早日成個氣候，把國家復興起來。學良明白，這是他那「情感上的法西斯」在心裡躍動；從這一點來說，學良絕對是心甘情願的，將來也必然是無怨無悔的。

就這樣，三月一日，張學良就任「豫皖鄂剿匪副總司令」，負責河南、安徽和湖北三省的剿共任務，總司令部設在武昌。

中國共產黨是一九二一年成立的，一開始的時候成長非常遲緩，三年後在蘇聯共產國際指示之下，僅有的成員加入國民黨，謀求發展；後來漸漸和蔣介石對立，被趕了出去。一九二八年成立「紅軍」，發動一連串的武裝衝突，但都被制伏；一幫人轉到井岡山打游擊。一九三一年在江西瑞金落腳，成立了「蘇維埃政府」，毛澤東出任「主席」。蔣介石為了避免中共坐大，前後展開了五次圍剿，試圖把他們消滅。張學良就是在第五次圍剿的節骨眼上回國，投入了剿共戰爭。

六月初夏，華中一帶已經有了一點暑氣。湖北省東部的麻城是一個純樸的地方；這一天接近中午時分，太陽熱熱地照著，但驅不走縣城裡民眾的那份雀躍，他們排在街道兩旁，等著一睹「張少帥」的風采。

老百姓的心理是很耐人尋味的，只要吃飽了、穿暖了，多半的人根本不在乎哪朝哪代、不在乎誰在當家做主。隔鄰的共黨「蘇區」像是「國中有國」，一幫人找塊地方另起爐灶，準備「革中央的命」；但只要不擾到日常生活，老百姓是不理會這些的，他們「中立」得很。而在麻城，這一天是「剿匪副總司令」路過此地；「剿匪」是怎麼回事？父老們不去探究，但「少帥」可是多少年來響叮噹的傳奇人物，怎能不去看他一眼？古老的國家總是潛在著對英雄的崇拜、甚至狂熱；張學良自己心裡不也有著一幅英雄畫像嗎？

「來了來了！我看見的，車隊從那邊過來了！」

一個二十來歲的年輕人邊喊邊跑過來，他顯然是跑了老遠先去張望的；剎那間，人群開始有輕微的騷動，但那只是相互描述自己聽說過的少帥，多半帶著點讚嘆的口吻：

「才三十五、六歲吧！早就是上將啦！」

「不對，足歲才剛滿三十四！……」

「對！對！現在流行算足歲！……真了不起啊！這麼年輕！」

「我看吶……多少也靠他老子的庇蔭！」

「胡說！那是他自己能打仗！蔣委員長不就有好幾回靠著他出兵，才解了圍的？」

「欸……來了來了！」

先前那個跑著過來的年輕人大聲喊，大家都把頭轉過去，望著路的轉角。果然，六、七輛汽車開過來了。路不寬，兩旁又有人群，車隊開得很慢。漸漸的開得近了；每個人都伸長脖子，還舉起手直揮舞著，嘴裡高聲喊：「歡迎！歡迎副總司令！」

「歡迎張少帥！」當然比不上城市裡的萬人空巷，但幾百個人聚在道路兩旁，場面也挺熱鬧。

車子一輛輛緩緩穿過人群，終於都開過去了；但奇怪的是，沒看到少帥！他應該是在最前面的車子裡，不是第一輛就是第二輛；車子速度很慢，決不可能錯過，但爲什麼沒看見？人群裡開始吱吱喳喳的，大家都在納悶：「怎麼沒看到少帥？」

「喂！金大嫂！……吳三！你們看見沒有？」

「沒有呀！……奇怪！」

「我也沒看見，怎麼回事？」

「會不會是臨時變卦，不來了？」

他們還眞都錯過了；不，應該說是他們全都看見了，卻沒發現那就是他！張少帥好端端地坐在第一輛車子裡；不過，他是坐在駕駛座上，帶著墨鏡。誰也沒想到，第一輛車子裡那個開車的，就是大家盼了許久的張學良！

車隊進入山裡了，這兒離「蘇區」已經很近；張學良還是沉著又帶著幾分瀟灑地坐在駕駛座上。或許，這樣更安全些吧，反正他也喜歡開車！

當天在部隊駐紮的金家寨過夜；晚飯後，正跟陪同到這大別山區視察的安徽省主席劉鎮華聊著，張學良的隨從進來了：「報告副總司令！這件公文請您過目。」

隨從遞上一個卷宗；嘴角憋著笑、表情也很詭異。學良接過卷宗，打開來一看，是一份送請核准槍決一名盜匪的簽呈。奇怪！這種簽呈怎麼會要他批閱？應該是……部隊長的權責吧？學良心裡正在納悶，一眼瞅到簽呈上那盜匪的名字：「張學良」！完完全全相同的三個字；當然，年齡、籍貫、住址等等資料都不一樣。張副總司令不禁笑出聲來：

「好啊！好一個張學良，當起土匪來了……」

劉鎮華眼睛睜得比銅鈴還大；學良卻一直笑著。他把簽呈遞給了劉主席，可是又要了回來；從口袋裡掏出自來水筆，給那個「良」字加上一個犬字邊，成了「狼」字，這才遞給劉鎮華：

「這份簽呈還是讓部隊長批吧！……這還眞幽了我一默，哈哈……你告訴他們：第一點，他們總不能讓張學良批准槍斃張學良；第二點，這名土匪辜負了他爹給他取的好名字，乾脆改名叫

『狼』好了！哈哈……」劉鎮華、隨從……大夥全都笑了。

武漢大學放完暑假剛開學，學生們忙著註冊。校園裡，幾個已經註好冊的女學生朝著游泳池的方向走去；其中一個梳著兩根長辮子的故作神秘地形容著：

「告訴妳們，那天下午我是回宿舍裡拿筆記本，經過游泳池的時候親眼看見的……可把我嚇壞了！」

「妳是說，他差點沉下去？」

問話的是個戴眼鏡的瘦高個兒，兩隻眼睛在鏡片後面睜得好大；長辮子的女學生這時候更是唱做俱佳，比手畫腳的：「沒錯！他的兩隻手拼命拍著水面，一邊一下……也不知道是拍還是划，反正就是一副快沉下去的樣子！」

「堂堂的張少帥不會游泳？我才不信！」

「我也不信！……欸？對了！妳怎麼知道那是張少帥？」

另一個胖胖的女學生附和著，梳長辮子的可得意了：「我看過他在報上的照片呀！而且，游泳池旁邊站著幾個軍人，像是他的保鑣，決不會錯的！」

「那後來呢？……」

「我們的袁主任一下子就跳到池子裡，把他拉了起來。」

「那再後來呢？」

「再後來……我就不知道了，我哪敢多看？」

長辮子女學生伸了伸舌頭；其他的人聽到這兒，大概是相信了。

「所以啊！待會兒我們看他表演……上帝啊！保佑他吧！但願他這回不會出醜，阿門！」

長辮子女學生邊說邊合掌，把其他的人逗得都笑了……

其實這夥女學生並不是去看張學良會不會再出醜，而是去看少帥的夫人、趙四小姐。聽說趙四小姐也要下水，還有好幾個大官的太太，她們都要下水；這才是最精采的……

儘管是在武昌這樣的都市裡，一般人對女人家穿著露出大腿的泳衣，還是無法接受，認爲簡直有辱民風；連大學裡都禁止女生游泳。當校園裡傳出張少帥和幾位大官要帶著他們的夫人到學校裡游泳，立刻轟動了；好多人都想去看看這新鮮的鏡頭。

大概料想到會有不少學生聞風而來吧，學校特地在游泳池旁十來尺的周圍拉了一圈繩子。圍觀的學生愈來愈多；令人不可思議的是，女生比男生還多。

長辮子這一夥到繩子外圍的時候，池子裡眞有幾個大官模樣的人在嘻鬧，跟青年學生沒兩樣。沒一會兒，學校體育組主任袁浚在池邊高聲宣布：

「各位同學，今天很難得有貴賓到我們學校裡游泳，除了大家都熟悉的張學良、張副總司令和他的夫人之外，還有錢大鈞先生和夫人、張群先生……」

貴賓們一一向四周的學生招手；袁浚頓了一下，看了看池子裡的張學良：

「現在，我們請張副總司令向大家宣布一個好消息！。」

袁浚帶頭鼓掌，學生們跟著鼓掌；學良從池子裡爬了上來：

「各位同學！我是張學良，很榮幸跟大家見面……我一向喜歡運動，更喜歡游泳；今天我很高興看到有這麼多的女同學……你們一定想知道爲什麼，我告訴大家，我已經爲女同學說情、請命，學校也已經答應，從現在開始，武漢大學不再禁止女同學游泳了……」

話還沒說完，只聽見一陣歡呼；尤其是女學生，高興得直拍手。張學良笑著走到池邊，伸手把趙綺霞拉了上來：「現在，我請我的太太跟大家說幾句話……」

又是一陣熱烈的掌聲，綺霞微笑著向四周揮揮手：

「我想，大家一定都很高興聽到剛才我先生宣布的消息，我也一樣喜歡游泳……另外，我再附送一個好消息，你們的袁主任已經計劃好了，要特別爲女同學們開設訓練班，教大家游泳……」

歡呼聲又響起了；這時候學良把話接過去：

「游泳是非常好的運動，但是大家一定要注意安全；尤其是女同學，妳們剛開始學的時候，要特別小心。下水之前要做好暖身運動……告訴妳們一個我的小秘密，幾個月前，我到這兒來游泳，就因爲忘了先做體操，結果一跳下水，腿就抽筋了……幸好你們的袁主任把我救上岸來，要不然，我早就成了一堆醃肉……淹水的『淹』！」

學生們全都笑翻了；圍繩旁，瘦高個的女學生槌著長辮子女學生的肩膀：

「我說了吧！少帥不可能不會游泳的！」

「我哪知道他是抽筋！」

「虧妳是有名的包打聽……妳啊！」

「妳別損我！我這名號可不是光靠吹牛吹來的。吶，我這兒又有一個現成的消息……一分鐘之前才聽說的。妳們知道剛才這一幕是怎麼回事嗎?是張少帥先跟學校講好了，然後跟袁主任一搭一唱……連他們今天要來游泳的消息，都是袁主任事前刻意傳開來的!」

「嗄?妳怎麼知道得這麼清楚……不!我是說，知道得這麼快?」

「就憑我是包打聽呀!笨蛋!」

幾個女生笑成了一團;離開游泳池的時候，她們已經在討論該買什麼樣的游泳衣了……

十三

經過中央軍的五次圍剿，中共在江西待不下去了；一九三四年十月，他們開始遷往西南的偏遠地區。選擇這個地區，主要是看上當地交通不便、物質條件低落，中央政府的勢力從來沒有在這一帶打下過基礎。

中共撤退時的兵力只剩下七、八萬，加上文職人員，總共還不到十萬。他們最初的目的地是靠近貴州東部的湘西山區，但是在西度湘江的一場戰役中遭到慘敗，兵力又損失了一半；他們於是決定轉往四川，和先前被圍剿而帶著紅軍「第四方面軍」竄逃到四川北部的張國燾會合，準備另找新的根據地。

然而由於中央軍的繼續進剿，又結合地方軍隊全力掃蕩，中共在四川也待不下去了。這時候毛澤東已經進入中共領導核心，並且和周恩來、王稼祥同屬「軍事三人團」的成員，掌握了紅軍的指揮大權。

對於離開四川之後的何去何從，中共內部發生了歧見。毛澤東主張向北邊發展，藉以尋求蘇聯的支援；而張國燾則認爲應該繼續向西邊推進。雙方各執己見、相持不下，久經折衝、無法交集。毛澤東堅持「打通國際路線」，率領以「第一方面軍」爲主力的「中央紅軍」，擺脫了張國燾「第四方面軍」的掣肘，進入陝西，打算儘可能往北走，好倚靠蘇聯。就在這個時候，聽說陝西北部有一股頗具實力的紅軍，而且又有現成的根據地；「中央紅軍」如獲甘霖，立刻繼續北上。前後經過了將近一年的東奔西竄，中共總算在陝北終止了所謂的「兩萬五千里長征」；這時候的「中央紅軍」，剩下的兵力只有五千多人了……

在另一邊，由於中共退出江西，中央政府裁撤了「豫皖鄂剿匪司令部」，改爲「軍事委員會委員長武昌行營」，由張學良擔任主任，錢大鈞出任參謀長。張學良還晉升爲一級上將；而全國的一級上將總共不過八個人。

隨著中共北竄，中央政府的剿共方向自然也跟著轉移；一九三五年九月在西安成立了「西北剿匪總司令部」，仍然由蔣介石兼任總司令，張學良擔任副總司令，肩負實際的指揮重任……

前清巡撫衙門是武昌行營的辦公處；張學良這一天傍晚離開的時候，特地在四處轉了一圈，心裡蠻感慨的。明天就要遷到西安去了！回想去年剛到武漢的時候，是借用漢口銀行公會辦公；這些年來，除了瀋陽大帥府等於是老家之外，隨著職務的變動，自己的辦公室已經記不清換過多少個地方了，而這還不包括他帶兵打仗的那些日子。

回家路上，心裡的那份感觸更深。那算是一個家嗎？如果只是一個吃飯睡覺的地方，它也許是；但「家」並不只是吃飯睡覺的地方啊！而且，就像辦公室一樣，這些年來，自己的「家」已經搬過多少次了！

趙綺霞聽見車子停在大門外的聲音，在玄關迎著學良；她照例帶著那淺淺的笑。大概只有一荻這獨特的笑一直沒改變過吧？學良心裡喃喃著，把帽子脫下，掛在架子上。

「累了吧？先洗把臉，休息一會兒。」

「嗯！」

學良沒說話，右手搭在綺霞肩上，一起走進客廳。等學良坐定了，綺霞在茶几上拿起一個厚厚的信封，從裡面抽出幾張照片：「大姊來信了，還寄來幾張照片……」

學良接過來，一張一張地看，看得很仔細；然後綺霞又從信封裡抽出于鳳至的信，遞給學良：「幸好今天寄到了，要不然轉寄到西安，又得好幾天。」

學良開始看信，信上只是一些孩子們的瑣事；他很快就看完了，眼睛又回到那幾張照片上：

「孩子們長得眞快！妳看他們這副小大人的模樣……」

「一轉眼都快兩年了啊……漢卿！眞苦了大姊……」

「是啊！」

佣人端著一個盤子進來，學良接過盤子上的茶杯；打開杯蓋，喝了兩口。那是綺霞吩咐準備的蔘茶，她規定學良每天都得喝。佣人退出去的時候，綺霞叮嚀她一句：

「楊媽！過半個小時吃飯！……漢卿！我讓他們做了幾樣比較特別的菜，你一定喜歡！」

「什麼特別的菜？」

「待會兒你就知道了！保證你滿意……對了，還有一瓶陳年白蘭地。」

「……怎麼？是不是要跟武昌來個正式告別？」

「是替你慶祝！慶祝你又有了新頭銜！……瞧你說得那麼酸溜溜。」

學良剛剛擱下的感觸又上來了，他苦笑著搖搖頭：「有什麼好慶祝的？還不一樣是指揮部隊打仗？……一夥！有時候我眞厭惡這種工作……還有這種日子！」

「自己挑了這套軍服穿在身上，就別怨這怨那的！」

學良閉上眼，把頭枕在沙發椅背上；綺霞站起身走到他背後，雙手撫著他的肩膀：

「別想那麼多……嗯？」

學良默默地點了點頭。

西安，這個在中國歷史上孕育出漢唐盛世的古都，張學良怎麼也料想不到自己有一天會到這裡來，而任務是肅清已經窮途末路的中共紅軍。偏偏學良的情報和判斷與事實有著落差，紅軍並不那麼容易對付，東北軍居然吃了大虧。

十月一日晚上，趙綺霞在臥房裡親自替學良燙軍服，好讓他在第二天正式就任新職的時候更英挺些……電話鈴聲響了，綺霞聽見起居室裡的學良拿起話筒：

「喂？我就是！……嗄？什麼？……何師長呢？……啊！……讓他們把詳細戰報整理好，立刻送來給我！」

綺霞聽見學良把電話掛上，重重地；她放下熨斗，拔起電插頭。從學良接聽電話的語氣，綺霞猜到那一定是前線傳來什麼不好的消息；她輕著步子走到起居室的時候，看見學良坐在沙發上，臉孔扭曲著，雙拳緊握。

「漢卿！是……誰的電話？」

「作戰處的……一一〇師被吃掉了！」

「嗄？」綺霞也獃住了，許久說不出話。

一一〇師是東北軍最精銳的部隊，在陝北的勞山、甘泉一帶遭到紅軍反撲；整個師被包圍，消滅殆盡。師長何立中陣亡，被俘的有三千多人。

學良無法接受這個事實，他幾乎不相信自己在電話裡聽到的噩耗。

「這怎麼可能！他們逃到陝北的時候，劉志丹只剩下幾千個人……這怎麼可能！」

綺霞只能靜靜地站在一旁，他不知道該拿什麼樣的話安慰丈夫；而學良還在近似自言自語：

「我以爲把紅軍僅剩的幾千個人解決掉，是件輕而易舉的事……我接受新的職務，是爲了要把這個地方當作將來對抗日本人的基地啊！但現在……天吶！」

學良痛苦地把頭埋在手裡；綺霞驚嚇了！她從來沒見到過學良這種表情，那是極端的悲痛與失望。綺霞緩緩走了過去，在學良身旁蹲了下來：

「漢卿！別太難過！等情況比較明朗了再說，總有辦法補救的……」

「怎麼補救？……上午才剛接到蔣先生從成都拍來的電報，要我『妥爲部署、積極進剿』；可是現在……」

「話是沒錯，但你已經盡力了呀！先前你還特地來過那麼多趟……」

「那有什麼用！戰場上爭的是結果，打贏了才算數！打敗了……就什麼都不是！」

其實綺霞的話並不只是爲了安慰丈夫。在「西北剿匪總司令部」還沒有成立以前，學良就奉了蔣介石的命令來過西安好幾次；視察軍情之外，更做了周密的部署。半個多月前提早來這兒準備就任；在研判了最新的情勢之後，還著手進行其他方面的建設，例如蓋醫院藥廠，他認爲消滅紅軍是指日可待的事……

綺霞撫著學良的手，許久之後才站起來：「早點歇著吧，明天還得早起……」

「明天！明天我有什麼臉去接受布達！」

綺霞默默轉過身回卧房去，無論如何，她還是要替丈夫把軍服燙好。夜裡醒過來，她發覺枕邊空著；學良大概還獨自在起居室裡坐著吧……

任誰也想不到，張學良的惡夢這才剛開始。二十五天之後，東北軍的另一支部隊、一〇七師也在富縣榆林橋遭了殃，全師被殲滅一半；還被擄走了六一九團的團長高福源。

十一月一日在南京；國民黨第四屆第六次中央執行委員會議的開幕典禮剛結束，參加會議的委員們照例拍照留念。後排站著的人陸陸續續排好了，有資格坐在前排的人卻還在互相推讓；嘻嘻哈哈聲中夾雜著拉拉扯扯的聲音，彼此都客氣極了……

突然，有一條人影從邊上竄了出來，快速朝著前排座椅的中央衝過去；多半的人都沒注意到，少數幾個人剛發現情況不對，那條人影一閃，從腰間掏出一樣東西……

「手槍！是手槍……」

喊聲還沒落下，「砰」的一響，槍口冒出火花，有人應聲倒地……

幾乎在同一瞬間，另一條人影從前排座位裡衝了出來；只見他揚起腳一踢，居然把那支手槍踢得老遠，然後再衝到受傷倒地的那個人身邊，護著他：「快叫救護車來……」

這時候，全場的人才意識到發生了什麼事；一下子喊聲不斷：

「有刺客！……警衛！快……」

「抓人啊！抓刺客啊……」

「別讓他跑了……」

手裡的槍被踢掉了，刺客立刻被制伏，嘴裡卻在高聲大叫：「汪精衛！你這個王八蛋！賣國賊！漢奸！」

刺客被帶走了；沒錯，受傷的是汪精衛，而救人的英雄是張學良。

晚上十點多，學良在飯店房間裡跟綺霞通電話：

「……大致的經過就是我剛才說的；妳別緊張，我眞的沒事！」

「你眞的沒有受傷？」

「眞的沒有！妳放心！」

「放心？……漢卿！發生這種事，你叫我怎麼放得下心？」

「好了嘛！都已經過去了……」

「什麼叫做過去了？要見到你回來，才算眞的過去了……」

「好好好！……唉！本來不想告訴妳，可是又怕妳明天看了報紙……」

「沒錯！如果我是看了報紙才知道這件事，那可饒不了你！……漢卿！這下你可成了救人的英雄了！對了！記者有沒有問你……」

「問了一堆！其中有一個問得特別尖銳，一點也不含蓄。他質問我，爲什麼要救姓汪的。」

「哦？那你怎麼說？」

「我照實說了呀！我說，看到有人掏出槍、看到有人倒下去……我哪管倒下去的是什麼人！」

「好呀！這下子所有的記者都可以大作文章了！」

「我才不管他們寫什麼，只要別捕風捉影、別寫得太肉麻！」

「漢卿！要不要打賭？我猜明天準有報紙用的標題是：『張學良不計前嫌、勇救政敵』……」

「告訴妳！我就怕這些字眼！哪個記者這麼寫，我以後就……就不看他們的報紙！」

「……你等著瞧吧！」

「好了！妳就別吃我豆腐了……晚安！好好睡！」

「嗯……你也一樣！」掛上電話，學良打了個好深的哈欠；他眞的睏了。

那個名叫孫鳳鳴的「刺客」罵汪精衛「賣國賊」、「漢奸」是有緣故的，因爲汪精衛不但是行政院長，還兼任外交部長。

當南京中央政府忙著繼續剿共的時候，日本對中國的侵略可沒間斷過。一九三三年三月承德失守，熱河整個淪陷。兩個月後，中國被逼迫簽訂「塘沽停戰協定」，等於承認了日本侵占「東四省」的既成事實；而且還把北寧鐵路和平綏鐵路以北的大片土地畫爲「非軍事區」，日本人因而可以大搖大擺地進入華北。更不像話的是，成立了所謂的「冀東自治政府」，儼然是個傀儡政權。

緊接著在六月十日，南京派駐華北的軍事代表何應欽與日本的華北駐軍司令梅津美治郎簽訂了另一項協定：中國政府在河北的所有機關一律關閉，公佈「睦鄰令」、明令禁止一切反日活動，日本大批軍隊趁隙進駐河北。

這還不算，中國政府為了因應華北情勢而組成了「冀察政務委員會」；委員長宋哲元的部屬秦德純在關東軍土肥原賢二的脅迫之下，也簽了一項協定，使察哈爾也變成了「非軍事區」，掩護日本勢力的擴大入侵。

一連串的喪權辱國行為，激起民間不滿的聲浪，強烈質疑政府的懦弱無能；一九三五年十二月九日，燕京大學學生在北京主導了一項遊行，要求政府抗日。

將近一千名學生高舉標語，來到何應欽的辦公處，口號一聲聲喊著：

「反對『自治政府』！」

「外交公開！」

「保護領土完整！」

「停止一切內戰！」

「保證言論、出版、集會、結社自由！」

「停止任意逮捕學生！」

何應欽沒有接見他們；學生們在下午轉到日本公使館，遭到保護公使館的中國憲警強力驅離。學生沒有屈服，第二天，北京許多學校的學生罷課；幾所大學校長一方面同情學生的愛國舉動，另一方面又不能讓校園秩序亂下去，他們發表了聯合聲明，勸學生回到學校上課。

但是，年輕人畢竟是衝動的；情緒一被激起，很難自我控制。他們在一個星期後的十二月十六日，又發起了一次規模更大的遊行，逼得原來要在這一天舉行的「冀察政務委員會」正式開幕儀式，不得不延期。

兩天後，南京也有好幾千名學生發動了遊行；蔣介石出面向學生保證：決不會簽署任何有損於中國領土和主權完整的條約或協定……

一連串的學生運動雖然平息了下去，但抗日的風潮卻在各地蔓延之中……

東北大學在西安復校了！這所由張學良一手創辦的東北最高學府，在「九一八」之後遷到北京，學良對它一直有著深厚的感情。

沒有任何隆重的遷校儀式；因爲家鄉正受著日本蹂躪，父老在關東軍的鐵蹄下呻吟。從北京輾轉到了西安的學生，一個個躊躇滿志；因爲國仇家恨在他們心中燃燒，他們發誓有一天要把學校光榮地遷回瀋陽去……

張學良和趙綺霞手牽手在校園裡信步走著；學良滿腔感慨：

「看到這些學生，我就有說不出的慚愧……」

「你看你，漢卿！你不要老是自怨自艾！我說過多少次，這不是你一個人的錯！」

「可是我總有錯！……妳看看這些可愛的年輕人，要不是東北丟了，他們哪會在這兒吃苦受累？他們哪會離鄉背井、想見爹娘一面都難似登天！」

綺霞沉默了；這一段日子以來，學良情緒很不穩定，變得特別容易傷感。綺霞知道那是由於愈來愈濃的鄉愁、以及愈來愈深的自責。

發現學良不自覺地又朝那塊石碑的方向走去，綺霞握緊學良的手，腳步停了下來：

「漢卿！你又要去那兒？」

「嗯！我不能不去！我要去向那三十幾個字懺悔，我要去那兒……」

「我知道，你要去那兒許願、發誓！」

學良慘然一笑，腳步又向前移動；綺霞知道拗不過他，而且也不忍心阻止他。

接下來，兩個人一句話也沒說；彼此把對方的手握得好緊好緊，一步一步慢慢走著。其實，綺霞心裡又何嘗沒有那份傷感？就像每一次陪學良來的時候，總會幽幽地說，自己好歹也曾經是東北大學的學生，她難道不難過？尤其想起那一段日子，雖然難免曾經遇到幾個同學的異樣眼光、甚至背地裡數說她什麼，但那畢竟是一段甜多於苦的時光啊……

方形的石碑前，倆人依然默默無語；幾乎每一次面對這塊石碑都是這樣的。綺霞望著上面刻著的那些蒼勁有力的字：

瀋陽設校，經始維艱；
自九一八，慘遭摧殘。
流離燕市，轉徙長安；
勖爾多士，復我河山。

三十二個字，是學良親自題的；綺霞目光轉到學良臉上，幾乎不用猜，她知道學良這會兒眼裡一定含著淚。

遠處有一男一女兩個學生，朝這邊指指點點的；先是在爭執什麼、拉拉扯扯的，然後，好像是女學生屈服了，兩個人走了過來。彼此挺親暱的，看樣子是一對情侶；漸漸的，他們的聲音聽得清楚了：「人家眞的累了嘛！石碑反正一直杵在那兒，它又不會跑走……」

「是沒錯！可是我今天非得看它一眼不可！」

已經走到石碑前面了，學良和綺霞朝一旁讓了讓；兩個學生非常友善地笑了笑，他們顯然不認識學良。女學生還在嬌嗔地抱怨：「你都看過八百回了！」

「今天不同！」

「爲什麼？」

「今天是我父親生日，他在東北老家……見不到他的面，我想在這兒許個心願，算是給他老人家的禮物。」

「心願？什麼心願？」

「哪天咱們的東北軍可以打回老家了，我一定投筆從戎，立刻去報到！」

「哦……」

女學生不說話了，是陪著男學生一起許願吧？學良再一次握緊綺霞的手，眼裡的淚更多了；他緩緩走開，綺霞靜靜跟著……

十一月底，東北軍一〇九師也遭到紅軍毒手；整個師在直羅鎮被林彪和徐海東的部隊包圍殲滅，師長牛元峰被捕後拒絕投降而自殺。此外，一〇六師也在同一戰役中折損了一部份。短短兩個多月，連續幾支精銳的部隊被吃掉，又陪上兩個師長，東北軍官兵不只士氣被打垮，連信心都動搖了。

這一天，張學良輕車簡從到前線視察，他心情是沉重的。部隊連連吃敗仗，不僅有辱「西北

「剿匪副總司令」這個頭銜，而且死傷和被俘的全都是他的東北子弟兵！面對還在第一線硬挺著的官兵，他有說不出的歉疚。

果然，在一處簡陋的營房裡，張學良成了衆矢之的，幾名情緒特別激動的基層軍官首先發難：「副總司令！我們離鄉背井，跟著您東奔西跑，爲的就是有一天能回東北老家去；現在請您告訴我們，究竟什麼時候才能回去？」

「少帥！您說我們很快就可以回東北打日本人；多快？半年？一年？還是要等到東北軍全被吃光了，大夥全變了鬼魂才能回去？」

「張副總司令！您不是說紅軍很好對付嗎？您不是說不出三個月，就能把他們完全消滅嗎？現在快三個月了，被消滅的是誰？是咱們自己的好幾個師！」

一句接著一句的責問，讓學良無言以答；他們的怨忿都已經積得好深，他們說的也都是事實。不到三個月，局勢整個逆轉；學良自己都驚詫不已，哪有什麼說詞回答這些子弟兵的質問？但是身爲指揮官，部屬再大的責難也只能忍著，更必須想辦法安撫他們：

「對於殉難的弟兄，我心裡比你們更難過！是我沒有盡到責任……但是請你們相信，我一定會想辦法彌補、想辦法挽救眼前的局面……各位的委屈我非常清楚，但是作戰一定要講求精神武裝、要鼓舞士氣。各位都是最基層的帶兵官，弟兄們的士氣就靠你們重新提振！至於其他方面……我已經向中央詳細報告了，也向中央請求過了，希望儘快補強我們的兵力……」

說到這兒，一名坐在前排的軍官站了起來：「副總司令！您開口中央、閉口中央，請問您，這些年來您是靠著誰在打仗？是中央嗎？中央什麼時候眞的關心過我們？……」

「副總司令！你盲目服從中央，是不是只爲了自己的地位？……你忘了老帥是怎麼死的嗎？你爲什麼不帶我們回去打日人？爲什麼要死守在這兒打紅軍？……你是不是跟中央串通好了騙我們？」

「張學良！你不要再騙我們！這個仗我們打不下去了！」

「對！對！我們不打了！」

「不打了！不打了！」

整個場面失控了，學良默默坐著，臉上的表情近乎呆滯；他原來還有一大堆勉勵打氣的話，這時候再也說不出口了。陪同學良前來視察的司令部行政處長站了起來，勉強把話接了過去：「副總司令就是來聽大家意見的！無論怎麼說，副總司令一直是我們東北人最景仰的；戰局失利，最難過的就是他……請大家冷靜一點，不要讓別人以爲我們東北軍在起內鬨！否則整個東北軍眞的完全垮了，誰也回不了家！」

這幾句話多少有一點作用，幾個特別激動的軍官這時候也沉靜了下來；行政處長趁機趕緊把話題一轉：「……站在行政處的立場，本人現在請各位把下面這個消息帶回去給所有的弟兄們：再一個多月就過年了，副總司令已經答應了行政處的請求，一定替大家多爭取些福利，讓大家過個好年……」

一場風波平息了；但是學良心裡明白，一向跟著自己對中央政府無條件效忠的東北軍，已經今非昔比。他們的意向有了轉變嗎？那不可知的未來，究竟還有著什麼樣的變數？懷著極度不安的心情，學良結束了這次不愉快的視察。

中共從江西一路流竄到陝北之後，基本上還是採取游擊戰術，因爲他們始終沒有建立起可以立足的根據地。即使是所謂的「陝北蘇區」，它的範圍雖然擴及洛川以北、衡山以南，往西遠達太平鎮、往東直抵黃河邊，方圓將近一萬平方里之大，但他們只佔領了鄉村地帶，所有的城鎮還是控制在中央軍和東北軍手裡。尤其是延安，它的城牆堅固，守軍部隊武器裝備又比較精良；紅軍包圍了很久，就是攻不下來。

然而陝北另一個城鎮甘泉的情況卻有些不同。面對紅軍圍攻，防守的東北軍雖然在裝備上佔了優勢，但是和外面的聯絡幾乎中斷；日子一久，軍心動搖了。紅軍這時候利用以前俘擄來的東北軍進行喊話，居然產生效果，有一些東北軍的士兵帶著槍械叛逃了。紅軍指揮官彭德懷靈機一動，決定順水推舟，繼續進行心理作戰，而且執行得更具體化。

前東北軍六一九團團長高福源被俘之後加入了紅軍，彭德懷把他調到前線，要他進入甘泉，設法說服守軍棄城、甚至反叛。當然，中共既然使的是心戰手段，就得投其所好；彭德懷深知東北軍「回老家打日本人」的心願，因此就用「同心協力、一致抗日」做爲號召，希望打動東北軍的心。

高福源銜命而去，也很快帶回了消息：「……他們同意了，不過也提出了條件。」

「哦？太好了！什麼條件？」

彭德懷滿懷高興，心想甘泉要是以這「攻心」的方式拿下來；那麼其他的幾個地方自然可以如法炮製……

「他們說，歸順紅軍決不可能，只求全數撤退到洛川……」

聽高福源這麼一說，彭德懷心裡又起了疙瘩；撤到洛川去，那是要跟東北軍的主力會合，這妥當嗎？於是，彭德懷拍了緊急電報向毛澤東請示。

毛澤東的回電立刻就來了：「只要不再和紅軍對抗，一起抗日，一切條件都可以談」；不過無法同意讓他們回歸東北軍的主力，否則豈不是放虎歸山？因此毛澤東在電報裡明確指示：「……為抗日計，宜先揭義旗，在蘇區一段時間，並求得延安等鄰縣及其他東北軍響應……」

毛澤東甚至以「利」誘之：「起義後之部隊，可另起名義；或為『抗日人民革命軍』、或為『東北抗日軍』，其指揮官亦委以師長、團長官銜……」

局勢演變到此，雙方的心態已經非常明顯：東北軍厭惡剿共戰爭，歸心似箭；而紅軍則打算煽動東北軍，要他們反叛中央。陝北戰局最重要的關鍵已經浮上了檯面……

十四

坐在紅軍第一方面軍司令部的一間小會議室裡，高福源心裡挺緊張的；假如自己的判斷沒有錯，這將會是一件大事，比甘泉的事還大。

爲了勸服甘泉守軍棄城，高福源來回穿梭；眼看著雙方的意見談不攏，他正在著急，卻在昨天接到這麼一封電報，他立刻趕著出城……

有腳步聲走近了，進來的是彭德懷，高福源立刻站了起來。

「坐！坐！別客氣……你辛苦了！」

彭德懷的笑容蠻眞切的；眼神裡有一份期待，那顯然是在探問甘泉方面的進一步消息。高福源迫不及待地從上衣口袋裡取出那封電報，交給彭德懷；電報上只有簡單的幾個字：

福源吾兄如晤：

久未相候，諒均安好；便時請駕洛川一談，如能及早成行更佳，餘不一一。王以哲敬拜。

是東北軍六十七軍軍長王以哲的電報，彭德懷詫異了：

「什麼時候接到的？」

「昨天下午……我想這種事情不容耽擱，於是立刻趕了回來。」

「嗯！……甘泉那邊有哪些人知道這封電報？」

「不太清楚，是那邊的無線電台轉給我的，我也不好多問。」

「那當然！……甘泉的事情有沒有進展？」

「沒有！還是僵在同一個問題上……他們的態度很堅決。」

「這我能理解，看它怎麼發展吧……」

彭德懷這時候關切的是手裡的這封電報，甘泉的情況只是順便問問而已。王以哲會在這個節骨眼拍電報給高福源，至少表示他知道高福源人在甘泉，而且明白高福源正在進行的是什麼事。此外，王以哲是張學良手下的一員大將，他主動拍電報給高福源，這意味著什麼？很快的，彭德懷做了推斷：「王以哲大概是要跟你打聽我們處理甘泉問題的細節……如果眞是這樣，這裡頭的文章就很有意思了！」

「一路上我也是這麼想的，否則不會有這封電報。依您看……」

高福源心裡除了竊喜之外，更想知道彭德懷對這封電報會做出什麼反應。沒想到彭德懷卻把問題丟還給他：「我想先聽聽你的看法，畢竟王以哲是你的老長官，你應該很瞭解他。」

「這我也不敢說……不過，東北軍軍心動搖是絕對可以相信的，我們在這方面所下的工夫顯然已經有了成效……」

「你就直接說出你對王以哲的判斷吧！」

「是！我想，他當然也是個謀定而後動的人，一定想先瞭解我們這邊的態度，因此……」

「嗯！說下去！」

「我想我得去一趟……而且要快。」

「你想怎麼跟他談？」

「……應該跟在甘泉的談法差不多，主要就是讓他知道我們不想打內戰，我們要抗日。」

「不錯！這是最基本的……不過你要注意，王以哲這邊的局面跟甘泉又不一樣；他是軍長，影響力不可忽視。因此，不要把時間花在細微末節上，要跟他談原則、談主張，盡量動之以情……」

「是！我知道！」

「那就趕快準備！」

高福源走出小會議室的時候，看見走廊上佈告欄裡貼著的一張傳單樣本，那是紅軍最近到處向陝北民衆和東北軍官兵散發的：

同胞們！你們甘心讓家鄉的父母妻子兒女，受日本強盜的摧殘屠殺、使自己亡國滅種嗎？你們拋棄了自己的家庭，幫蔣介石、張學良打抗日的紅軍，你們得到了什麼好處？要去打日本，就要大家團結起來；不替蔣介石、張學良當炮灰！

高福源很快地在傳單上掃了一眼，匆匆離去。

一月寒冬，片片雪花飄著；高福源在甘泉守軍的沿途護送之下，來到設在陝北「蘇區」正南方的東北軍第六十七軍指揮部。車子駛進大門口的時候，高福源心裡有著一絲不自在的感覺；這兒的每一個人都曾經是自己的同袍，而如今卻各事其主……

坐在軍長王以哲的會客室裡，高福源心裡的那份不自在更強烈了；這個小會客室裡簡陋的桌椅擺設是那麼熟悉，一層舊識讓他不自覺地臉紅心跳。

王以哲從裡面出來了，高福源立刻站起身：

「軍長！高福源給您請安！」

「嗯！好……你請坐！」

彼此一句問候話說過之後，有一股說不出的尷尬，讓兩個人都沉默了好一會兒；終於是高福源先開了口：「報告軍長！您要我來是……」

「哦……我想跟你談談北邊的事。」

「北邊」當然是指「紅軍」；高福源和彭德懷的判斷沒有錯。不過，儘管高福源心裡準備好了許多話，但他是被邀請來的，表面上是處於被動的地位，因此他要等王以哲先發話。

「你在甘泉進進出出，我這兒都知道了；怎麼樣？事情進行得如何？」

王以哲所問的，當然不是指甘泉守軍的意向，這方面他自己很清楚；他問的是紅軍方面有什麼進一步的打算。高福源稍一琢磨，決定從問題的核心說起：

「到目前為止還僵著，恐怕還得費一番工夫。您是知道的，紅軍的最高負責人希望甘泉方面不只是放棄城池，而且能夠起義，歸順抗日的大本營……」

「你是說……這是毛澤東的意思？」

「是他的意思，也是領導階層全體的意思。道理很簡單，如果讓甘泉的守軍撤出城，卻又回到這邊，那麼還不如再拖下去，甘泉早晚總拿得下來……」

王以哲心裡當然也是明白的。紅軍到目前為止在陝北能夠以小吃大、以少制多，靠的是他們的精神武裝，而這是東北軍相對上比較吃虧的；至於最近以來紅軍主打心理戰、宣傳戰，更是針對東北軍的弱點，遇縫插針，極盡煽惑。旁的不說，王以哲自己部隊裡厭戰和不滿現狀的氣氛正在逐漸蔓延，這是身爲軍長的他看得很清楚的。王以哲清了清喉嚨：

「我想問你一句話，希望你能坦白回答我。」

「那當然！您請說。」

「紅軍眼前的作戰目標是什麼？最終的目的又是什麼？」

「軍長！我不太明白您的意思……」

「我是說，紅軍到底是爲了自己的生存、還是爲了跟蔣委員長對抗？……或者眞是像他們所說的，是爲了要抗日？」

「您的問題其實很容易回答，而且……您是我的老長官，我得把心裡的話全告訴您。紅軍是爲了生存，也是爲了反對蔣委員長；因爲是他追著紅軍打、不讓紅軍生存下去。至於紅軍的最終目的，當然是抗日……您想想，有什麼比抗日更重要的？我們要是再不抗日，整個國家就要亡了呀！」

王以哲沉吟著，心裡無法抑制錯綜複雜的強烈矛盾。繼續跟紅軍打下去？部隊士氣如此低落，實在沒有打贏的把握；跟紅軍妥協？那等於是叛變，因爲紅軍擺明了要對抗蔣委員長；而如果要抗日，卻又如何抗起？中央的態度很明顯，目前先打紅軍，抗日的事擱在一邊。

高福源看得出王以哲的矛盾，他甚至在見面之前就洞悉了這一切；否則，王以哲約他來做什麼？高福源這時候從皮包裡拿出一個信封，遞給王以哲：

「這是周恩來先生要我帶來的一封信，是給張副總司令的，請您轉呈。」

「哦……」

王以哲接過那封信，抓在手裡；他考慮了一會兒，決定讓自己的老部下暫時留下來：

「福源！這一路上你也挺累的，不急著馬上走吧？在這兒歇一晚，咱們明天再找個時間談談。」

「是！……就照您的指示。」

高福源當然希望留下來；他想讓這件事情「談」得更透徹，他希望能談出個比較具體的結果。這是個高福源非常熟悉的營房，但是這個晚上，他是單獨被安排在一個小房間裡度過的。

當張學良出現在王以哲的小會客室裡時，高福源完全愣住了；他幾乎不相信自己的眼睛，說話都有了點結巴：「副……總司令！您……好！」

「好久不見了，福源！……坐啊！」

「是！……謝謝！」

高福源拘拘謹謹地、等學良坐定之後，才再度坐下；看到高福源略顯張惶，跟學良一起進來的王以哲試著把氣氛調整得自然些：

「福源！很抱歉我事前不能告訴你……副座是剛剛才到的。」

「哦……」

高福源說不出心裡是什麼感覺；自己一整夜沒怎麼睡，多半的時間瞪著天花板，設想今天和王以哲怎麼繼續談，而且也已經有了腹案。一早有人送早餐給他，並且傳了王以哲的話：讓他十點鐘以前準備好，有人會接他到這間小會客室。王以哲還特別交代，另外有個人也想見見他；但這會兒即使砍掉自己的頭，高福源都不肯相信那會是張學良！

張學良是前一天晚上接到王以哲的電話報告，決定今天一早自己駕飛機從西安到洛川來。高福源在甘泉勸降的事，學良當然知道；連王以哲和高福源見面所談的事，他也清楚得很。

王以哲這時候開門見山地解除了高福源心裡的疑惑：

「副座對我們昨天談的事情都已經明白了！」

「是……」

儘管如此，高福源心裡還是七上八下；這是一種非常奇妙的心理反應。王以哲曾經是他的直屬長官，昨天談話的過程和內容，高福源到底還能夠處理得四平八穩，雖然剛開始的時候有過那麼一點不自在；但是現在面對的是少帥，照理說，彼此關係還隔了一層，然而高福源卻覺得非常尷尬。事實上，學良一直也很器重高福源，但高福源就是無法克制自己的極度不安。

學良接著王以哲的話頭往下說：「王軍長把你昨天所做的分析都告訴我了；我特地跑這一趟，是想多瞭解一些……對了，周先生給我的信，我已經看過了。」

高福源心裡的石頭放下了一半。是啊！副總司令看過那封信，那麼自己就可以省下許多工夫、更省掉許多尷尬。

但儘管如此，高福源還是得把彭德懷交代的一些重點再強調一遍。雖然他事前怎麼也沒料到自己會對著張少帥說這些，但他還是說得頭頭是道，自認為不辱使命；而且他想，假如起得了一點作用，那麼這筆功勞可就……

談了一陣子，張學良做了這樣的結論：「對於抗日，我是百分之百的贊成……你也知道，咱們東北人沒有一個不想抗日的。但是眼前的環境如此，短時間內恐怕還很難有什麼具體的行動。看看整個局勢的發展再說吧……請你回去告訴他們，停火的事情可以考慮，也希望紅軍能夠不要太爲難我們；如此一來，往後才有可能進一步談……」

高福源沒再說什麼；他心裡暗忖，這一回合雖然沒有談出什麼名堂，但對方的心態大概已經能抓住七八分、甚至八九分了。何況，他竟然跟張副總司令有了這次意外的接觸；回去是絕對交得了差了……

我的家在東北松花江上
那兒有森林、煤礦
還有那滿山遍野的大豆、高粱
我的家在東北松花江上
那兒有我的同胞
還有那衰老的爹娘
九一八九一八
在那個悲慘的時候
離開了我的家鄉
拋棄那無盡的寶藏
流浪流浪整日價在關內流浪

哪年哪月才能回到我那可愛的故鄉
哪年哪月才能收回我那無盡的寶藏
爹娘啊爹娘啊
什麼時候才能歡聚在一堂
……

台上是幾個農家打扮的少女，邊舞邊唱；台下是一群東北老鄉。從這些人的髮型和舉止看得出，其中有好一些是東北軍的官兵；他們趁著休假外出，在小戲園裡看戲，卻沒想到欣賞了這麼一幕額外的演出。

一名少女舞著舞著走到了台下，衝著前排幾個東北軍士兵問著：

「老鄉！您從關外出來多久啦？」

「三四年囉！」

「想不想家呀？」

「想！想！」

東北老鄉早就被剛才那隻歌曲攪得心裡既難過又激動，這時候涕淚縱橫、扯開了嗓子大聲吼；少女繼續挑撥著：「那您是不是要回去打日本人吶？」

「要！要！」

「那您還在留在這兒幹啥呀？放著日本人不去打，偏要打自己人，這犯得著嗎？」

沒錯，這是中共「心理戰」、「宣傳戰」兵法裡的一招。

另外一招也在攪動著東北軍官兵的情緒：那些先前被俘擄的，紅軍把他們放了回去，還發給他們旅費……

一九三六年一月，正當高福源和王以哲見面的前後，這類招數開始在陝北大量出現；因爲中共駐「國際工人聯合會」的代表林育英從莫斯科回到陝北，帶回來共產國際第七次代表大會的一項決議：儘快在中國成立「抗日民族統一戰線」，要以一切手段，拉攏各方面的勢力，一起祭出「抗日」的旗號。拉攏的對象包括所有的反日民衆、甚至是共產主義的死對頭「資產階級」，所有的反日政黨、以及所有的「反日武裝」。

不僅如此，南京方面在同一期間也有了一個耐人尋味的動作；蔣介石在一月十六日秘密指派陳立夫到歐洲去，伺機進入蘇聯，商討雙方締結軍事同盟的可能性。沒想到一家日本報紙探得了消息而予以披露；陳立夫奉命折返，改在國內和蘇聯大使進行會商。這件事使中共大爲緊張，加緊了「統戰」的工作。

原本就複雜的情勢，變得更詭譎莫測；而陝北戰局裡原已浮上檯面的那個關鍵，這時候也更昭然若揭、呼之欲出了。

上海郊外一家餐廳的角落裡坐著三個人，其中一個是張學良。坐在他正對面的潘漢年是共產國際的代表，據說也是周恩來的得力助手；還一個是劉鼎，也具有共產黨員的身分，而且就是他安排了這一次的見面。雙方已經談了好一會兒，但從他們臉上的表情看來，談得似乎並不順利。

下午時分，這家位處偏遠的餐廳裡沒幾桌客人，但張學良還是不時注意著週遭的動靜；離他不遠的另一桌，坐著他帶來的幾名便衣侍衛。

自從跟高福源見了面，張學良確實打算進一步和中共方面有所接觸；後來由他的老部下李杜介紹了劉鼎到西安見面。但劉鼎只是共產黨的外圍人物，根本談不出什麼名堂，而劉鼎想要引見的潘漢年又不願意到西安去，因此有了這次在上海的秘密會面。

潘漢年心裡當然明白這次談話的重要性，他顯然還不放棄：

「……剛才我說得很明白，對於您所提出的要求，我礙於權責不夠，無法答應；但這些問題不是沒有討論的空間，我一定盡力促成，只請您在時間上略予寬限……」

「我也說得很明白，停火既然是雙方都願意的，那麼第一、你們必須停止眼前的敵對行爲、停止對那幾個城鎮的包圍；第二、不要再進行煽惑的舉動；第三、也是最重要的，不管怎麼說，國家還有個中央政府在，一切當然以南京方面馬首是瞻。要跟中央談什麼條件，我可以轉達，也可以盡力促成；但是如果不把中央放在眼裡，甚至想要取而代之……這是絕不可能的。」

張學良的態度很明確、也很強硬，他對自己的立場把持得很穩；潘漢年只能陪著笑容：

「這些以後再說……我一定把您的意思完完整整地帶回去。」

「好吧！」

學良站了起來，另一桌的幾個人也站了起來；他們機靈的目光四周一掃，前前後後護衛著學良走出餐廳。

張學良前後和高福源、劉鼎、潘漢年這些人接觸，中共方面當然瞭若指掌。事實上，從「統一戰線」的政策來看，中共原先是把張學良和蔣介石之間畫上等號的；「統一戰線」的訴求對象是所有的人，但不包括他們兩個，而打擊的目標卻正是他們兩個。從北伐到中原大戰、再到剿共，張學良雖然不是蔣介石的嫡系，但他一直無條件地支持蔣介石，這是中共耿耿於懷的。但是最近一段日子以來，情況有了極大的變化；張學良居然成為可以拉攏的對象，這在中共來說，是始料未及的有利形勢。

幾經研判，中共方面先確定了張學良不再是一個勢不兩立的敵人，接下來就是如何把他拉到正式的談判桌上。其中有兩件事必須先著手：一件是讓張學良感受到紅軍的善意與誠意，在這方面，中共撤退了包圍甘泉的部隊；另一件是主動派人做進一步的接觸，在人選方面，決定先由中共中央聯絡局局長李克農出面。

再一次透過王以哲從中聯繫，張學良和李克農見面了；和上一回見高福源一樣，學良是自己駕著飛機到洛川的。

李克農的層級稍稍高一些，他所談的觸及了策略性的問題：

「……少帥應該看得出來，我們已經表示了極大的誠意。甘泉只是第一個例子，如果可能，我們當然會再選定第二個、第三個……」

「這一點我非常感激，事實上我很早就表達過，希望你們不要太為難東北軍……你們知道我所處的地位。」

「當然！這一點請少帥放心。我們知道您是東北軍的靈魂，東北軍全都是可以替您挨槍彈的子弟兵……」

「我不太喜歡聽這類奉承話，我們是不是可以就主要的問題好好談談？」

人！」

「當然！當然！少帥不要客氣，您請說……」

「那我就先說句老實話。東北軍並不希望跟你們打下去，他們心裡想的是要回東北打日本人！」

「這點我們非常清楚，少帥請放心；我們紅軍的目標也就是要打日本人、要抗日！……少帥一定知道，今天紅軍憑著比較少的兵力和比較差的裝備，還能夠在陝北撐下去，靠的也就是我們的這個目標……您看看外面的百姓多支持我們，百姓們的目標不也是要抗日嗎？」

「可是李先生！我必須要把話說明白。抗日是應該的，然而你們並不只是在抗日！」

學良的話的確說得很明白，他是指紅軍的矛頭同時也對準蔣介石，這是學良無法接受的。李克農當然知道這話裡的意思：「關於這一點，請少帥無論如何要體諒我們的處境……從過去到現在，蔣介石一直沒對我們鬆手過，這您是知道的。所以，紅軍為了自保，不得不……」

「不得不反蔣？」

「沒錯！少帥是明白人……換個立場想想，假如是少帥您處在我們的環境，您大概也……」

底下的話當然不能說出口，這種事只能點到為止；看學良略一沉吟，李克農立刻加重了語氣：「尤其重要的一點，蔣介石並不想抗日，他只想把紅軍趕盡殺絕……」

「李先生！我不同意你的說法，蔣先生目前是沒有抗日的舉動，但我跟他接觸的機會總比你們多得多！他心裡並不是不知道日本對中國的野心，可是你們這些年來不斷在各地挑起對中央政府的反抗，這一點是他無法忍受的……就像剛才你所說的，換一個處境想想，你們要是他，會忍受得了嗎？」

李克農一下子答不上來，他在思索如何把話題再扭轉回來、變得對自己有利。沒想到學良沒給他喘息的機會：「你們最近在進行『統一戰線』，我請問你，統一戰線的前提如果眞是『抗日』，當然應該把國內所有的力量結合起來，否則怎麼站得住腳？可是你們不但把蔣先生排除在外，甚至還要對付他？這是爲什麼？」

「少帥！『反蔣』是我們的既定策略……」

「你們爲什麼不能放棄這種策略？爲什麼一定要反蔣？」

李克農再一次爲之語結；想了許久，決定把上級抬出來：

「這……是上級的意思。」

「上級？你所說的是哪一位？」

「這……我們的一切決策都是由最高層的同志經過全體表決做成的。」

看樣子是談不出結果了，學良準備收尾：「那麼你承認你的層級不夠高，你無法代表你的上級……也好，那就請你把我的意見帶回去：我不希望你們又抗日、又反蔣；如果你們可以在你所說的『策略』上有所修正，我答應盡我的努力，想辦法說服中央，一起抗日！」

「這……」

「我說了，我知道你的立場難爲，我只是請你帶話回去；而且……如果可能，我希望跟你所說的『上級』見個面。」

「您是指……」

「毛先生，或者周先生。」

學良從座椅上站了起來。李克農知道這次談話已經結束了；他在心裡問著自己：是成功、還是失敗？也許都不是，但他自認已經盡力了。

終於，在幾經內部的折衝之後，中共決定派周恩來和張學良見面；王以哲代表張學良發出了邀請的電報，一切就等時間怎麼敲定了。

這天夜裡，學良思緒起伏，顯得很不平靜，趙綺霞很快就發現了：

「告訴我，你在想什麼？」

「我在想我父親。」

綺霞微微一楞，原先她以爲學良想的必定是就要跟周恩來見面的事，可是顯然猜錯了；她等著學良往下說。

「那一年在北京，我勸父親放棄一切、回東北去……」

原來學良想的不只是他父親，而且是這一段往事；難怪他的情緒不穩定。

綺霞知道，就在那之後，他父親在回瀋陽的路上遭到日本人毒手……

綺霞刻意從自己坐著的椅子上，移到了學良那張沙發扶手上；她撫著學良的肩膀：

「不管你想的是什麼，想說就說出來吧！」

「我在想，那時候勸父親的理由，這會兒還是在心裡激盪……」

「你說說看？」

「是內戰！我從頭到尾就反對內戰！……那時候我拿這一點勸父親，現在我要去跟他們談了，秉持的還是這一點。」

「這我當然知道，你是不忍心看到老百姓遭殃。」

「不只是老百姓，就是軍人也死得冤枉！……像何立中、牛元峰，都是多優秀的人才！如果他們死在跟日本人作戰的戰役裡，雖然一樣可惜，卻是死得其所，但結果呢？他們是死在……」

學良說不下去了，綺霞輕輕拍著他的肩膀；過了好一會兒，學良繼續訴說他的那份無奈：

「……我不是同情共產黨，我是不主張繼續打下去！……再說，以眼前的狀況，這仗還能打多久？共產黨對老百姓下的工夫比我們深得多，一句『同胞們！起來抗日！』這就能讓多少老百姓支持他們！而我們呢？」

綺霞不能再說什麼了。單純做爲一個軍人的妻子，她當然應該勉勵丈夫、鼓舞丈夫獻身沙場、報效國家；可是一旦把政治攪了進來，綺霞自忖沒有插嘴的餘地。而學良還在抱怨：

「人員的傷亡、彈藥的消耗、經費的開支……這些都亟需要補充，部隊的士氣都已經這麼低落了，這些問題如果不能解決，他們怎麼肯賣著命去打、去拚？……我眞失望透了！」

學良一口氣發了這許多牢騷，綺霞只是默默聽著；她既無法安慰丈夫，也不能火上加油。有一點綺霞心裡是非常明白的：學良就要跟周恩來見面了；儘管他有再多的抱怨，也絕不會發洩在跟周恩來的談話上。自己的丈夫絕對是個有原則的人，綺霞對他有著百分之百的信心。

壁鐘敲響十一下；綺霞依然坐在沙發扶手上、輕輕撫著學良的肩膀……

十五

明天就要和周恩來見面了！這會兒夜已深沉，張學良明明相當疲倦，但還是勉強撐著，因爲他必須進一步地深思。以學良的個性，天大的事要發生了也愁不倒他；爲了發愁、爲了擔憂而睡不著，在他是不可能的。此刻不是發愁、更不是擔憂，而是一種使命感讓他無法倒頭就睡，他必須深思。

趙綺霞在一旁陪著；她沒有打擾佣人的睡夢，親自替學良沖了一杯牛奶，還烤了兩片麵包，剛在上面抹好奶油。

學良的表情自然是凝重的；他接過綺霞遞過來的盤子，拿起一片麵包，撕了一小塊放進嘴裡。綺霞看著學良機械式的動作，輕輕笑出聲來：「先專心把點心吃了再想！」

學良不好意思地也笑了，繼續一小塊一小塊地把兩片麵包全吃完，牛奶也喝了，把杯子和盤子放在茶几上，順手拿起毛巾擦了擦嘴：「難吶！明天這場面……」

「放心！沒有事情難得倒你的！」

「妳說得倒輕鬆！」

「本來嘛！……不過，有一點我想提醒你。」

學良望著綺霞，綺霞伸手去收拾杯盤；她儘量把聲調放得自然：

「我知道有些事情很難兩全其美，但自己的原則還是要堅持。」

綺霞說完拿著杯盤走開了。她極少主動為學良在公事上出什麼主意；她很懂得自己的分寸。即使是被動的，綺霞也總是把話說得非常含蓄；學良是絕頂聰明的人，她偶爾在一旁「提醒」已經是足夠的了。

綺霞從廚房回到起居室裡，學良像是在回應她剛才說的，卻也像是在自言自語：

「原則……那是一定要堅持的；否則這一路也不會談得這麼辛苦。」

學良的話確實是有感而發。幾個回合談下來，他知道對方也在堅持；只要自己稍一鬆動，事情就可以談攏，但他不可能鬆動。

「不過，一莢！有件事我一直沒告訴妳……」

「哦？哪方面的？」

「一件可以讓自己比較不那麼內疚、讓自己比較沒有罪惡感的事……」

「哦？我洗耳恭聽！」

綺霞說得一本正經，自己都笑了出來；學良還是挺嚴肅的：「前一陣子……是上回我從洛川回來，無意間發現一件事；南京方面好像也在跟他們接觸。」

「你是說……」

「嗯……不過詳細情形妳就不需要知道了。」

學良這麼說，綺霞當然沒再問；何況她本來就不會問。但綺霞咀嚼著學良所說的，這件事能讓他少些內疚、少些罪惡感；這意味著事情的確非比尋常。可是回過頭替學良想想，他眞有必要懷著那份內疚與罪惡感嗎？只要自己站得住腳、只要自己堅持原則、只要出發點光明磊落……

學良突然又開口了：「還一件事，我也沒告訴妳。」

「你今天晚上是怎麼了？我的大老爺，你乾脆一次把事情都說完，好嗎？」

學良這回也笑了，他居然露出了一絲挺天眞的神秘模樣：

「我曾經想過，要不要把他扣起來！」

「你是說誰？是……」

「是我明天要見的人……」

學良沒往下說；綺霞睜大了眼睛，一副驚愕的樣子：「這行得通嗎？……這樣做妥當嗎？」

「所以我說是『曾經想』……後來當然作罷了。」

再一次，綺霞不能表達什麼看法，也不必問那個念頭哪來的；好在，學良說那已經「作罷了」……接下來的好一會兒，綺霞靜靜陪著學良，但她終於還是要提醒學良另一件事：

「不早了，歇著吧！」

「嗯！」

窗戶緊緊關著，看得出窗外的風不小；是春天啊！竟也有秋的幾許蕭瑟。

這架從洛川起飛的小型飛機上只有四個人。張學良自己駕駛，他只帶了一名親信：侍衛隊長孫銘九；另外兩個人是王以哲和劉鼎。抵達延安之後，直接到了約定的地點，那是清涼山下橋兒溝的一座天主堂。

周恩來帶著李克農從紅軍駐紮的瓦窯堡輾轉前來，路上的惡劣氣候耽擱了行程，雙方的會面也就延到了第二天。

周恩來留著兩三寸長的鬍鬚，一見面就挺親熱的：

「副座！這一刻可讓我們盼了好久啊！」

「抱歉！實在一直抽不出空，到處跑來跑去的，前些時候喉嚨又犯病。」

「怎麼樣？嚴重嗎？」

「已經好了！……像我們這樣忙的人，實在沒什麼權利生病！」

「副座說的是！而且忙人的時間過得特別快……副座離開東北都四、五年了吧？」

「是啊！」

「路上我還跟克農說，我在東北長大，至少算是半個東北人！」

「我知道！……恩師張伯苓先生告訴過我。」

「張先生……您怎麼會是他的學生？」

「不怕您笑話……我染上過鴉片，是張先生硬勸我戒掉的，從那時候起，我就拜他爲師。」

「哦？這麼說，我們算是同門的師兄弟了，哈哈……」

周恩來是南開大學畢業的，在學校的時候很有名氣；那是因爲他唱戲、而且還反串女角，這些張學良都聽說過。

客套話說完，會談得開始了。隱密的房間裡坐了五個人；周恩來有兩個人在身邊，張學良則只有王以哲陪著，他讓孫銘九在外面守候。

張學良有心表示自己的眞誠，他開門見山就提到最關鍵的人物：

「我想我們最需要談的就是蔣先生的問題。從歐洲回來，我一心想要輔佐蔣先生……我必須承認我是受了法西斯的影響。這二十多年來，國內的局勢始終沒有穩定過，我希望蔣先生能扮演領導者的角色，把國家眞正統一起來。」

「不瞞副座，我們對蔣先生也有過類似的期待。我曾經是蔣先生的部屬，紅軍裡有很多高級幹部也都在他手下待過，但是……他後來的做法可就讓我們無法苟同了。」

「你是指蔣先生對中共的態度？」

「還不只是這個！……最主要的是他不肯抗日。」

「關於這一點，我們待會兒再談。我先說我個人對蔣先生的看法……站在我的立場，他是我的長官；而且我是個軍人，軍人就得服從長官的命令，這是不能打折扣的。至於蔣先生和你們之間的恩怨，容我不客氣地說句實話，你們一直打著反對他的旗號，這可能正是他不能不剿共的原因！」

「可是現在呢？全國都在喊著要抗日，他爲什麼就不能把自己人的事情先擱下來、大家集中力量一起抗日？副座！這可是所有百姓心裡的疑問啊！」

周恩來還是把話題帶回到「抗日」上面。張學良知道如此下去，是談不出所以然的；雙方都必須要轉個彎、甚至讓個步，而張學良願意從自己這一頭先轉、先讓：

「好吧！就說抗日，我並不同意你們對蔣先生在這個問題上的看法……事實上，中央方面也已經有了抗日的準備。您想想，要不是蔣先生的指示，會有這種動作嗎？」

「就算是吧！那大概也是虛應故事。總而言之，他給每個人的印象，就是只想剿共、不談抗日！」

「我不同意！在我跟他接觸和談話之中，他發過好幾次牢騷，我看得出他對日本人的不滿；何況，日本人確實也給過他難堪！」

「那對於『廣田三原則』的事又該怎麼說？」

「我正想告訴您，蔣先生對『廣田三原則』是絕對不會接受的！」

所謂「廣田三原則」，是廣田弘毅出任日本首相之前，針對中國發表的外交政策，其中包括「中日親善合作」、「調整中、日、滿關係」以及「共同防共」。

據說蔣介石事前曾經接見日本大使有吉明，表示願意接受；但是接替汪精衛出任外交部長的張群，卻對外國記者否認這種說法。既然周恩來先提到了這件事，張學良索性把自己瞭解的情況做了更進一步的說明：

「我想您一定會同意，我對『廣田三原則』最關心的是所謂『調整中、日、滿關係』，這根本是把日本侵占東北合法化！……說來您也許不相信，我參加過一次中央的會議，有人提到這一點，蔣先生大發雷霆，說等他死了再討論僞滿洲國的事……周先生！這可是我親耳聽見的！」

周恩來沉默了一陣子。就讓彼此喘一口氣吧！而且是用餐的時候了，張學良吩咐下去。過了幾分鐘，孫銘九在外面敲門，張學良示意王以哲起身，從門外端進來五碗麵，門又關上了……。

「……人生不過幾十寒暑。周先生！前一陣子我駕著飛機到處跑，有一回在洛川跟西安之間，飛過漢唐帝王的陵墓，我還告訴他們：人活在世界上的價值在於有所建樹，將來在史冊上留下英名；像那些帝王，如果不能成爲聖君，修了再大的陵墓，也不過是一抔黃土！」

麵吃完了，幾個人放輕鬆閒聊幾句；張學良說起他愛開飛機，突然想起一件驚險又有趣的事：「有一回飛著飛著，我降低高度，來個低空巡邏；沒想到地面上正好有你們的一支部隊，都穿著藍色軍服……突然咚咚咚幾聲，我嚇了一跳，原來子彈打上天了，我那架飛機的肚子好像挨了幾槍，我那種技術怎麼成？趕緊讓旁邊的法國機師接手，我呢，開了窗、拿起炸彈就往下扔……說起來好笑，哪是炸彈？就是迫擊砲彈嘛，扔下去一著地，引信撞開不就炸了……嘿！還眞管用！底下的紅軍全逃之夭夭了！哈哈……」

張學良一得意，笑開了，卻沒想到周恩來笑得比他還大聲：

「哈哈……副座！這件事我知道！那回您駕的是搏鷹機，對不對？」

「哦？您聽說啦？」

「不是！那天我就在那個部隊裡！副座！原來是您！……您可差點把我炸死了！哈哈……」

不只兩個人對望而笑，其他三個人也都笑得挺誇張的……

笑歸笑，正事還是得往下談；周恩來延續著上半場的話題：

「副座！不論怎麼說，要我們不反對蔣先生，那幾乎是辦不到的。」

聽到周恩來還是圍著同樣的話題打轉，學良稍一思索，微微笑了笑：

「我想還是談談抗日吧！這不是您想談的嗎？……我上回跟李克農先生也提起過，你們現在高高舉起的旗號既然是『統一戰線』，那麼就應該要爭取所有的人；反過來說，排除任何一個人都站不住腳……您同意嗎？」

「除了蔣先生，我們並不排除任何一個人。」

「這在道理上還是說不通！據我知道，蘇聯那邊的意思也不是這樣的。我認為你們絕對不應該排除蔣先生……而且，我說一句也許不怎麼中聽的話，無論如何，蔣先生目前是國家實際上的統治者；要是排除了他，你們的正當性首先就會受到挑戰。其次，他還是有相當可觀的支持者，包括許多在軍事上有實力的人……您想想，不爭取他、甚至排除他，你們將會遭到多大的困難？……何況，他以中央政府的名號討伐你們，無論對內或是對外，你們都很難有說詞！」

周恩來在這一點上無法反駁，他稍稍有了退讓：「要我們不排除他，就必須由他先停止敵對的行為；否則，我們打日本人，他打我們，這不是很不合理嗎？」

「所以呀！周先生！說來說去還是同一件事情，差別只在於誰肯先收起敵意，您說對不對？……在蔣先生來說，你們一切的口號、一切的行動，都是為了要打倒他，他會怎麼想？如果是他在前面抗日，你們在背後打他，他不是一樣放不下心？……我想，這就是蔣先生堅持『攘外必先安內』的理由，而且是唯一的理由。」

學良分析得讓周恩來不得不佩服；但是站在中共的立場，他當然還是有話說：

「自從他上回所謂『清黨』之後，迫害了多少共產黨人？他難道忘了孫總理的遺訓嗎？……算了！不去提這些老帳了！」

學良發覺周恩來漸漸有了鬆口的跡象，他趕緊抓住機會：

「對啊！陳年老帳算起來太費神、也太傷感情；何況，我們都同意一切以抗日為優先！這樣吧！如果雙方都有停火的誠意，先暫時放下武器，至於怎麼合作抗日，以後再仔細商量……你們把誠意展現出來，我也勸他；雙管齊下，也許能有成效。」

「好吧！試試看……不過，我並不能做最後的決定，得看我們內部其他的人是不是都沒有意見。」

「那就麻煩您多美言幾句……對了，有一句話請您務必轉達：站在你們最在意的『抗日』的立場，除非蔣先生投降日本，否則我是絕對不會跟著你們反對他的！」

周恩來當然明白這句話的雙重用意；張學良除了表明對蔣介石仍然一本忠心之外，共產黨想要利用他反蔣，那是絕無可能的。

沒想到這時候張學良竟然眼裡含著淚光，語氣激動了起來：

「周先生！聽我一句話，這句話我可是決不偏袒哪一邊……如果你們的抗日要建立在『反蔣』的前提上，而蔣先生的『攘外』又堅持著要先『安內』；我可以用我的腦袋打賭，日本人不僅不會在意這些，更是巴不得看到我們中國人一直內鬨下去！……我更敢斷言，日本人是決不會等你們『反蔣』反成了、或是蔣先生『安內』安成了才動手的！事實上，他們早就動手了啊！」

學良都已經哽咽了，周恩來也熱淚盈眶；兩個人對望許久，默默無語。

最後，周恩來像是自言自語地：「但我們怎麼可能『擁蔣』啊！」

「那麼，『聯蔣』如何？我們一起保衛中國！」

周恩來沒有再反對。原則性的問題談過之後，雙方針對停戰的條件與合作的方向，達成了初步的協議。

終於告一段落了；張學良取出一大本中國地圖，那是《申報》紀念創刊六十週年出版的，周恩來當然知道這件禮物的意義。此外，張學良還送了三萬銀元，是給周恩來的程儀，祝他一路順風。

這次會面，前後將近六個小時，直到四月十日清晨四點才結束。

離開延安之後，周恩來在十里堡附近又遇到風雨，只能投宿；他把自己對於這次會談的感受毫無保留地告訴了李克農和劉鼎：「眞是痛快！沒想到張學良是這麼一個爽朗的人……不只爽朗，而且有決心、有膽識。太意外了！眞是太意外了！」

這邊，張學良在第二天飛回西安的路上，也對周恩來做出了評價：

「這個人不簡單……反應快，每一件事都能對答如流，而且總能一針見血，又很有見識……彼此儘管有爭執，卻意氣相投，像是相交多年的老朋友。」

周恩來回到瓦窯堡之後，寫了一封信給張學良：

坐談竟夜，快慰平生。歸語諸同志並電前方，咸服先生肝膽照人，誠抗日大幸。惟別後事變益亟，所得情報，蔣氏出兵山西原爲接受廣田三原則之具體步驟，而日帝更進一步要求中、日、滿實行軍事協定，同時復以分裂中國與倒蔣爲要挾。蔣是受此挾持，屈服難免；其兩次抗議蒙蘇協定尤見端倪。爲抗日固足惜蔣氏，但不能以抗日殉蔣氏。爲抗日戰線計、爲東北軍前途計，先生當有以準備之也。

而在兩人會面後不到一個月，五月五日中共中央發表了一則通電：

……中華民族的主要敵人是日本帝國主義；國難當前，內部自相殘殺，不論勝負屬誰，都是中國國防力量的損失，而爲日本帝國主義所稱快……

這則通電的電文中不再提任何的「反蔣」字眼；「反蔣抗日」的口號變成了「聯蔣抗日」。

回過頭看看張學良與周恩來的初步協議，前提是：

在抗日綱領下，共產黨決心與國民黨恢復舊日關係，重受蔣公領導……

具體的協議條文是：

㈠共黨武裝部隊（包括江西、湖南、大別山等地），接受點編集訓，準備抗日。

㈡擔保不欺騙、不繳械。

㈢取消紅軍名稱，同國軍待遇一律。

㈣共黨不得再在軍中從事工作，停止一切鬥爭。

㈤赦放共產黨人，除反對政府、攻擊領袖者外，准自由活動。

㈥准共黨之非軍事人員居住陝北。

㈦抗日勝利後，共黨軍隊與國民政府軍隊同享復員待遇。

㈧抗日勝利後，准共黨爲一合法政黨。

…………

張學良對於自己和周恩來的會談是挺得意的；尤其周恩來主動表示，雖然這些協議的內容還需要進一步磋商，也需要中共中央的認可，但至少周恩來本人提出了保證：如果所言不實、有所變卦，他願意「接受指揮」。也就是說，周恩來願意接受張學良的監督……

情勢循序演變發展，而張學良在會談中答應肩負的任務才正要開始；自己曾經許下「勸服蔣介石」的諾言，等著去實現……

南京蔣介石公館的客廳裡，張學良站在一幅對聯前面仔細端詳：「養天地正氣、法古今完人」。這是孫中山先生早年親筆題給蔣介石的，蔣介石一直把它掛在客廳裡。學良想著字裡行間的寓意：天地正氣何其浩然，怎能輕易養成？古今完人恁地高遠，豈可望其項背？但學良喜歡這種氣魄和自許；他想，蔣先生也一定喜歡……

學良在沙發上坐下，順手拿起茶几上的一份早報；正準備翻閱，背後響起腳步聲，輕柔中透著穩重。學良抬起頭，是宋美齡走了進來；她穿著一襲藍底白色碎花的旗袍、額頭上的瀏海優雅地垂貼著。學良立刻站起身：「夫人早！」

「早啊！漢卿！用過早餐沒有？」

「在招待所裡用過了……夫人也起得這麼早？」

「嗯，都已經在院子裡活動了一會兒！早晨的空氣好……你請坐啊！」

「謝謝！」

兩個人剛坐下，一名女佣人端了茶盤進來，把兩杯熱咖啡放在茶几上，立刻退下了；女佣人的腳步也挺輕柔，想必是在夫人跟前被調教出來的……

宋美齡拿起小銀匙在咖啡杯裡攪動，端起來喝了一口，然後又把杯子放下；每個動作都那麼優雅。

「漢卿！你好像又瘦了一些！……可要多保重呀！平常讓一荻多注意你的營養；工作忙的人，身體最重要！」

「謝謝夫人關心！」

「一荻還好吧？幾時帶她來玩玩嘛！」

「有時候也想帶她來，可是我自己總是來去匆匆的……」

「這就叫做『人在江湖、身不由己』！你、介石都一樣！……對了！鳳至跟孩子也都好吧？常不常有信來？」

「信倒是常收到，可都是一些流水帳；尤其孩子們寫的，每封都差不多。」

「哦？孩子寫的……是啊！孩子都大了！」

宋美齡又喝了一口咖啡；學良這才想起自己的連一口都還沒喝……

學良早在一九二五年帶奉天學生軍到上海時就認識了宋美齡，當時他甚至還沒見過蔣介石的面。後來學良在中原大戰率領奉天軍入關，進行「武裝調停」，幫蔣介石穩住場面；他帶鳳至到南京接受盛大的歡迎，兩家就開始有了來往。

學良對這位長自己兩歲的宋家三小姐，一直心懷景仰。不僅由於宋美齡那與生俱來的高貴氣質，更因爲她有著艷而不俗的魅力；而學良始終認爲這種魅力對身爲政治人物的丈夫是有極大幫助的。

宋美齡這時候問起了宋子文：「這次來跟我哥哥見面沒有？」

「見了……昨天晚上還在一起。」

「哦？是啊！你們本來就投緣得很！」

正說著，蔣介石走進了客廳；看他穿好了全身戎裝，學良知道是出發的時候了。蔣介石省去打招呼，他直接望著學良：「漢卿！我們走吧！」

「是！委員長……夫人！再見！」

「再見！下回帶一莜來……還有，寫信的時候替我問候鳳至跟孩子們！」

「我會的，謝謝！」學良跟在蔣介石後面，在院子裡上了車。

這是前往首都憲兵司令部的路上，蔣介石要去主持一項高級班學員的結業典禮；他讓前來南京開會的張學良陪同參加。

蔣介石的座車跟在開道車後面疾駛。並排坐在車子後座，張學良覺得這是私下說話的好機會；他稍一琢磨，決定間接地把話題帶出：

「委員長！這一陣子紅軍那邊的態度似乎緩和了不少……」

「你是指他們不那麼敵對了？」

「是的！來自各方面的情報都透露出同樣的狀況。」

「這我聽說了；不過……你相信他們眞的有所收斂嗎？」

「至少我所瞭解的情形確實如此……委員長！不瞞您說，我們部隊裡的弟兄最近都感受到不一樣的氣氛。」

「不是我說你，漢卿！你把共產黨看得太單純了！……就算最近的氣氛緩和了一些，我寧願認爲那是我們的部隊抓住了要領，慢慢懂得剿匪是怎麼一回事……漢卿！自古以來，戰場上的事就是如此，只要你師出有名，能得到官兵們的擁戴，再怎麼猖狂的敵人也終將會屈服的。」

張學良覺得這話題似乎有點偏了，自己是想把紅軍最近在態度上的轉變告訴委員長，希望對峙的局面有轉圜的餘地……

這會兒張學良不得不把話說得更具體明白些：

「委員長！我是說……他們的態度確實有了改變。」

「你是不是指他們的『五五通電』？我早就仔細地看過了，也分析過了。漢卿！那充其量是他們對『識時務者爲俊傑』這句話的體認……共產黨的那一套我非常清楚，他們現在是處於下風！」

「不！委員長！我的看法不一樣……我覺得他們確實不再想跟中央軍敵對下去了……」

「我不相信！……共產黨的話我從來不相信！」

「……不過，委員長！我覺得他們這回是挺有誠意的。」

「這『誠意』怎麼說？是眞心想要跟我們言歸於好？」

「至少讓人有這種感覺……委員長！我常常在前線，我感覺得出來……」

學良又琢磨了一下，他打算把自己跟周恩來見面的事告訴長官：

「委員長，有一件事我還沒向您報告……」

就在這時候，前座的副官回過頭來：

「報告委員長，再兩分鐘左右就到憲兵司令部了！」

「嗯！……我知道了。」

蔣介石略略整理了服裝：「漢卿！這個問題另外找時間再談吧！」

「是！委員長！」

這天晚上，張學良又有機會和蔣介石單獨相處；那幾乎是他刻意製造的機會：晚上的活動結束後，他主動上了蔣介石的車。這回，學良想先從東北軍的問題說起：

「委員長！東北軍不如以前那麼好帶了……我是說，他們對於待遇有點不滿。這次來南京之前，我讓他們安排了二十位基層幹部舉行一項檢討會；沒想到這些幹部都把重點放在官兵的待遇問題上……您知道的，東北軍先前沒想到要在西北參加剿共，日子久了，他們難免有了疑問和不滿；因為他們總想著要回去打日本人……在檢討會上就有人抱怨，說東北軍的待遇比其他的剿匪部隊來得差……」

「嗯，還有呢？」

「所以，我覺得應該向您報告這件事，部隊裡有這種抱怨，這兵就不好帶了；我建議……」

「好了好了！……國難當頭，你就不要老是計較這類瑣碎的事了！」

「……是！」學良覺得自己被潑了一盆冷水，底下的話說不出口了；他起先還遲疑了一會兒，終於決定不提了。

車子開得很快；學良望著往後掠去的街景，他只能告訴自己：今天這一早一晚，兩次都觸了礁，顯然這不是個好日子……下回再說吧！

十六

六月初夏，一大早的太陽暖暖的，草地上有幾隻蚱蜢跳來跳去。這兒是西安郊外王曲鎮一處營房的操場上，幾個三十多歲的中級軍官正坐著閒聊；其中一個摸著軍服上的手肘部位，皺起眉頭：「我就知道……前幾天褲子膝蓋上破了個洞才補好，你們看，這兒也有個洞了！」

「你的還算好，老高！你瞧我的這一套，早補過好幾回啦！」

「唉！說了三月裡要換新的制服，都已經六月底了，一點消息也沒有！而且，別說這裝備補給，連薪餉都縮了水，跟以前比起來，只剩下六七成；當兵打仗是賣命的，這還能打折呀？……老趙！我眞不想幹了！」

「不想幹又能怎麼樣？難不成下去吃自己的啊？你有那份能耐嗎？……忍著點吧！」

「欸！老李！你可別說風涼話！誰不知道你交了個女朋友，有了靠山！我們這些光桿啊，舅舅不疼、姥姥不愛的，就靠那麼幾個錢，哪兒夠啊？」

老高嘴裡嘟囔著，手指頭直摳著軍服上的那個破洞。從東北老家出來都快五年了；隨著部隊移來移去，從沒安定過。流離吃苦倒也罷了，當兵本來就是這麼回事；但不是說了要回去打日本人的嗎？怎麼沒下文了？要是能把東北老家收回來，一定下來「吃自己的」，像老李說的……

提起老李交了女朋友，老趙挺好奇：

「欸！老李！什麼時候把你那口子帶來讓我們瞧瞧嘛！」

「有時麼好瞧的，還不是一張嘴巴、一個鼻子、兩隻眼睛？」

「看你小器的！……好好好！你就把她藏著吧，眞是的！……欸？老李！你的消息靈通，你倒說說看；這軍官團不只是咱們東北軍，還有一半是十七路軍的人，這是怎麼回事？難道少帥眞的要跟楊虎城並肩作戰了？」

「嗯！從態勢上看，是有那麼一點影子……等著瞧吧，反正這軍官團絕對有作用就是了！」

聽見老李這麼一說，老高不再摳他軍服上的破洞了，他也湊了過來：

「老李說的有道理，一定有什麼作用；要不然，就憑楊虎城心裡的那份嘔……他哪兒肯？」

「話也不是這麼說，形勢比人強嘛！咱們東北軍終究人數多，少帥無論是資歷、威望，哪一點不比楊虎城強？何況，彼此早就派人疏通過啦！否則不早就水火不容了？」

老李的消息確實比較靈通，這番分析讓其他的人都心服了；可是他又語帶玄機地接著說下去：「眞正讓人搞不懂的是，聽說十七路軍裡有些人是向著共產黨的，也有人說，他們根本就是共產黨……反正楊虎城的立場很值得注意。」

「要眞是這樣，那咱們的少帥……」

老趙聳了聳肩膀，擺出一副無可奈何的表情；老高剛才還在抱怨日子苦、待遇差，這時候卻又趕緊替少帥辯護了：「你別瞎猜！少帥跟著委員長多久了？他不會動搖的！」

「誰知道？你敢打包票啊？」

「當然，我看得出來……」

「好了好了，你們別鬥嘴，反正一個命令一個動作，當軍人就得聽上面指揮……算了算了，咱們乾著急也沒用！」

話題是老李挑起來的，看見老高和老趙槓了起來，他反而打著圓場：

「……進教室吧！快要上課了！」

「唉！一大早又是政治課！幹軍人，教咱們怎麼打仗就是了，哪來這麼多政治課……」

老趙嘀咕著；三個人都站了起來，拍拍褲子，朝教室走去……

楊虎城早年草莽出身，是陝西人所稱的「刀客」，實際上就是地方上的一股武裝勢力，幹著所謂「劫富濟貧」的勾當；後來成了氣候，在西北軍馮玉祥手下當師長。他曾經隨著于右任組成「靖國軍」，支持孫中山先生的護法運動，又在一九二九年「中原大戰」中倒戈，支持蔣介石。手下統領的十七師擴編爲第七軍、而後成爲十七路軍；因爲死守西安立下過功勞，當上了陝西省主席。

蔣介石用東北軍到西北剿共，削減了楊虎城的勢力；後來又免掉他省主席的職務，由邵力子接任，因此楊虎城一度對張學良非常不滿。不僅如此，他的十七路軍重用了幾名共產黨員；他們在軍中發展組織、暗中活動。楊虎城的妻子謝葆貞也有著濃厚的左傾思想。

倒是張學良處事周到，他很能理解已經改任西北綏靖主任的楊虎城對自己的不滿；幾次派了親信專程拜訪，希望能夠消除他的敵意。而彼此間的嫌隙終於一筆勾消，則是最近的事；因爲張學良在基本心態上已經傾向與中共合作，共同抗日，這一點頗合楊虎城的胃口。就在這種氛圍之下，兩個人合辦了「王曲軍官團」；由張學良親自兼任團長，分批調訓東北軍和十七路軍的軍官。課程偏重於政治教育，希望能夠鞏固部隊的精神武裝。

這天晚上，張學良和楊虎城坐在軍官團的會客室裡；兩個人對於抗日的遠景，都充滿著很深的期望。兩個人聊著聊著，楊虎城朝張學良拱了拱手：

「……還是副座有遠見，不論從哪個角度看，這軍官團都有必要開辦。」

「虎城兄過獎了！要不是您的大力支持，也辦不起來。」

「好說好說……我是大老粗，率直慣了；副座往後有什麼吩咐，千萬不要客氣，只要我辦得到的，絕對照辦！陝西這個地方嘛，不單單是我，就是整個的十七路軍，人人都是土生土長，任何事情都方便得很！」

「先謝過虎城兄！對了，虎城兄喬遷之喜，我還沒機會親自到府上道賀，眞是失禮！」

「不敢當！……原來的房子老舊不堪，他們替我在九府街蓋了棟新的；改天請副座跟夫人到舍下坐坐，吃個便飯！」

兩個人說著客套話，心裡想的卻都是別的事情；尤其楊虎城，他聽說張學良前一陣子和周恩來有過接觸，但他不願意說穿，至少還沒到時候。

一名軍官走進會客室：「報告副總司令、主任，學員都已經集合好了……」

兩個人站了起來，楊虎城做了個恭請的手勢，張學良稍稍回個禮；一前一後往外走。

台下坐了好幾百名受訓的軍官，他們都是第一期的，已經上了一個星期的課；張學良和楊虎城一走上台，値星官立刻高喊：「起立！……立正！」

値星官向張學良敬禮：「王曲軍官團第一期全體學員恭請團長訓話！」

張學良回了禮，請楊虎城在一旁坐下。

「……在座的都是我們部隊裡最優秀的軍官，是我們東北軍和十七路軍的中堅幹部。我今天不是來訓話的！而是趁著跟大家見面的機會，把最近領悟到的一些道理提出來，供大家參考，也希望大家就這些道理做個公開的討論！」

台下的學員一個個正襟危坐，屏息聆聽：「中國的唯一出路就是抵抗日本！唯有抗日才能夠救中國！……各位！你們知道日本最怕的是什麼嗎？就是一個統一的中國！而在我們來說，只有一致抗日才能使中國統一；因此，國家的統一和抵抗日本是截然不可分開的……各位！日本人早就決心要征服中國，他們決不會等著我們都準備好了才動手，這一點請大家一定不要掉以輕心！……我要特別對在座的東北軍弟兄說幾句話：日本人用武力從我們手裡奪走了東北，我們一定要把它奪回來！收復家園是我們的天職，我們東北軍必須站在抗日戰爭的最前線！……我個人更是早就準備好了，隨時打算犧牲自己；請大家相信我！我，張學良，國難家仇集於一身，要是對於抗日有個三心兩意，我還算是個人嗎？……我一定能夠領導各位走上抗日征途！我向大家保證：我們必定能夠披甲還鄉、重整家園……」

張學良在台上愈說愈激動，情不自禁地淌著兩行熱淚；東北軍的軍官更是個個抽泣不已，全場的氣氛像是灌滿了氣的氣球，隨時都會炸開來。前幾天還在抱怨制服破了、薪餉太少的老高，這時候在台下哭紅了雙眼。他默默發誓：即使新的軍服發下來了，他也不穿；他要穿著這套上下身都破了洞的，隨少帥打回東北去……

中共在張學良和周恩來延安會談之後，一方面改變了「反蔣」的訴求，另一方面暗中開始積極構建與張學良、楊虎城之間的三角關係。在毛澤東、周恩來他們看來，一旦東北軍和十七路軍都跟紅軍站在同一條陣線上，這「三位一體」的結合關係，必定能夠讓西北的局勢全面改觀；到時候蔣介石自然束手無策，只能屈服在「統一戰線」之下。

在這一段時間裡，紅軍和東北軍之間建立了秘密的通訊管道；而中共擬議中的「國防政府」也進入籌畫階段，打算一旦成立，就安排張學良出面領導。

除了「王曲軍官團」，張學良還創辦了小型的報紙「西京民報」；另外，爲了加強東北軍抗日思想教育而發行的不定期刊物「活路」，也繼續在部隊裡流通。不過，由於逐漸有了批判蔣介石之類的內容，這個刊物只能秘密交給楊虎城十七路軍的印刷廠私下排印。最值得注意的一個現象是，張學良身邊的人有了不尋常的活動。而在這暗潮洶湧之際，蔣介石方面也有了警覺。

八月底的一天，學良好不容易有個比較清閒的晚上；他在東門里金家巷的三層樓宅邸吃過晚餐，正坐在起居室聽著留聲機裡放出的京戲。綺霞從卧房出來，手裡拿著一件毛線背心：

「總算織好了，來！套套看！」

這件背心黑白相間、斜格花紋，挺雅致的；學良接過來往頭上套下去。綺霞斜著頭仔細端詳：「嗯，挺合身的……這個花色你喜歡嗎？」

「喜歡！妳挑的，我哪會不喜歡？」

「少灌迷湯！貧嘴！」

「我這可是眞心話！」

「好吧，就姑且相信你！……一轉眼天又要涼了，背心可以穿在軍服外衣裡面，既暖和，又不會穿幫。」

「謝謝！……妳織了多久？」

「也不過就是最近一個多星期的工夫。」

「我怎麼沒看見妳在織？」

「得了吧！你哪會注意這些？」

學良尷尬地笑了笑。綺霞話裡帶著一絲酸溜溜的味道，但她可沒冤枉人；學良整天到晚忙，家裡的事吸引不了他的注意。

學良剛把背心脫下來，突然一陣腳步聲，佣人出現在門口：

「副總司令！外面有人找您……是黎先生。」

是黎天才，「西京民報」的負責人、剿總政訓處副處長；這麼晚了，會有什麼事？學良快步走出起居室，到了客廳裡；只見黎天才一臉焦急的表情：「副座！出事了！宋黎被抓走了！」

「嗄？被誰抓走了？」

「是省黨部的人……」

宋黎是張學良「剿匪總司令部」的秘書，同時也在東北大學進修，平常和共產黨走得很近；他在學校裡很活躍，經常發表抗日言論，偶爾還舉辦一些活動，早就被盯上了。這天晚上宋黎是在一家飯店門口被國民黨省黨部的便衣偵探帶走，同時被捕的還有另一名東北大學的學生馬紹周……學良聽了黎天才的敘述，立刻火冒三丈，接通了省主席邵力子的電話：

「我是張學良！」

「是！副座！您有什麼指示？」

「省黨部抓人的事你知不知道？」

「是……剛剛聽說了，我正在跟省黨部聯絡當中……」

「請你轉告他們：在黨裡，我是中央常務委員，是代表中央委員會的！在西北，我是剿共總部的副總司令，代表的是蔣委員長！」

「是！副座！這……他們當然知道。」

「哼！省黨部那批人是什麼東西！……擅自作主，逮捕我的部下，這算什麼？他們眼裡有沒有我？有沒有體制？」

「是！是！……副座！誤會！一定是誤會！我一定負責調查清楚……」

張學良憤怒地掛了電話，急步朝外走，黎天才跟在後面。

到了總部，張學良下令侍衛隊長孫銘九，立刻召集衛隊和手槍營的官兵，開到省黨部，硬是把兩名被捕的學生給救了出來，同時還抄走了省黨部的一些文件和電報密碼。

張學良怒氣難消，說他想要「殺幾個人」，後來被黎天才勸住了；省黨部的人解釋說，逮捕學生的行動是根據南京方面下達的指令……

第二天，學良冷靜下來之後；他拍了一封電報給蔣介石：

……省黨部此舉乃不信任學良、不信任總部；群情激昂，乃派員至省黨部索還被捕人員……事出倉促，未及事前呈報委座，不無急躁之失；特電自請處分……

蔣介石的回電是：

……吾弟處理此事，確屬莽撞；惟既知錯誤，爾後當予注意。所請處分一節，應勿置議……

西北情勢詭異，張學良成了焦點人物；十月三日，他在剿總辦公室接見了美國記者海倫斯諾女士，有幾位中國記者在場作陪。斯諾女士首先提出有關「抗日和國家統一」的熱門問題：

「您曾經說，中國的統一和對抗日本的戰爭是不可切割的；請問張先生，是什麼樣的理論基礎支持您的這種看法？」

「我確信中國的眞正統一是可以實現的，而後我們就能夠同心協力抵抗日本的侵略……我之所以有這樣的信念，是因爲自從侵略者佔領了東北以後，有好幾次的內戰迫在眉睫，結果都能化解於無形，這完全是由於中國人同仇敵愾的緣故。……因此我深信，只有一致抵禦外侮，中國才能眞正統一。」

斯諾女士和中國記者們都埋頭作筆記；過了一會兒，另一個敏感的問題被問到了：

「請問張先生，您是前來此地剿共的，對於共產黨的抗日口號，您有什麼看法？在抗日工作上，您可能跟共產黨合作嗎？」

「我必須鄭重聲明，我和其他高級的軍事領導人都絕對效忠南京的中央政府。但是如果共產黨的眞誠可以信賴，那麼在中央政府的領導下，共同對抗外來的侵略是有可能的……就像最近中國西南所發生的事情一樣，一切問題可以和平解決……」

張學良所指的是廣東陳濟棠和廣西李宗仁、白崇禧以抗日爲名、和中央對抗的事件。

這是張學良第一次公開談到他對中共的看法與態度；他談話中隱含的「先攘外再安內」，顯然和蔣介石一直主張的「先安內再攘外」形成了對比。

事有湊巧，就在兩天後，毛澤東和周恩來聯名寫了一封信給張學良：

……我們正式宣言：為了迅速執行停止內戰和一致抗日的主張，只要國民黨軍隊不向紅軍進攻、不攔阻紅軍的抗日去路、不侵犯紅軍的抗日後方，我們首先實行停止向國民黨軍隊的攻擊，以此做為我們停戰抗日的堅決表示……先生是西北各軍的領袖，且是內戰與抗日中歧路的重要責任者。如能顧及中國民族歷史關頭的出路，即祈當機立斷，立即停止西北各軍向紅軍進攻。並祈將敝方意見轉達蔣介石先生，速即決策互派正式代表談判停戰抗日的具體條件……

很明顯的，中共除了繼續著手包括籌組「國防政府」的計劃之外，同時也不斷向張學良施加壓力，要他在「勸服蔣介石」的工作上加快腳步。

十月中旬，蔣介石在浙江召集了一次軍事會議，山東的韓復榘、河北的宋哲元、甘肅的于學忠、山西的徐永昌都參加了，代表陝西的是楊虎城。趁著會議的空檔時間，蔣介石向楊虎城透露了他要到西安的消息。

十月二十一日，蔣介石到了西安；他希望跟部隊裡的基層幹部見面，張學良和楊虎城把地點安排在王曲軍官團。比較特別的是，在蔣介石向東北軍和西北軍的這些中級軍官訓話之後，也允許他們當場發表意見。

一名軍官首先站了起來：「委員長！我代表東北軍的弟兄發言。我們要求東北軍官兵的待遇能夠跟其他的部隊一樣……另外，在剿匪戰爭當中有許多弟兄犧牲了，我們希望中央對於他們的家屬能夠發給撫恤金。」

「嗯，你坐下。……還有呢？」

蔣介石朝全場看了一眼；另一名軍官接著站了起來：「委員長！我代表大部分弟兄提出兩點看法：第一、我們的敵人是日本，為了保存國家實力，我們應該停止內戰。第二、我們一致擁護委員長，希望委員長能夠成為全國的領袖，帶領全體中國人抵抗日本的侵略。」

第三名軍官隨後也站了起來：「委員長，我補充一點，我們不是不贊成剿共，但是眼前更重要的是抗日……日本人一步一步進逼，再不抗日就來不及了！日本人不會等我們把紅軍消滅了才發動戰爭的！」

一個緊接著一個發言，井然有序，條理分明，像是學員們事前商討過的；而內容聽起來都非常耳熟……沒錯，近幾個月來，張學良不只一次向蔣介石進言，所說的大致也就是這些。是「王曲軍官團」的「政治教育」發生了作用？還是……

蔣介石對這些意見做了綜合的答覆：

「……我們身為革命軍人，就要懂得在家裡盡孝道，在部隊裡盡忠職守、服從命令；我相信軍官團平日所致力的也就是這種『教忠教孝』的工作……再說，革命軍人要有智慧；對事情要分得出輕重緩急、要分得清敵人的遠近。如今離得最近的敵人就是紅軍、就是共產黨；對我們危害最大、最迫切的也是他們！如果分不清這一點，一定要『先抗日再剿匪』，那就是本末倒置、是非不明！……我不希望看到我們的部隊裡有這種不正確的思想存在！……你們一定要記住：日本是外敵、共產黨是內患；要先除去內患，才談得到對付外敵！」

軍官們的意見是表達了，但得到的回應卻不是他們所要的。

第二天，張學良的顧問苗劍秋找了個機會向軍官團全體學員說了一段話：

「昨天有人在這裡說：『日本是外敵、共產黨是內患』，他認爲內患之害甚於外敵，他要我們不去抗日、不去收復東北；他要我們做亡國奴、要我們替他打內戰、打共產黨……這簡直是豈有此理！我們東北人早就無家可歸了，有誰可憐我們？可是東北的弟兄眞的就這麼懦弱嗎！難道東北人比不上日本人？眞的連一個比得上日本『二二六事件』裡英雄的人都沒有嗎？」

「二二六事件」發生在這一年的二月底，日本一些激進的少壯派軍官在東京發動事變，佔領了幾處政府機關、攻擊了首相官邸，還殺害了曾經擔任過首相的齊藤和財務大臣福橋。

苗劍秋對軍官團全體學員發表這種談話，這已經是接近煽動叛變了；張學良立刻找他密談。

「劍秋！你這樣做太魯莽了！先不說對我有什麼影響吧，要是有個風吹草動的，你自己怎麼辦？你承擔得了嗎？」

「哼！有些話我還沒說出來呢！」

「劍秋！千萬別太衝動！我知道你心裡急，但事緩則圓，這是我們老祖宗的教訓……」

「緩？還要怎麼緩？再緩下去，不但東北老家回不去，連整個國家都會沒了！……我問你一句話，你到底有沒有決心不顧一切、立刻抗日？」

「這個決心我當然有，可是時機方面還是得深思熟慮啊！」

「時機是可以製造的！」

「你的意思是……」

「我們不要共產黨的『人民統一戰線』，但也不要在國民黨底下的『統一戰線』，我們自己來！我們建立一個『民主戰線』……」

張學良聽出苗劍秋的意思了；他是想拋開雙方，由東北軍自己找出路、找抗日的出路，而那當然還是得靠張學良領導。張學良這會兒的表情更嚴肅了：

「我從來沒有想過這方面的事情……我很明白，自己的力量還沒有大到那種程度；更重要的是，我這個人從來不考慮自己的出路。只要對國家有益，個人的權勢、地位……我從不計較！」

「沒錯！我們跟著您這麼多年了，難道這點都看不出來？可是現在情況不同；不是您自己要，是我們要、東北軍大家都要！……要您出來領導我們！」

「不要再說這些了……」

「不！副座！您讓我說完！……不瞞您說，我已經想好了一個主意！」

「哦？」

「找個機會把委員長扣起來，逼他同意！」

張學良大吃一驚；他萬萬沒想到自己的部屬會起這種念頭！

這次談話只能不了了之；當天下午，苗劍秋呈了一封信給張學良，信裡再一次提到扣押蔣介石的主意。張學良當機立斷，立刻下命令把苗劍秋遣走；離開西安，前往北京。

西北剿共戰事進行得不順利，軍心又渙散動搖；蔣介石親眼目睹之後，更加速了他準備大幅度調動部隊的想法。他打算把東北軍和西北軍調走，由不久前剛剛解除兩廣事件任務、正在華中一帶待命的的三十萬大軍接替。

另外，眼看著日本一步步擴大對華北的侵略，山西的閻錫山憂心之餘，意識到對日戰爭勢將無可避免，他提出了「守土抗戰」的呼籲。

對張學良來說，這不僅是知音，更可能是一大支柱；他前後兩次派私人秘書李金洲前往太原，和閻錫山就停止內戰及抗日這兩個「一而二、二而一」的問題交換了意見。雙方的看法很接近；閻錫山甚至暗示，有機會他願意和張學良一起勸說蔣介石，請他深入考慮接受中共一致抗日的要求。

蔣介石離開西安之後轉到洛陽，準備在那兒度過他的五十歲生日；閻錫山卻在這前夕專程從太原到了西安，他要和張學良好好談談。

「漢卿兄！你這一段日子也夠苦的了！」

「彼此彼此！錫山兄！您還不是一樣？……爲了國家，我們再苦都是值得的。」

兩個人心裡都明白，這份「苦」不僅僅是剿共戰事上的，更是對於愈來愈強烈的抗日呼聲因應上的困難。學良這時候語氣裡帶著一絲興奮與感激：

「李秘書帶回來您對於抗日問題的看法，我非常感佩！錫山兄，我尤其要當面謝謝您對我的支持。」

「這是因爲你的看法對、做法也對……我知道你已經跟委員長提過了，但聽說不太順利？」

「嗯，我是間接提過幾次，卻都……唉！」

學良沒有往下說；閻錫山倒是很熱心地安慰他：「委員長的個性你可能比我更淸楚，他是很不容易改變自己看法的……不過你也別太氣餒，找機會再試試看！」

「錫山兄說得沒錯，委座確實很堅持他自己對事情的看法，尤其是這件事……我常常想，他這『先安內再攘外』的政策，對於抗日工作明明是個致命傷，然而我們卻很難讓他轉變過來。」

「不瞞漢卿兄，我也曾經就這方面思考了很久，結論跟你的一樣：要是堅持先剿匪，恐怕早晚要吃更大的虧；一方面日本人不會給我們時間，另一方面嘛……我們這是在消耗自己國家的戰力！」

「錫山兄高見！」

「不過，話得說回來，我們也確實需要委員長的領導，無論是剿匪還是抗日……這一點我想漢卿兄不會不同意。」

「那當然！當然……」

「因此，我託李秘書帶回來給你的話當中也特別提到，對於委員長，我不打算採取什麼激烈的做法……我覺得，憑漢卿兄的鍥而不捨，應該還是可以說動他……當然，我一定全力從旁協助。」

「謝謝錫山兄！……也只能不斷試試看了；但願時間是站在我們這一邊！……錫山兄，我讓他們準備了幾樣小菜，咱們早點吃，吃完了還得趕火車！」

學良事先已經安排好了，他和閻錫山要搭夜車到洛陽去；明天是蔣介石的五十大壽，他們決不會缺席。

十七

五十是「知天命」的年齡。在蔣介石來說，辛亥武昌起義，他從日本回國投入革命戰爭，那一年是二十五歲；如今另一個二十五年過去了，他自認歲月並未蹉跎，但國事卻依舊如麻。民國成立至今，一場接著一場的戰爭、一次接著一次的政治惡鬥，再加上來自東鄰的外侮；四分之一世紀以來，整個國家從沒有過喘息的機會。這是「天命」嗎？

就拿這一年來說，除了與日本辦交涉，還得面對中共在陝北的挑釁。四處奔波視察防務、部署戰局之際，六月間又發生了兩廣事件；到完全平定下來，又是三個月過去了。除此之外，國家的政經建設蓄勢待發；五月公佈了憲法草案，緊接著就是國民經濟方案的制定。凡此種種，哪一件事是輕鬆的？除了大費周章、苦心擘劃之外，還得隨時處理到處隱藏著的危機；「治國」，哪像一般人想像的那麼容易！

爲了祝賀蔣介石的五十壽辰，全國發起了「獻機運動」；不管是不是象徵性的，至少百姓們開始有了充實國防、加強戰備的認知。蔣介石爲了避壽，特別到了河南洛陽。

張學良和閻錫山進入行館的時候，倒沒想到要跟蔣介石談什麼；他們是專程趕夜車來拜壽的，壽星的喜慶日子，怎麼適合談那些擾人的事？可是蔣介石倒先提起了：

「前幾天在王曲軍官團，我看得出部隊的士氣是個問題。他們說的那些，我不是不知道，但是我一再告訴你們，國內的局勢控制不了，對外的任何行動都談不上！……漢卿！這方面你還得多注意，軍官團成立的目的就是要加強基層幹部的心理武裝，團裡面怎麼可以瀰漫著那種不正確的思想？」

「是！委員長！對於他們那天所說的，我事後也曾經檢討……」

張學良很自然地做出了這種反應；他看了閻錫山一眼，心裡猶豫著：既然委員長主動提到了，那麼是不是藉這個機會把自己心裡那些話徹底說出來？閻錫山沒有很明顯的表情，似乎在等著看情況的發展。學良突然想起西方的一句名言：「要隨時抓住機會。」而什麼是機會？那句名言說：「當你自己認定那是機會的時候，它就是了！」

學良那東北人率直的個性終於戰勝了猶豫，他在沙發椅上挺直了腰身：

「委員長！部隊裡有那些聲音已經不只一兩天了。除了軍官團，最近我還常找機會跟第一線的官兵們談，我盡量把您的意思向他們解釋清楚，可是一般的反應並不十分理想……」

「哦？你是說官兵們不贊成剿匪？」

「也不盡然如此。我是說，他們對於剿匪和抗日這兩件事的先後順序有意見；他們認為應該先抗日……」

「又是那一套！漢卿！你就看不出這是共產黨在背後慫恿、在私底下鼓動所造成的嗎？」

「這……我知道，可是官兵們普遍接受這種說法，那就表示，我們需要再深入思考這個問題……」學良還是把話說得相當含蓄；在內心深處，他仍然百般敬重自己的這位長官。不過，這只是用詞婉轉而已；學良的立場已經很明顯。

這時候閻錫山也開口了：「委員長，漢卿兄的意思是，我們似乎可以針對當前的局勢再做研究……這樣也許更愼重一些。」

「哦？你也有同樣的看法嗎？」

「委員長，不是我個人，是部隊……」

「好了！這些話我已經聽過好幾回了！說來說去還是那一套，先抗日、再剿匪，先攘外、再安內；是不是？你們……你們已經中了毒啦！」

蔣介石顯然動了肝火，張學良卻不願意就此打住，因爲他認爲最關鍵的問題還沒說到：

「委員長！根據情報，紅軍最近的態度的確有了相當大的轉變。如果我們能夠確定他們不再反對中央，容我斗膽提出建議，是不是可以考慮暫時不繼續剿共，反過來爭取他們、結合他們的力量……」

「你是不是要我『聯共抗日』？漢卿！你難道想不通，這還是毛澤東、周恩來那幫人的手腕啊！……你以爲我不明白『聯共』的背後藏著什麼嗎？」

「委員長！我並不是主張這麼做，而是建議；建議您考慮……至少可以透過適當的管道，彼此先談談看……」

「好了！你們都不要說了！究竟是你們聽我的，還是我聽你們的？」

這句話當然把學良所認定的這次「機會」完全扼殺了；畢竟是蔣介石的壽辰，學良和閻錫山黯然告退。

當天晚上，他們兩個人又密談了許久；相互勉勵決不灰心，繼續再找「機會」。但是，第二天上午，蔣介石在主持中央軍校洛陽分校的閱兵之後，一段沒有指名的責備，讓學良傷心極了：

「……去年十二月，我已經提出了對日本的決策基準，那就是『和平未到絕望時期，決不放棄和平；犧牲未到最後關頭，決不輕言犧牲。』這是經過中央全會討論通過的正式宣言！……你們一定要明白，共產黨就是大漢奸！而那些同情共產黨、主張容納共產黨的人，比殷汝耕還不如！」

一年前，日本威脅中國政府沒能得逞，提出了「華北五省特殊化」的口號，策動華北獨立；殷汝耕就在日本卵翼之下組成了所謂的「冀東防共自治委員會」。

蔣介石把「容共」的人說成比殷汝耕還不如；而張學良不就是主張「容共」嗎？除了傷心，學良也徹底絕望了。

「……虎城兄！你我都是委員長最器重的人。就以眼前這局面來說吧，在整個西北，你是綏靖主任，而我呢，指揮著剿總；照說，我們替委員長辯護都唯恐不及，實在不應該對他的主張有任何懷疑，可是……他現在是一意孤行，任誰的話都聽不進去……」

張學良坐在西安九府街楊虎城公館的客廳裡，直衝衝地抱怨著。自從楊虎城解開了心結，兩個人不但由於王曲軍官團的開辦而在公事上有了合作，彼此間的私下來往也漸漸頻繁了。最重要的一點是，他們都對共產黨的抗日訴求相當受用，甚至也都和紅軍方面維持愈來愈密切的聯繫；不過彼此還停留在心照不宣的階段，沒有正式觸及過這方面的話題。楊虎城連自己屬下的印刷廠幫助東北軍「活路」刊物的排印，都避免在張學良面前提到。

洛陽回來之後，張學良有了一股莫名的悵惘；再由這股悵惘裡帶出了一絲疑慮。對於蔣介石屢次駁斥他的進言，學良眞正的憂心不在於蔣介石對他的態度，而是一旦自己和這位唯一的直屬長官漸行漸遠，那麼今後國家大政方針的走向將會如何？學良心裡一直把蔣介石當作父兄般看待，他希望自己不但在蔣介石和中共之間發揮潤滑作用，更能扮演橋樑的角色；讓雙方盡棄前嫌、攜手抗日，這才是他心目中的正途啊！

聽了學良的抱怨，楊虎城一方面感到驚愕，另一方面也相當振奮。楊虎城偏向中共的程度，自然比學良更深得多；但在此之前，他多少還顧忌著學良和蔣介石之間的關係。這會兒楊虎城也放開了膽子：「漢卿兄！你有沒有考慮過，假如委員長一直堅持下去，咱們往後的路該怎麼走？是繼續執行他的政策、還是不放棄任何使他回心轉意的希望？」

「我何嘗放棄過？虎城兄！我都說了多少回了……間接的、直接的，試探的、甚至正式的……我一直沒有放棄啊！」

「那麼我再問明白一些；假如他始終堅持、始終不肯聽你的勸告，你有沒有考慮過比較強硬的方法？」

「強硬？你指的是什麼？」

「當然不是言詞上，而是行動上……」

「行動上？……虎城兄！難不成你想……」

「不是！當然不是！漢卿兄請放心，我怎麼可能要你做……變節的事？」

「那就請虎城兄直說吧！你究竟有什麼好方法？」

「找機會把他扣押起來！逼也要逼他同意！」

「嗄？」學良愣住了；「扣押」！這是這段日子以來他第二次聽到這兩個字、這兩個令人毛骨悚然的字。上一回是苗劍秋，他是學良的嫡系部屬，學良聽了之後把他遣走了；但這一次呢？眼前這個人是可以跟自己平起平坐的方面大員，這可如何是好？

楊虎城何等機伶，一看學良的臉色，知道自己的試探觸了礁；學良畢竟擺脫不了他和蔣介石之間的情感。楊虎城記得很清楚，學良不只一次在公開場合裡提到過，他對蔣介石的感情就像是對父親一樣……

楊虎城有點後悔，臉上也有了惶恐之色；學良發覺了，他毫不猶疑地先讓楊虎城吃顆定心丸：「虎城兄別介意，我只是沒料到你會有這麼個想法……」

「漢卿兄！我的意思只是……讓他身不由己，不得不同意……」

「我知道！……不過你放心，這兒沒有第三者在；而且，我絕不是那種出賣朋友的人。」

「我明白！我明白……」

學良又刻意多待了一會兒；他不願意讓楊虎誠心懷戒懼，因爲那對任何一方面都是有害無益的。學良告辭的時候，心裡告訴自己：把那兩個字忘掉，把這個晚上所有的談話都忘掉……人的心理是很奧妙的，有些事情你愈想忘記，它愈是在你毫無警覺的情況下，鑽著空隙迸出來。十一月二十三日，上海發生了一件轟動全國的事件；爲了呼籲停止內戰、組織抗日聯軍而成立的「全國各界救國聯合會」已經活躍了好一陣子，它的主要成員沈鈞儒、章乃器、鄒韜奮、王造時、李公樸、沙千里和史良，七個人在這一天被捕。

或許是這個消息的刺激太深了吧，張學良頓時覺得萬念俱灰；他非常明確地告訴自己：再多的努力，那座辛辛苦苦搭建中的橋樑，大概永遠完成不了……

這段期間當中，中共派了葉劍英穿梭於西安和陝北之間，負責與張學良聯絡；在一次談話裡，張學良壓在心底的那兩個字就這麼冒了出來：「……內戰我是絕對不打的，但情勢愈來愈急迫；說來你也許不相信，苦無對策之下，我居然想起『苦跌打』這個字……」

「苦跌打」是法文coup d'etat的音譯字，意思就是「政變」。

葉劍英不解地看著學良：「你這『苦跌打』指的是什麼？」

「你總知道曹孟德的『挾天子令諸侯』吧？」

「你是說把那個人……」

「嗯！……有人跟我建議過。」

「副座！這你可要三思啊！……他反對抗日，並不是所有的人都清楚，尤其是許多老百姓，他們畢竟懵懂得很；假如我們動手……像你說的那樣，會不會反而失去老百姓的支持？」

「算了！當我沒說……反正那也不是我的意思……這次來，有什麼需要的嗎？」

學良很快就把話題轉開了；葉劍英是個明白人，點到為止，他跟著轉彎：

「天寒地凍的，官兵們實在受不了……」

「我知道了，我會吩咐下去。」

於是，棉衣、糧食、藥品……學良又慷慨地送了一大堆；紅軍的物質條件是比不上東北軍的。聽說鄧小平前一陣子患了副傷寒，生命垂危，還是吃了張學良送給聶榮臻的一些罐裝奶粉才撐了下來……

中央軍最精銳的胡宗南部隊在山城堡一帶被紅軍包圍，七十八師的兩個旅被殲滅，其餘的也受到重創。這個消息震驚了蔣介石；他趕到洛陽，召集了全區的剿共軍事會議，商討對策。

張學良這時候的態度已經不再曖昧不明；他在會議上公開建議停止剿共和成立統一戰線，並且要求中央釋放在上海被逮捕的「救國七君子」，聽起來幾乎完全附和中共的主張。蔣介石則是當衆再一次加以駁斥；所有的高級將領都已經感受到兩個人的瀕臨決裂。張學良也意識到，自己和蔣介石之間已經在意見的分歧之外，還添加了情感上的衝突。

蔣介石決心放手一搏，他認爲儘管胡宗南的部隊前線失利，但是以中央軍各方面所佔的優勢，弭平紅軍已是旦夕之間的事。爲了萬全起見，蔣介石在十二月四日從洛陽到了西安，準備進一步佈署；他住進了臨潼縣華清池的五間廳。

三天後，張學良抱著孤注一擲的心情，向蔣介石做了最後一次的勸說：

「委員長！九一八事變發生的時候，您對大家宣布，中國要有兩年時間的準備，才能把日本人趕出去。可是到現在已經五年了，我們總不能告訴老百姓，說我們還在準備……」

「打仗的事能用時間來量嗎？……你都親眼看到的，漢卿！是共產黨從中作梗！要不是共產黨處處掣肘，我們早就準備好了！」

「可是委員長，不管怎麼說，我們對民衆失信了！失信之後的唯一做法就是立刻彌補改正；否則，如果一再失信下去……委員長！政府就像是銀行、就像是商店，不守信用的後果就是關門倒店啊！」

「哦？那你倒說說看，對於眼前的局勢，你究竟有什麼主意？」

「委員長！整個情況已經不容許我提出什麼主意……請您原諒我說實話，以眼前的情勢來說，我們只剩下三條路：第一、抗日，第二、退縮，第三、投降！……委員長！任何人都看得出來，除了第一條，其他兩條路都走不通、都解決不了根本的問題！」

「難道剿匪就不是一條路嗎？」

「委員長！我不主張剿匪，並不是同情共產黨，而是不願意這場內戰沒完沒了地繼續下去……」

「怎麼會沒完沒了？我這次來，就是要重新佈署，趕快把事情解決。」

「委員長，說句您不願意聽的話……依我看，剿匪是剿不完的！」

「你這又是根據什麼？」

「根據民心！我們沒有老百姓的支持，而他們……」

「漢卿！你這根本是在替共產黨當說客！」

「不是的！委員長！……自從東北易幟以來，我哪一天不是對您、對中央政府、對國家忠心不二？我是爲了整個國家、爲了全體的中國人，才一次又一次向您請求的啊！……委員長！只有您才能領導抗日；而也只有領導抗日，才是您振興中國、造福百姓的千秋大業啊！」

張學良說得聲淚俱下，而在蔣介石來說，這簡直是在教訓長官，他哪能忍受？既然張學良要攤牌，他也只好把話說絕：

「我告訴你！漢卿！你現在就是一槍把我打死，我也絕不會改變剿匪的全盤計劃！」

既是情同父子，父子決裂畢竟是天底下最難堪、也最悲哀的事。一方攤牌，一方把話說絕；剩下的轉圜空間已經壓縮到了幾乎看不見的地步。學良含著滿眶的淚，默默退出。

「抗日！抗日！」

「收復失土！還我河山！」

「停止內戰！團結抗日！」

「反對日本侵略中國！」

「打倒日本帝國主義！」

十二月九日是北京學生抗日運動的一週年；東北大學學生在西安發起了大規模的遊行；他們要向政府陳情、向蔣委員長請願：停止內戰，一致抗日。

響應參加的有一萬多名學生，他們從南院門出發，一路上高喊口號、揮動標語。經過東大街的鐘樓，先到幾個政府機關，包括陝西省政府、張學良的剿匪總部和楊虎城的綏靖公署；因爲得不到任何回應，他們決定從中正門出城，朝著蔣介石住宿的臨潼華清池前進，而那是在西安城外七十公里的地方！

遊行隊伍到了灞橋附近，和軍隊遭遇上了；是憲兵部隊，還夾雜著騎兵。而學生隊伍的後面，居然也有一隊人馬，但那是西北軍；張學良爲了防止意外，指派孫銘九帶著一批官兵沿途保護。一名憲兵軍官站在橋頭的正中央，高舉右手臂，對著學生大聲喊：

「同學們！你們不能再往前走了！請你們都回去！」

已經停止下來的遊行隊伍裡立刻起了小小的騷動：「怎麼回事？怎麼回事？」

「前面好像被擋住了！」

「噫？擋住了？誰擋住的？」

「是軍隊！」

學生隊伍的總指揮李連璧往前走了幾步：

「長官！我們是西安城裡的學生，我們要到臨潼見蔣委員長！」

「這位同學！灞橋已經封鎖了，你們不能過去；把同學們都帶回去吧！」

「長官！我們見蔣委員長，只是要把大家的意見向他報告……」

「對不起！你們不准去！我們奉命封鎖灞橋，不許任何人通過！」

「長官！我們以大學生的愛國情操和青年知識份子的人格向您保證，我們只是想見蔣委員長一面、跟他說幾句話！」

「對不起！我們要執行命令，絕對不許你們過橋！」

雙方一時僵住了；另一名學生突然從隊伍裡鑽了出來：

「這是什麼年代了？爲什麼不許我們發表意見？我們只是一群學生，爲什麼要用軍隊對付我們？……你們以爲光憑軍隊就可以擋得了我們過橋、擋得了我們要說的話嗎？」

顯然是一名激進躁動的學生；他這一番質問，讓一直還相當克制的憲兵軍官也衝動了，他朝自己後面一指：「你們看看那些機關槍，它們的子彈可是不長眼睛的……」

學生們又起了一陣騷動，但比先前的大得多。就在這千鈞一髮之際，一輛汽車從隊伍後面疾駛而來；「吱」的刺耳煞車聲，一陣灰塵在車輪後面揚起。從車上下來的是張學良，他快步向前；隊伍裡有的學生已經發現是他：「是副總司令！」

「副總司令來了！少帥來了！」

「少帥！少帥！少帥！……」

東北大學的學生先喊了起來，其他的學生也跟著喊；張學良站上右邊的一塊小土丘，扯開了他那拔尖的嗓音：「同學們！你們不要再向前走了！千萬不要再向前走了！……聽我一句話，回去吧！……你們心裡要說的我都明白！我負責把你們的話轉達給委員長！」

學生們先是靜悄悄的，然後又激動了起來：

「不要！我們不要回去！我們要見委員長！我們要當面向他請願！……」

「對！我們要向他請願！請他停止內戰，帶著大家抗日！」

「我們要收復失土！我們要回東北去！」

「對！對！回東北去！我們要回去打日本人！」

「打倒日本帝國主義！」

「反對日本侵略中國！」

「收復失土！還我河山！」

「停止內戰！團結抗日！」

口號聲又響了起來，群情激昂；每個學生眼眶都又濕又紅，許多人忍不住，已經淚流滿面……

少帥的眼眶也紅了；他用手掌在鼻子上、嘴上、眼睛上擦拭著：

「同學們！同學們！請你們一定要聽我說幾句話！我，張學良，是個軍人，我的愛國心跟你們一樣！失去了東北，我比你們更難過、更不安！我日夜都在想著東北的父老！……同學們！我抗日的心情跟你們一樣！請你們相信我！我一定把你們要說的話一個字不少地轉告委員長……我保證很快就會有回音……」

「可是我們不能再等！少帥！我們已經等得太久了呀！」

「對！太久了！我們等得太久了！」

「我們今天就要有回音！今天就要知道答案！」

「各位同學！各位同學！……再聽我一句話！我張學良向大家保證，一個星期之內，你們一定聽得到消息！……最多一個星期，我一定會以實際行動回答你們！……如果我不守諾言，你們可以打死我！」

張學良已經聲嘶力竭，他不停揮舞著雙手；終於，學生隊伍的總指揮李連璧也站上了土丘，他早已經哭紅了一雙眼睛：

「同學們！大家冷靜！大家冷靜！……我們不要為難副總司令，我們要相信他的話！」

「對！對！我們要相信少帥！我們要少帥帶領我們打回東北老家！」

「打回老家！奪回東北！」

「打倒日本帝國主義！」

「收復失土！支持少帥！」

「收復失土！還我河山！」

遊行隊伍終於回頭了，他們依舊高喊口號、揮動標語；不同的是，他們的怨氣轉向了，他們把希望寄託在未來……

這天晚上，學良到了臨潼；除了一般軍務，自然也談到上午學生請願遊行的經過和處理的情形。學良只想求證一件事：「……委員長！參加遊行的都是學生，我們的憲兵卻要拿機關槍對付他們，……聽說是奉了指示？」

「剿匪就是革命，阻擋剿匪就是阻擋革命……對於革命的一切障礙，不得已的時候只有動用武力！」蔣介石的話是冰冷的，學良的心被凍得發抖、發疼，他默默無語。

第二天，蔣介石召集了西北軍的將領和隨行人員舉行會議，會中決定把東北軍調往福建，由中央軍接手西北的剿共任務；同時準備任命蔣鼎文接替西北剿匪總司令的職務。

第三天，十二月十一日晚上，張學良和楊虎城在西北綏靖公署辦公處的新城大樓裡密談；緊接著在當天深夜召集會議，參加的都是東北軍的高級幹部。

張學良出現在會議室的時候，臉色是極其凝重的；他甚至讓整個會議室沉靜了好幾分鐘才開始說話：「……我和楊主任已經做成了決定，幾個鐘頭之後，我們要在臨潼進行兵諫！我們要把委員長扣押起來！」

除了極少數幾個張學良的貼身親信之外，所有的人都一陣愕然；但也只是一霎那，全場幾乎立刻恢復了一片死寂。

「詳細的原因我就不多說了，我只想告訴各位：我是在被逼迫得無路可走的情況下，才做成這個決定……我曾經用盡各種方法想說服委員長，可是他一律不接受……」

張學良的表情是痛苦的，心是揪著的；停了好一會兒，他深深吸了口氣：

「這些話，我今天不告訴各位，也許明天以後就沒機會說了……如果事情成功，一切自然都沒問題；萬一失敗了，我們個個都沒命！……我要鄭重宣布，尤其是即將在第一線執行的弟兄：如果你們的任務達不成，不等別人，我就會先要了你們的命！……」

張學良眼裡透著一股殺氣；然後，他又回復了平靜的口吻：

「我現在要交代的是各位的重點任務……楊主任已經答應了，他的十七路軍負責西安這方面，包括逮捕從南京來的高級軍政官員、解除城裡中央軍和憲警的武裝、控制機場。至於我們東北軍……」

張學良說到這兒頓了一下，所有的人都屏住了呼吸；張學良的目光再一次掃過全場：

「一〇五師負責封鎖西安和臨潼之間的交通，警衛營負責逮捕委員長；蘭州的部隊解除當地中央軍的武裝，並且控制蘭州機場。詳細的任務分配，由各部隊長立刻規劃、立刻執行！……有沒有什麼問題？」

「副座！抓住委員長之後怎麼處理？下一個步驟又是什麼？」

問話的是軍長于學忠；張學良幾乎立刻回答：「先抓住再說……我要特別交代警衛營：你們的任務是把他帶到西安城裡來，不但不准對他開槍，而且要確保他的安全。」

「是！」

警衛營長孫銘九點了點頭；跟隨張學良多年的米春霖接著問：

「副座！……您眞的已經決心這麼做了嗎？」

學良心裡十分感激這個問題的出現；藉著回答米春霖，他再一次穩住自己難以壓抑的起伏心緒：「……我下這個決心的唯一目的，就是要擁護委員長抗日……我這麼說，相信各位都明白……反過來講，只要他答應抗日，我們還擁護他做領袖、全中國唯一的領袖！」

會議室裡再一次全然的靜默，張學良站了起來；窗外也是一片寂靜，冬夜的寒風颳著，遠處有幾聲淒涼的狗吠……

十八

四輛軍用卡車開進臨潼，就在抵達華清池的前一剎那，車頭大燈熄了，第一輛前座裡的孫銘九扭開小手電筒照著左腕上的手錶：清晨五點半。他關了手電筒，輕輕打開車門，跨下車，朝後面打了個手勢，一個接著一個的人影從四輛卡車上輕手躡腳魚貫而下。

兩百人立刻依著地形散開，慢慢朝前面摸過去，從不同的方向繞過池子，跨過石橋；最前面的已經逐漸接近了目標，突然，黑暗處一聲喝令：「什麼人？口令！」

是蔣介石的警衛；他們專用的口令當然沒人知道；孫銘九謹記著出發前張學良的一再叮囑：除非萬不得已，絕不准使用武器，而且自己這邊絕不能先開槍。他機警地蹲在小樹叢後面，朝那聲喝令的方向回話：「我們是奉了張副總司令的指示，來接委員長進城的。」

「胡說！我們怎麼不知道？」

「是……城裡臨時出了狀況。」

「廢話！……你們到底是什麼人？」

「砰！」孫銘九還沒回答，另一邊黑暗處冒出火光，是蔣介石的另一名警衛開了槍；一瞬間槍聲此起彼落，雙方開火了。

畢竟眾寡懸殊，外層的警衛都被解決掉了。孫銘九照著事前牢牢記在腦子裡的地形圖，帶著幾十個人往五間廳衝；一路上都有槍響，顯然是內層的貼身侍衛在抵抗。孫銘九帶著人一邊閃躲、一邊繼續往前衝，不時還回頭叮嚀：「要捉活的！」

終於槍聲不再響了；孫銘九匍伏著身子，摸到了五間廳。手勢一比，幾名弟兄踹開大門，大夥衝了進去；手電筒一掃，裡面空無一人。很快就找到了蔣介石的臥室，也是空的！

「糟了！逃走了！……」孫銘九的手電筒朝四周掃了一圈，玻璃窗被流彈打破了，牆上還有幾處彈痕；他走到床鋪前伸手一摸，被褥還是溫的。

「一定在附近！快到外面找！」

一夥人又衝出五間廳，後面就是驪山；孫銘九很快地判斷了一下。

「一定逃上山了，上去搜！」

幾十個人開始沿著小徑上山，岩石後面、草叢樹堆裡仔細搜尋著……

天色慢慢亮了，蔣介石滿臉痛苦的表情，邊吃力地往上爬，邊撫著腰背；剛才翻過後圍牆的時候摔傷了，他身邊只剩下了一名侍衛蔣孝鎮。

「委員長！您得忍著！要繼續往上爬……他們一定會追上來的！」

「嗯……哎喲！好疼！……你確定他們是東北軍？」

「絕不會錯！」

「哼！他們居然敢這麼做！」蔣介石除了身上痛，心裡更有氣；他萬萬沒想到會有人向他動手。大約爬了兩百公尺，實在累了，蔣介石停了下來；蔣孝鎮於心不忍，朝四周看了看，他發現一塊虎斑石旁邊有一條隱蔽的狹縫。

「委員長，您先躲到那個石頭縫裡喘口氣，來！我扶著您爬過去。您小心，慢慢來……」

兩個人爬到了狹縫裡，都是氣喘吁吁的。過了一會兒，蔣孝鎮探頭出去，然後又轉回身來：

「委員長，我出去看看動靜……」

「你要小心！」

「我知道……」蔣孝鎮握緊手槍，爬了出去。

蔣孝鎮往回走了一小段，突然，樹叢裡摸出一個人來；他還來不及反應，已經被那個人從後面掐住脖子：「委員長人呢？」

是孫銘九，他用槍抵柱蔣孝鎮，蔣孝鎮掙脫不開、也不敢亂動，聲音有點顫抖：

「不知道……」

「快說！人在哪裡？」

「我……眞的不知道。」或許是下意識吧，蔣孝鎮回頭朝後面瞄了一眼；孫銘九心裡有數了：

「王排長！叫個人把他帶下去！……我們繼續往上搜！」

「是！」

王排長和幾名士兵這時候也從樹叢裡現了身；蔣孝鎮被帶走了。

才幾分鐘的時間，一名班長大聲喊著：「找到了！……委員長在這裡！」

孫銘九朝那一堆虎斑岩爬上去，其他弟兄也跟了上去。

蔣介石從狹縫裡出來，那名班長伸出手扶他；他臉上有幾抹泥土、手背上也有幾處擦傷，好不容易才站定。孫銘九上前敬了一個禮：

「委員長！我們奉了張副總司令的命令，來接您進城。」

蔣介石看了孫銘九一眼，又在一塊石頭上坐下了：

「我不走……如果你還是我的同志，乾脆開槍把我殺了！我要死在這裡！」

「報告委員長！我們當然都還是您的部屬！張副總司令特別交代我，要好好保護您！……副總司令還要我向您報告，他是請您去談停戰抗日的事！」

「哼！」

蔣介石沒再說什麼；孫銘九上前扶起他。才走了兩步，蔣介石腰背上的傷又痛了起來；他很自然地呻吟了兩聲。孫銘九看著下山的路，那未必比上山好走；他在蔣介石身旁蹲了下來：

「委員長！我背您下去。」孫銘九背起蔣介石，其他的人在四周護衛著……

西北綏靖公署主任辦公室裡瀰漫著緊張的氣氛，每個人都緊盯著桌上的電話，楊虎城雙手直搓著：「都八點多了，還是沒有進一步的消息，眞急死人！」

「耐心等吧！」

張學良嘴裡這麼說，心裡同樣著急。從臨潼傳來第一個消息到現在，都已經兩個多小時了；華清池早已經控制住，但蔣介石卻不見了。張學良站了起來，開始踱步子：「如果找到了，我一定要說服他，我也一定繼續擁護他……而且，我已經想好了向他請罪、也向全國請罪的電文內容……還有，部隊的軍紀要確實掌握住，千萬不能亂，否則這後果可不得了！」

「副座！不是我對弟兄們沒信心，但要是眞的找不到他，那該怎麼辦？……譬如說讓他跑了，或者……」

「這我也想好了……」

張學良正踱到窗戶前，望著窗外；他停頓了許久，楊虎城和東北軍的幾個核心幹部都在等著他說下去。終於，張學良轉過身來：「要是眞找不到他，虎城兄！我鄭重託您一件事：在我自裁之後，你把我送到南京，向國民政府請罪，無論如何要立刻了結這件事，絕不能拖……一刻也不能拖！我們是爲了停止內戰，絕不能因此反而引起另一場內戰！」

楊虎城面色凝重、沒有回應；其他的人也都鴉雀無聲；就在大家的心愈揪愈緊的時候，電話鈴聲響了，張學良立刻衝過來，抓起話筒：「喂！我是張學良！……嗄？好極了！……嗯！……嗯！好！就這麼辦！……一路上要特別注意安全，絕對不許出任何差錯！」

張學良放下電話，帶著一絲興奮宣布：「人已經找到了！」

大家懸著的心放下了，楊虎城高興得抓住張學良的手，許久都沒鬆開……

蔣介石被安全送到了綏靖公署的一個房間裡，外面有一重重的士兵戒護；上午十點半，張學良進來了，他走上前向蔣介石敬禮，然後在對面坐下：

「委員長！非常抱歉，讓您受到驚嚇了！」

「哼！別裝得那麼慈眉善目！要殺要剮請隨便！……我早懷疑你會跟他們走上同一條路，但沒料到你會做得這麼狠！我用在你身上的心血全白費了！」

蔣介石的忿怒是早就料到的，張學良耐著性子聽訓。

「你到底想把我怎麼樣？」

「我是請您來談……」

「談停戰、談抗日，是不是？都告訴你多少次了，這方面我是絕對不會妥協的！你就省省事吧！」

「請委員長息怒，也請您再多考慮考慮！」

「沒什麼好考慮的！……你以為軟的行不通，就來硬的？你以為把我關起來，我就會屈服？你也太小看我了！」

「學良不敢！不論怎麼說，您永遠是我的長官，我……」

「好！就衝著你這句話……如果你還承認是我的部下，就馬上帶我出去；否則，你乾脆立刻打死我！」

「委員長！原諒我說一句話，您的思想太偏右、也太陳舊了！」

「你說這話是什麼意思？」

「我知道您平常愛看的書都是些韓非子、墨子這一類的……」

「那你所謂的新書又是什麼？是不是馬克思的資本論？告訴你！那些書我也看過！我還能跟你辯論裡面的道理呢！……別以為你這方面懂得比我多！」

「我不是這個意思，我是說，您專心看那些陳舊的書，腦子裡自然都是岳武穆、都是文天祥、史可法……委員長！您為什麼不從『成功』的角度去想，而只想著『成仁』？」

「成功、成仁。本來就是同一回事，在我來說，成仁就是成功！」

在這種關頭辯論起這些，張學良覺得不可思議；但話題是自己引起來的，他不想再辯下去，站了起來：「關於這次事件的是非，應該交給全國民眾審判；如果國人贊成我們的主張，就證明我們代表著民意。」

「你少跟我來這一套！」蔣介石還是沒好氣，張學良認定至少眼前是沒法說動他了；而這也是意料中事，一切得慢慢來。張學良又敬了個禮，轉身出去了。

在軟禁了蔣介石、也逮捕了跟他一起到西安來的官員之後，張學良和楊虎城聯名發出了一則通電，對象是國民黨中央、全國各省政府、以及各新聞機構：

東北淪亡，時逾五載；國權凌夷，疆土日蹙。淞滬協定屈辱於前，塘沽何梅協定繼之于后；凡屬國人，無不痛心。

近來國際形勢豹變，相互勾結，以我國家民族爲犧牲。綏東戰起，群情鼎沸，士氣激昂。應此時機，我中樞領袖，應如何激勵軍民，發動全國之整個抗戰！且前方之守土將士浴血殺敵，後方之外交當局仍力謀妥協。自上海愛國冤獄爆發，世界震驚，舉國痛心；愛國獲罪，令人髮指。

蔣委員長介公受群小包圍，棄絕民意，誤國咎深。學良等涕泣進諫，屢遭重斥。日昨西安學生舉行救國運動，竟嗾使憲警以槍枝對付；稍具人心，孰忍出此。學良等多年袍澤，不忍坐視，因對介公爲最後之諍諫，保其安全，促其反省。西北軍民一致主張如下：

㈠改組南京政府，容納各黨各派共同負責救國。

㈡停止一切內戰。

㈢立即釋放上海被俘之愛國領袖。

㈣釋放全國一切之政治犯。
㈤開放民衆愛國運動。
㈥保障人民集會結社一切政治自由。
㈦確實遵行總理遺囑。
㈧立即召開救國會議。

以上八項，爲我等及西北軍民一致之救國主張。望諸公俯順民情，開誠採納，爲國家開將來一線之生機，滌已往誤國之愆尤。大義當前，不容反顧，只求救亡主張貫徹，有濟於國家。爲功爲罪，一聽國人之處置。

臨電不勝迫切待命之至！

蔣介石的被監禁像是在南京投下了一顆炸彈，國民政府所有的官員都被震撼得不知所措。軍政部長何應欽在當天晚上召集了國民黨臨時中央常會，會議上的意見明顯分爲兩派；強硬的一派主張立刻討伐張學良、楊虎城，愼重的一派則認爲不可輕舉妄動，應該優先顧慮蔣介石的安全，設法勸說張學良和楊虎城，事情也許還有轉圜的餘地。

宋美齡在上海得到了消息，連夜和姊夫孔祥熙商量：「……我們明天一早到南京去，跟他們當面溝通。這件事無論如何要冷靜處理，不能魯莽。」

「當然！一切以介石的安全爲要！……不過，照張漢卿的通電內容來看，他們不僅是事前計劃好了，而且語氣那麼急切，我看得趕緊想出對策。」

「我考慮過了……我去一趟！」

「妳是說……去西安？」

「沒錯！我必須要去一趟！」

「這樣做是不是太危險了？」

「危險也得去……我相信漢卿不會對我怎麼樣，而且，我要當面勸他！」

「我不是指漢卿，而是其他人……那邊的情況不明，想像當中一定非常複雜，尤其是共產黨……」

「這點我也考慮過了，但我相信在衆目睽睽之下，他們也不敢怎麼樣……這件事不但在國內、連國際間也必然會一致關切，我們不會孤立無援的。」

「但願如此……妳打算什麼時候動身？帶哪些人去？」

「當然愈快愈好，但也要看情勢怎麼發展……我已經跟端納先生通過電話，請他到時候陪我去，他也同意了。他是新聞記者出身，對事情的看法很冷靜，當然，最重要的還是他跟漢卿的關係。」

澳大利亞籍的威廉端納在跟著張學良從歐洲回來之後，被張學良推薦給國民政府擔任顧問；而宋美齡除了看中端納和張學良的關係，更知道他瞭解中國、也深愛中國……

果然，當孔祥熙和端納陪著宋美齡抵達南京的時候，中央方面的強硬派佔了上風。他們決定立刻免除張學良的職務，並且「交軍事委員會嚴加究辦」；另一方面要立即調動軍隊到西安討伐。此外，前一天一直開到深夜的會議中決定，由孔祥熙代理蔣介石行政院長的職務。

宋美齡當著何應欽等軍政要員的面，明白表示了她的態度：

「……這次事件的眞相還需要進一步瞭解，你們在幾個小時之內就做出對張學良的處置，是不是太倉促了?還有，動用軍隊討伐西安，這樣做妥當嗎?……沒錯，我知道你們都願意承擔責任，也急著要救委員長出險，但是急促之間作成的決定，也許不夠周全。」

「夫人，那您的意思……」

宋美齡的這番話很出人意料，何應欽替大家問了這個問題；宋美齡冷靜地回答：

「我已經決定到西安去，當面跟張學良商量……我決心盡全力處理這個事件，我要以不流血的和平方式，儘快把問題解決。至於我的看法是對是錯，將來自有公斷!」

一段話說得義正辭嚴，在場的人都默默無語。

張學良在發布通電的同時，還另外拍了一封電報給周恩來，請他立即到西安商討進一步的做法。當電報抵達的時候，中共的核心人物同樣感到意外，但也透出了無比的激動與興奮。

「哈哈……沒想到蔣介石也會有今天!」

「嗯!張學良這件事情幹得眞不錯!」

「少帥畢竟有他一套!……有種!像他老子!哈哈……」

議論紛紛之餘，一向不隨便表達意見的朱德也說話了：

「現在還有什麼好等的?把蔣介石那一幫人全殺了再說!」

「不不不!……絕對不能意氣用事!」

周恩來手裡拿著電報，朝大夥看了一眼：「這件事我們千萬別急著出主意！而且事情是張學良發動的，我們做不了主；我們得看他和楊虎城的態度……急不得！急不得！」

剛才跟著大夥狂笑的毛澤東，這時候頻頻點頭：

「恩來說得沒錯！這件事，我們應該站在後面，讓他們兩個繼續打頭陣。」

對於西安發生了這件驚天動地的事，國內各方面的反應不很一致，但絕大部分傾向於同情蔣介石，都希望他獲得釋放，更希望事情能夠和平解決；宋美齡的判斷是正確的。

連續好幾天，各地報紙當然都以事件的發展做爲頭條新聞；連有些國外的報紙也不例外。國內輿論一致對張學良和楊虎城加以譴責，也規勸他們儘快釋放蔣介石。各主要報紙還發表了聯合聲明，呼籲民衆要在這危難的關頭，無條件支持政府、站在政府這一邊……

在學術教育界，北京各大學校長聯名致電張學良，要他「懸崖勒馬、衛護介公出險……如果執迷不悟，名爲抗敵，實則自毀長城，正爲敵人所稱快；將永遠爲國家民族的罪人。」剛從美國回來的胡適之則是在天津《大公報》寫了一篇專論，題目是「叛逆張學良」，文章中指責張學良「搞糟了一切，使中國在世界上名譽掃地……正在毀滅中華民族的活力、阻止中國的進步……毫無疑問是對國家的背叛……」歷史學家傅斯年也在《中央日報》發表文章，言詞譴責張學良。此外，身爲周恩來和張學良「恩師」的張伯苓，也分別拍了很長的電報給他的這兩個學生……

在軍方，除了廣西方面表示對事件本身的理解與同情，其他的地方軍隊都沒有表示支持；而張學良寄望頗深的閻錫山，則在他回覆張學良的電報時，質疑這個事件，並且也要求釋放蔣介石……

至於國際間，日本當然唯恐中國不亂；立刻發表了正式聲明，一方面和事件的雙方畫清界線，另一方面主張繼續推動在華北的政策，同時警告其他國家「不得收買中國地方軍事實力，從中獲得好處……」。英國則是主動希望能夠出面調解，並且主張營救蔣介石，美國和德國也贊同這個做法。而張學良最在意的是蘇聯的態度；他原先以為可以得到蘇聯的支持，沒想到蘇聯卻懷疑他的抗日是一種「投機」行為，並且批評這是「軍事陰謀」……

美國駐北京總領事洛克哈特針對中國國內的反應，做了頗為中肯的分析：

……一個突出的特點是：全國各界對處在困境中的蔣介石自發地流露出同情；而對正在處理此一危機的南京政府，則是廣泛地支持……

一時之間，蔣介石的聲望反而因為這個事件衝上一個新的高峰；相對的，支持或同情張學良的，只有來自左翼人士的一些微弱聲音。張學良著急了，他期待著周恩來的出現。

端納不僅去了西安，而且提前單獨先去了；他在事件發生兩天後經由洛陽飛抵西安。端納的使命是會見他的老東家張學良，盡量瞭解事情的經過和可能的發展；他還帶了宋美齡寫給蔣介石的一封信。

見到端納，蔣介石的心情輕鬆了一些；但是當著張學良的面，他仍然不怎麼願意說話，張學良讓端納單獨和蔣介石談了一會兒。

不久後門打開了，端納從房間裡走出來，門又關上了；張學良迎了上去：

「怎麼樣？委員長他……」

「還好，不過看了夫人的信，他有點激動。」

這是非常自然的情緒反應，身處異地，又等於成了階下之囚，來自親人的訊息總會挑起無法克制的傷感。張學良看著這位外國的知己，情緒也有一點激動：

「威廉！很抱歉把你也捲了進來……」

「快別這麼說！少帥！你和委員長都是我最欽佩的好朋友，如果能夠幫你們化解一些誤會或是其他什麼的……我感到很光榮！」

「謝謝你！威廉！……請你相信我，這次的舉動，我是出於不得已。我知道我不應該這麼做，但有一點我向你保證：我的動機絕對是很單純的。」

「這我當然相信。」端納看著這位老東家，心裡也有說不出的感觸。彼此沉默了好一會兒，端納扶了扶他的金絲框眼鏡：「少帥！希望你不介意我問你一個問題：你打算把委員長關多久？」

「老實說，此刻我自己也還不知道……再過幾天，看看情勢的發展吧！」

「少帥！你知道外面對這件事的反應……」

「我很注意，也很在意……有不少聲音叫我放了委員長；其實，我不僅會放他，我甚至願意送他回南京……」

「哦？」

「當然不是現在，也不是這兩天；我剛才說了，看看情勢怎麼發展……委員長對於夫人打算來西安的事，有什麼反應？」

「他當然希望夫人不要來……他是爲了夫人的安全。」

「可是我卻希望夫人來……如果可能，請孔祥熙先生陪夫人一起來；請你代我向夫人邀請。」

端納略一沉吟，然後微微點頭，露出他一向親切誠懇的笑容：

「我會的……對了！我忘了告訴你；委員長已經同意了你的請求，搬到你公館隔壁。」

那是張學良私下請端納轉達的，爲了安全與舒適的雙重理由，他希望蔣介石搬到金家巷府邸隔壁的一棟房子裡。張學良伸出手握著端納，彼此間有許多話是不用明說的；端納看見張學良眼裡似乎泛著一絲淚光。

十二月十六日，事件發生後的第四天，大約有十萬人參加了在西安革命公園舉行的西北各界救國民衆大會；張學良在大會上說明了這次事件的經過。他特別強調兩點：第一、他一定會保護蔣介石的安全；第二、他這麼做是爲了要蔣介石反省對內戰和抗日的錯誤政策。

就在這一天上午，南京方面下達了討伐西安的命令，何應欽被任命爲討伐軍總司令；而從洛陽起飛的飛機，這一天下午在陝北一帶轟炸了東北軍，情勢變得更緊張了。

十二月十七日，周恩來搭乘張學良派去的飛機，從延安抵達了西安；爲了安全起見，他進城之後先到東門附近一個王鐵匠的家裡休息。

一名隨從看著風塵僕僕的周恩來，提了個建議：「副主席！您的鬍子好像該修一修……」

「哦？好啊！……乾脆我把它剃了！去找找看有沒有剃刀？」

隨從沒找到剃刀，找到了一把剪刀；周恩來對著鏡子開始剪鬍子……

周恩來終於被接到了金家巷，張學良一眼看到他就愣住了：「怎麼了？你的鬍子呢？」

「剪了！」

「多可惜！我背地裡還一直羨慕你的美髯呢！」

周恩來摸著下巴，剪刀剪的當然不太乾淨，還有點鬍子渣，他爽朗地笑了：

「就像你這回，下定決心就做了；而做了就不要後悔、惋惜的……不過，假如做之前考慮得周到些，也就不會後悔、不會惋惜。你說是吧？」周恩來意有所指，張學良當然聽得出來。

晚飯吃得很久。張學良和楊虎城善盡地主之誼，準備了挺豐盛的菜餚；但最重要的還是討論擺在眼前的事，一談就談到深夜。

「……總而言之，這次事件震驚國內外，是不折不扣的大事；漢卿兄！容我冒昧說一句，蘇聯方面就認爲，這整個經過儼然是一場軍事陰謀啊！」

「這話怎麼說？周先生！我這是爲公、而非爲私，這怎麼能算是陰謀？」

張學良有點不高興了；從某個角度來說，他是覺得挺嘔的。自己承擔著一切、更冒著如此大的風險；事情做成了，怎麼還有這類幾近風涼的批評？

周恩來雖然也覺得自己失言，但有些話他還是得說出來：

「不管怎麼說，扣留了蔣先生，那是出其不意，但是他手裡的實力絲毫沒有受到影響……如今我們是處在和南京對立的地位，往後的每一步棋，可都得謹慎地走啊！」

「反正我的立場非常堅定而清楚，絕對坦蕩蕩，可以仰天俯地、毫無愧怍：第一、絕不能對蔣先生有任何不禮貌的舉動，更不可以傷害他；第二、只要蔣先生答應停止內戰，就該放了他，並且依然擁護他做全國抗日的領袖。」

「聽漢卿兄這麼一說，我就放心了；漢卿兄這些看法我完全同意，一切以和平的手段處理，這才是最明智的。」

楊虎城在一旁卻有點愕然，他不太相信周恩來的話；中共和蔣介石之間的鬥爭，都有十年了吧？好不容易捉住了蔣介石，難道他們不想把他給殺了？此外，萬一放了蔣介石回去，張學良可能會從輕發落，因為他跟蔣介石的關係本來就非比尋常；但是楊虎城自己呢？非親非故，蔣介石會放過他嗎？

針對楊虎城的憂慮，周恩來想盡辦法解說；楊虎城也只能將信將疑地告辭。

周恩來就住在張學良府邸，而蔣介石也已經搬到了隔壁；這一夜，兩棟比鄰的房子裡，三個人大概多少都有點失眠吧……

十九

西安上空傳來飛機的引擎聲，蔣介石隔著窗戶在有限的視野裡搜尋，但沒看見飛機的影子。他心裡覺得奇怪，唯一的解釋是，雙方又開戰了；可是卻不像前幾天一樣，有人來帶他避到防空洞裡，甚至沒聽見警報聲。

蔣介石聽說南京方面開始討伐西安，心裡十分欣慰。他原先最壞的打算是犧牲自己，來個玉石俱焚；幾經張學良和被扣的南京官員不斷勸說，才終於同意由蔣鼎文帶著他的親筆信函飛往南京，下令何應欽停火三天。

這時候是十二月二十日的上午，難道停火期滿、飛機恢復了轟炸？沒多久，蔣介石的房門被打開了；匆匆走入的是宋子文，後面跟著張學良和端納。

「介石！」

「子文！」

兩個人緊緊相擁，一時都說不出話來；蔣介石鬆開了臂膀：「你怎麼來了？」

「美齡要我先來一趟……她說，要我親眼看見你了，她才放心！」

「美齡她……好嗎？」

「就只是惦著你，其他還好。」

蔣介石眼眶濕了；但他畢竟是強人，而且當著張學良的面，他不願意自己流露出任何的激動或軟弱。

「你是不是剛剛才到的？」

「嗯！我跟威廉剛下飛機……祥熙剛接任新的職務，他走不開。」

蔣介石點了點頭，剛才那飛機聲音總算有了答案；這時候端納才有機會跟蔣介石打招呼：

「委員長，你好嗎？」

「還好……謝謝你啊！讓你又跑一趟。」

「應該的！委員長別客氣。」

宋子文從皮包裡掏出一封信，不用說，那是宋美齡寫的。蔣介石迫不及待拆開來，看著看著，他眼眶又紅了；信上有一句話是這麼寫的：

若子文三日內不回南京，我必前來與夫君共生死……

蔣介石收起了信；張學良在一旁沒有說話。

十二月二十二日，蔣介石被挾持已經整整十天了。

西安機場的跑道頭，一架飛機剛著地，正慢慢滑行過來。停機坪上，一陣陣寒風吹著；所有的人都翻起衣領，縮著脖子，但還是頻頻發抖。終於，飛機煞住了車，螺旋槳也慢慢停止了轉動；機門打開，兩名隨侍人員先走下扶梯，後面出現的是宋美齡，然後是宋子文、蔣鼎文、戴笠和端納。宋子文和端納前一天才剛帶著蔣介石的口信回了一趟南京。

張學良立刻迎了上去，恭恭敬敬行了禮；他顯得有點憔悴，臉上帶著一絲別人也許看不出來的愧意。儘管是這麼一種無法形容的心境，宋美齡依然露出她優雅的笑容：

「漢卿！謝謝你來接我！……一荻好吧？」

「她很好！謝謝夫人！」

宋美齡一如尋常地寒暄著；她先問到的是一荻，張學良臉上的愧色似乎加深了一些……

突然，宋美齡靠近張學良輕聲交代：

「來得匆忙，行李能不能不要檢查？……免得打開箱子弄亂了，待會兒不好整理。」

「夫人這麼說，豈不是折煞漢卿？漢卿怎麼敢……」

宋美齡往前移動腳步，張學良緊緊跟在右後方；面對整排歡迎的人，宋美齡一一頷首微笑。當她看見楊虎城的時候，刻意停下腳步，主動伸出手：

「謝謝你來接我！楊主任！」楊虎城臉上的愧窘神色，顯然比張學良的更深……

蔣介石壓抑著的情緒終於完全宣洩了出來。當他看見妻子出現在自己眼前的時候，先是覺得像夢境般的不真實，而後衝了上去，緊緊抱住她；兩個人都悲泣嗚咽……

許久許久，蔣介石才說出第一句話：

「那天我一再跟子文和端納先生說……要妳千萬別來！」

「他們都跟我說了，但我怎麼能不來？」

「這兒有多危險！妳知道嗎？妳來了，我更多了一層擔憂……」

「快別說這些了！……子文、鼎文、雨農和威廉陪著我來的。介石！現在什麼都不要想，把事情交給我們處理。」

宋美齡終於決定來西安，除了她所說的「與夫君共生死」之外，更重要的當然是希望能跟這兒的人見面，談出一個讓事件落幕的方法；談的主要對象是張學良，但還有楊虎城……

蔣介石在迎娶宋美齡之前，特地跟著她信了耶穌；這會兒他把一切交在妻子手裡，更交在上帝手裡，他心裡默默祈禱著。

深夜，在西北綏靖公署楊虎城的會客室裡，第一場正式的談判上桌了。

基本上，張學良是主張釋放蔣介石的，他甚至向周恩來表示過這個意願。而在中共來說，這次事件如果一直拖下去，情勢只會對他們愈來愈不利。國內外各方面對蔣介石從一開始的同情，如今轉變成了強力的支持。此外，國民政府已經展開了討伐的行動；形勢演變下去，紅軍到底是不是該對張學良和楊虎城伸出援手？而仗一打下去，得打多久？有必勝的把握嗎？中共一向把百姓的反應看成風向球、也當成後盾，而百姓這時候明顯傾向支持蔣介石呀！

因此，當中共決定附和張學良的態度時，眞正難纏的只剩下了楊虎城。而偏偏楊虎城控制住整個西安城；投鼠忌器，不能來硬的，只好用軟的了。事實上，端納在第三次出發前來西安之前，就曾經對南京的新聞記者說過：「楊將軍的部隊控制著西安城，所以蔣委員長的命運掌握在他的手裡……爭取楊將軍和他的部下比與張學良先生打交道更爲困難；因爲楊將軍和他的軍隊持有一種更激進、更不妥協的觀點……」

或許是形勢比人強吧，楊虎城這時候面對的是談判桌上所有的人，包括原來應該跟他站在同一條陣線上的、最重要的兩個人：張學良和周恩來。

兩個多小時的談判，終於在楊虎城的讓步之下有了初步的結果；但他的讓步是有條件的：

「放人可以，但一定要他做出保證！」

「什麼樣的保證？」

周恩來的問題是問給宋美齡聽的，他自己心裡早就有數；楊虎城脹紅著臉：

「當然是停止內戰、一致抗日！」

「這還用說嗎？虎城兄！你們費了這麼大的工夫，不就是爲了這個？……我們當然會先請蔣先生同意這兩個原則，而後再談細節。」

周恩來說著的時候，把目光轉向宋美齡；宋美齡沒有說話，周恩來一石二鳥地把這個節骨眼上的另一個關鍵點了出來：「何況，夫人到了西安，蔣先生的情緒也許可以慢慢穩定下來……大家都知道，蔣先生對夫人是非常敬重的。」

周恩來的用意，一方面其實是要穩定楊虎城的情緒，讓他不要再往牛角尖裡鑽，以免節外生枝；另一方面則是暗中希望宋美齡能夠幫著大夥勸勸她的丈夫。

宋美齡還是沒有表示什麼；而楊虎城這時候卻堅持著一件事：

「就算蔣先生最後同意了，也得讓他在書面上簽字，好留個憑據……」

「虎城兄！這恐怕不太妥當吧？……反正將來是要兌現的，蔣先生怎麼可能說了不算數？他不是那種人！而且，我們請他簽字，等於是另外一種形式的要脅，不妥當！不妥當！」

楊虎城認爲自己的讓步已經夠大了，既然前提是要蔣介石同意那兩件事，那麼要他在書面上簽字保證，這有什麼不對？而周恩來心裡想的正好相反：只要蔣介石同意，簽不簽字並不重要。

雙方終究沒有談出結果。

當然，楊虎城心裡的另一個著眼點，還是擔心蔣介石不但反悔，甚至會追究這次事件，那麼他自己的命運就很難預料了。周恩來和張學良對於他的這份憂慮，心裡明白得很。

第二天，二十三日上午，周恩來在張學良陪同之下，和宋美齡見了面。張學良這時候已經感覺到事情並不那麼容易解決，而關鍵卻正卡在和自己一起發動事件的楊虎城身上。張學良決定讓談判的層級升高，由周恩來和宋美齡直接談，避開楊虎城。

宋美齡沒有說太多的話，絕大部分時間是周恩來在侃侃而談。他從整個中國的局勢，談到中共之所以要堅持抗日；他也談到這次事件的大致經過，還特別強調中共方面的立場：中共不但沒有介入，而且主張儘快和平解決。

對於這些重點，周恩來反覆說明，最後他提出了結論：「國事已經到了這種地步，除了團結抗日，沒有第二條路可以走……而且我們堅決認爲，除了委員長，沒有第二個人可以出來領導抗日！委員長是我們全中國的領袖，請夫人一定要相信我這肺腑之言！」

「周先生！你對委員長還是一本過去的尊敬，我覺得很欣慰。但是你們可能疏忽了一點，委員長從來沒有說過他不抗日，只是時間的早晚而已；如果你們一直拿這一點反對他，將來恐怕站不住腳！」

「夫人說的是！……所以，如果能夠在這件事和平解決之後，由委員長正式出面領導全國立即抗日，那麼一切問題就都不存在了。請夫人無論如何從這個角度向委員長解釋……」

「我也只能盡力而爲！……不過，西安這回鬧出這麼大的事情，確實不可原諒！」

「這我當然知道，爲今之計，只有盡力排除困難，讓委員長早日回南京去……」

「我眞是不明白！像這件事情，你們無法在事後立刻妥善處理，反而讓全國民衆都感到恐慌、焦急，更讓全國又處在對立的局面，……你們哪有能力談什麼治國、談什麼救國？」

周恩來對於這一點一時答不上來，他把問題再拉回到焦點上：「總之，我向夫人保證，一定繼續勸說楊主任，絕不讓他成爲和平解決這個事件的一塊絆腳石！」

「也只好如此了，周先生多費心！」

當天晚上，規模比較大的談判又繼續了下去；宋美齡和周恩來經過上午的會面，這時候彼此的看法已經拉近了。

中共方面由周恩來正式在這次會議上提出了六點要求：

㈠西安和南京雙方一起停火；潼關以東的政府軍撤退。

㈡改組南京政府，清除親日派人士，吸納抗日人士。

㈢釋放所有的政治犯，保障人民政治自由。

㈣結束剿共、聯合紅軍一起抗日；允許共產黨公開活動。

㈤召集由各黨派參加的抗日救國會議。

㈥與世界上一切同情抗日的國家合作。

但是張學良和楊虎城卻相當堅持他們在事件發生之後提出的八項主張；經過反覆討論，最後達成了初步協議：

㈠停止內戰、國民政府撤軍，由宋子文負責處理。

㈡改組南京政府原則通過，蔣介石辭去行政院長職務，由宋子文或孔祥熙接任。

㈢釋放政治犯，由宋子文回南京後辦理。

㈣限於實際條件，抗日無法立刻進行，但應全面準備；剿共可以立即停止，等抗日戰爭全面開始後，紅軍改編，由國民政府統一指揮。

㈤召開救國會議。

㈥與同情中國抗日的國家合作，優先目標是美國、英國與蘇聯。

此外，宋子文還答應了兩件事：接濟紅軍的工作在周恩來和張學良商議之後、由宋子文負責撥給；事件告一段落之後，西北的軍政工作仍然由張學良和楊虎城負責。

原則性的協議達成了，剩下的還是需要勸服兩個人、做兩件事：請蔣介石接受協商的內容，以及讓楊虎城同意釋放蔣介石。

十二月二十四日晚上，蔣介石正躺在床上休息，突然聽到房門被打開的聲音，他坐了起來；進來的是宋美齡、宋子文和張學良。房門開著，張學良招呼兩個人坐下後，走近蔣介石：

「委員長，有一位您的舊屬希望能見您……」

蔣介石沒理他；而這個人進來了，是周恩來。他上前兩步向蔣介石敬禮：「校長！」

蔣介石當年在廣州出任黃埔軍校校長的時候，周恩來是政治部主任；這時候他還用著以前對這位老長官的稱呼。蔣介石雖然從宋美齡口中知道周恩來到了西安，也知道他已經和宋美齡談過幾次，但對於周恩來的突然出現，還是有些意外；然而他仍然坐在床沿，臉上沒什麼表情。周恩來陪著笑容：「我們有十年沒見面了！校長……您好像比以前蒼老了。」

面對老部屬的關懷，蔣介石不好再端著，他指了指一旁的椅子：「坐啊！」

「謝謝！」周恩來坐下了，他繼續設法打破這份無可避免的尷尬：

「這次的事情太意外了！校長受了委屈，身為您的老部下，我實在覺得遺憾……」

「恩來！如果你還認我這個老長官，就該聽我的話！」

「校長！漢卿兄他們這次的舉動，我事前的確不知道，否則的話，我一定會阻止他們！」

「現在說這些有什麼用！」

「所以，現在只有靠大家盡力，讓這件事能夠儘快圓滿解決……這幾天夫人和子文兄跟我談過幾次，相信他們二位已經把我的看法、還有我所能做的，都向您報告過了……」

「嗯！你說的那些我都很清楚！」

「因此，我今天只是特地來看望校長。唯一要當面向您報告的就是……剛才您說，要我聽您的話；事實上，只要您願意改變『先安內後攘外』的政策，同意停止內戰、一致抗日，那麼不只是我，整個紅軍都會聽您的！無論對您個人或是對南京方面，我們一定全力擁護、效忠到底！」

蔣介石沒有立即的回應。但正像他自己說的，這兩天雙方談判的內容，他都很清楚；無論張學良、楊虎城或周恩來，他們提出的條件他也都明白。

這時候，宋美齡說話了：「周先生！這次麻煩你大老遠的跑來幫忙解決問題，委員長和我都萬分感激！……關於停止內戰的事，委員長原則上已經不反對了！」

「是！是！那就好！那就好！……委員長的英明，身為一個老部下，我向來是最佩服的！關於以後國家的軍政大計，還請委員長隨時指示！」

在場的人都鬆了一口氣；周恩來這時候恢復了寒暄的口吻：

「校長！最近接到蘇聯方面的消息，您的公子……好像有意思要回來。」

「哦？是眞的嗎？」

「消息是這麼說的……不過您請放心，經國老弟在那兒一直很受照顧；現在有回來的打算，大概是想家、想您吧！」

「是啊！他離家整整十一年了！」

「校長如果也希望他回來，或許我可以從中捎個信，幫點小忙……」

話題從嚴肅無比的政治談判轉換成溫馨的親情，氣氛完全不一樣了。這是聖誕夜，基督的精神是信、望、愛；或許聖誕老人的雪橇遠遠地從北極南下，正要在這座東方國度的古城舊都裡留下一份禮物吧？

隨著談判的緊鑼密鼓，一些傳言在東北軍和西北軍的高層不脛而走。除了釋放蔣介石的風聲已經壓不住，連張學良要親自送回南京的事，也傳了開來；東北軍有了意見，尤其是少壯派的幹部。眼見暗潮洶湧，張學良特地召集了高級將領和幕僚：

「……過去這十多天，你們的辛苦我都看見了；事情的發展也許讓你們不太滿意，這我也知道。不過，你們一定要明白，這次事件對蔣委員長的打擊非常大。我們今後還要擁護他做全國的領袖、抗日的領袖；因此，我們不能再爲難他……我們要使他恢復威信，這是絕對有必要的！

……放不放他、由誰送他回去，這些事我們會再研究。但是眼前，至少我比你們看得透徹、也想得深遠……你們一定要服從指揮，不許亂說話！更不許胡鬧！」

張學良眼裡泛著血絲，他已經緊繃了十多天；連他自己都感覺得到，無論精神或體力，都快撐不住了……

「為了隱密起見，我建議夫人和子文兄搭原機走；至於委員長，由我負責找人替他化了裝，搭車子走……路線我會謹慎研究，總是要平安送到洛陽跟你們會合……」

「不！這恐怕不妥當！」

「夫人！請您相信我！我一定負責委員長的安全！」

「不！漢卿！你不明白我的意思；我是說，委員長一定不會答應……他絕不肯這麼走的！」

為了避免夜長夢多，張學良明明知道西安內部有些人對於釋放蔣介石的事還存有歧見，但是他決心要放手一搏；就像十多天之前做的那個決定一樣，而且動作得快。這會兒，他正在和宋美齡討論怎麼離開比較安全；一旁的宋子文支持妹妹的看法：

「美齡說的對，漢卿！委員長不會同意你的意見……我看，還是一起搭飛機吧，至於離開的時間，務必請你在妥為安排之外，更要注意保密！」

「既然二位都堅持，那就照二位的意思……一切就都交給我吧！」

「還有……漢卿！你真決定要一起走嗎？」

「當然，子文兄！事情是我做出來的，我得負責……由我負責做個結束！」

宋子文望著張學良，點了點頭，然後長長地吐出一口氣：

「好吧！必要的時候，我們會幫著你……」

張學良明白宋子文指的是什麼；他看了宋美齡一眼，宋美齡也輕輕地點了點頭。

頭尾兩個星期了，張學良每天一早出門，深夜回家，彼此連說話的機會都很少；趙綺霞從不抱怨、更不打擾，她知道丈夫正面臨著生命中最重要的一個關頭。而且，該知道的早就從裡裡外外各種場合裡知道了；不該知道的，綺霞恪遵這些年來對自己的要求：絕不多問。

可是，這天夜裡張學良卻主動說了：「大概就是明天了吧！」

「你是說送他……回去？」

「嗯……不能再拖了，我剛剛跟夫人他們商量過了。」

綺霞心裡先是一沉，然後亂了開來；明知道事情總要到來，但一旦眞的來了，心裡卻完全不由自主，亂得不知怎麼收拾。她故做鎭靜地看著學良：

「漢卿！我知道你不願意我多問，但是，你……沒有話要交代嗎？」

「我要是很快就回來，何必交代？如果……一時回不來，你也知道我心裡想的是什麼。」

「不！不要說這種喪氣話！你一定很快就會回來的！……我知道的！我知道的！」

綺霞哭了！她幾乎從來沒有在學良面前這麼失態過。第一次，她覺得未來那麼不可測；第一次，她有著失去學良的恐懼。

「如果妳一定要我交代什麼……那就是我要妳出國去，去找鳳至，將來好好照顧自己、照顧閭琳……」

「不要再說了！我不要聽！」

綺霞邊哭邊在心裡責怪自己，幹嘛提什麼「交代」？事情不會那麼嚴重，學良都決定了親自送他回去，他們還有什麼好計較的？

對！一定不會有事的，而且自己無論如何不能在這個時候困擾學良；學良的一顆心，怕不比自己的更亂上一百倍、一千倍？

綺霞默默走進廚房；她要爲丈夫準備點心，就像每天晚上一樣……

十二月二十五日上午，蔣介石和周恩來又見了一面。

下午兩點多，楊虎城辦公室裡的電話鈴響了。

「我是楊虎城！」

「虎城兄！是我！」

「漢卿兄！有事嗎？」

「我在委員長這兒，麻煩你來一趟。」

楊虎城抵達的時候，只見蔣介石穿戴整齊，宋美齡在一旁坐著；地上還放著她的幾件行李。

楊虎城心裡明白是怎麼回事了：「漢卿兄……？」

「我們送委員長和夫人到機場。」

「現在嗎？」

「現在就走！」

「怎麼說走就走？也得稍作安排嘛……」

「該通知的我已經都通知了……詳細情形我們車上說！」

楊虎城沒有爭執的餘地，只能在心裡胡亂想著……

下午四點。西安機場上的寒風還是那麼讓人受不了；蔣介石和宋美齡他們已經進了機艙，張學良心裡的石頭放下了一半，但另一半還懸著：「虎城兄！你回去吧！」

「漢卿兄！怎麼……你還是要去？」

「沒錯！我一直是想著要去的！」

「你得再考慮考慮啊！萬一……」

「沒什麼萬一不萬一的，既然決定了，當然什麼情況都想過了！……虎城兄！這兒的一切就偏勞你了！」

張學良從大衣口袋裡掏出一張紙條，遞給楊虎城，上面是簡短的幾行字：

弟離陝之際，萬一發生事故，切請諸兄聽從虎臣、孝侯指揮。此致何、王、繆、董各軍長、各師長　張學良廿五日

後面又附了一行：

以楊虎臣代理余之職

「孝侯」是甘肅省主席兼五十一軍軍長于學忠的別號，「何」是騎兵軍軍長何柱國，「王」

是六十七軍軍長王以哲，「繆」是五十七軍軍長繆澂流，「董」是劉總參謀長，都是東北軍的最高級將領、張學良最爲倚重的部屬；「虎臣」則是楊虎城的本名。張學良把公事交代得清清楚楚；看完紙條上的字，楊虎城的手顫抖著。

飛機引擎發動了，張學良匆匆登機；蔣介石在座位上回過頭大聲問：

「漢卿！你一定要去嗎？這兒的事情怎麼辦？你那些東北軍誰帶？」

「委員長！我已經囑咐虎城代理，不會有問題！」

「可是漢卿！你現在到南京，恐怕不怎麼方便吧！」

張學良沒有回答這個問題；他在後排坐下的時候，聽見宋美齡的聲音：

「漢卿自己決定要對整件事情負責，我們就讓他去吧……」

引擎聲轉劇，扶梯拉起了，機門關上，飛機慢慢滑向跑道……

一輛軍車飛馳而來；周恩來跨下車子的時候，飛機已經升空而去。他仰望長空，嘴裡喃喃：

「張副總司令！張副總司令……」

南京瘋狂了！四十多萬人擁到了街上，一路迎接著蔣委員長的脫險歸來；歡呼聲、鞭炮聲不停響著，比任何的喜慶都熱鬧。蔣介石身穿黑色長袍、頭戴寬邊呢帽；面對歡迎的人群，他帶著笑容，似乎看不出前後半個月的折騰留下了什麼痕跡。他是以英雄的姿態回來的，民衆也以對英雄的瘋狂崇拜迎接他。

這是十二月二十六日的下午，他們在洛陽待了一晚上。

張學良兩個小時之後搭乘另一架飛機抵達南京，寧恩承去接他；坐在吉普車裡，張學良問這位東北朋友：

「南京方面的氣氛怎麼樣？」

「反正南京不是你的地方……」

張學良被安置住在宋子文的家裡，他知道自己的命運未卜；第二天上午和宋子文在院子裡散步的時候，他下意識地問著：「子文兄！照你看，我會不會被……槍斃？」

「不會！絕對不會！……我可以保證，美齡更可以保證！」

十二月三十日，張學良被送上了軍事委員會的法庭，接受軍法會審；審判長是李烈鈞。面對這位當年在江西響應「二次革命」的前輩，張學良為自己申辯的時候，心裡帶著一絲不服氣：

「您當年不也為了國家的前途，興兵討伐過袁世凱嗎？」

「……可是委員長不是袁世凱呀！」

李烈鈞只能這麼回答；而在法庭外，他卻私下對人說：

「這個小傢伙，眞跟他老子一樣……不愧是張作霖的兒子！」

第二天，審判終結，軍事法庭以「首謀夥黨、對上官為暴行脅迫」的罪名，判處張學良有期徒刑十年，褫奪公權五年。

四天之後，一九三七年一月四日；軍事委員會發布了特赦令，免除張學良的刑責，交軍事委員會「嚴加管束」……

二十

月亮好圓、好亮，照得這座廟裡的庭院那麼明朗；兩張竹椅之間擺著一個小茶几，茶几上是一壺茶、兩個茶杯，還有月餅、乾果。一片寧靜中，于鳳至陪張學良坐著賞月；庭院的另一邊、還有四周長廊上，一些人遠遠「陪」著……

這是一九三七年中秋節的晚上。張學良在南京孝陵衛的孔祥熙公館住了幾天，就被送到了這兒，浙江省奉化縣溪口鎮、蔣介石的故鄉；他被安置在雪竇寺邊上的中國旅行社招待所裡。

于鳳至在張學良被「嚴加管束」之後，從國外趕了回來；她和趙綺霞從上海輪流到溪口陪伴照料。八月中旬日本軍隊佔領上海的時候，綺霞避難去了香港。

「漢卿！上午你在寫些什麼？看你一副專心又嚴肅的神情，就像還在辦公室裡批公文、或是寫報告上簽呈似的！」

「沒錯！跟寫報告、上簽呈沒兩樣！……我寫了一封信給委員長。」

「哦？怎麼會想到寫信給他？」

「蘆溝橋事變發生到現在已經兩個多月了，連上海也丟了；而我居然在溪口蹲著！」

「這哪是你自己願意的？是人家要你在這兒蹲著！」

鳳至的語氣是揶揄的、抱怨的；她雖然是宋美齡的手帕交，但並不表示她能夠諒解蔣介石對自己丈夫這名爲「特赦」的「嚴加管束」。

「你信上到底寫了些什麼？」

「我告訴他，我要去打日本人……就這麼簡單！」

「簡單？我看你寫了老半天！」

「那只是重點，當然還提到我對抗日的看法……反正我也沒什麼不好說的；過去的那一段事情，不就是爲了要抗日，才跟他鬧開的嗎？……好了，不說這些了，咱們到廟後面走走！」

「又要去看你種的那兩棵樹？不是上午才看過的嗎？」

「再去看看嘛！」

「再看也還是那麼點大，種樹不像做其他事，急不得的！……你啊！就吃虧在這一點上，什麼事都想立竿見影。其實，這就叫做揠苗助長，吃虧的是自己！」

「妳瞧妳！說到哪兒去了！……走吧走吧！」

學良站起身移動步子，他跟那夥「陪」他的人招招手，又朝著廟的後方指了指；那夥人明白了，也跟了過去。

雪竇寺後方圍牆外面，種著兩棵楠樹；學良總喜歡來看看它們。其實，他對某些事的看法不見得像鳳至說的那麼「急」。那天把樹種下了，他還告訴鳳至自己心裡的感觸；他引用古文說：「**亭沼譬如爵位，時來則有之；樹木譬如名節，非素修弗能成。**」就像學良自己，生下來就是張作霖的兒子，再加上那麼多的風雲際會，造就了他直到西安事變之前的功名；但多少古人的功與過，都得等到白了頭才能論定啊！

就拿西安事變來說吧，學良到南京之後的遭遇，居然引發了東北軍的激烈內爭；主張反抗中央、營救少帥的少壯派和老成持重的將領間惡鬥的結果，連學良的愛將王以哲都被殺了。然而，究竟誰對誰錯，學良自己又能評斷嗎？

溪口的月亮、西安的月亮、瀋陽的月亮，甚至蘆溝橋的月亮；哪個更圓些？誰能給個答案？學良心裡最惱恨的，大概就是他為了抗日不惜「對上官暴行脅迫」，而今抗日戰爭終於爆發了，他卻只能靜靜翹首望著溪口的月亮……

一九四〇年二月的一個晚上，貴州修文縣一座祠堂的餐廳裡，張學良、于鳳至和趙綺霞坐在八仙桌前；三個人多半時間沉默著，彼此心裡都有著說不出的滋味。

學良的話尤其少，因為這雖然是給綺霞接風，卻也是替鳳至餞行；這會兒他站了起來，走到裡間去。鳳至瘦削的面容勉強擠出一絲微笑：

「小妹！看樣子，又得把這副擔子套在妳頭上了……」

「大姊！妳這麼說，我就更無地自容了……這兩年半，妳已經被折騰得夠慘了，我好過意不去！」

「誰叫我自己身體不爭氣！前一陣子還病倒過……唉！實在受不了這種搬來搬去的日子，就跟逃難似的！不但身體吃不消，連心理都被折磨得……」

「大姊！我明白！我都明白！所以我真的很過意不去……尤其當我剛看到你們的時候，我真難過得想哭！……大姊！妳、漢卿，你們都蒼老多了！」

綺霞剛抵達的時候，真是被學良的模樣嚇了一大跳；他變得瘦多了，連頭髮都掉得見到了頂，虛歲才四十啊……

溪口那個中秋節過後才三天，中國旅行社招待所被突如其來的一場莫名火燒燬了，張學良移到雪竇寺裡住了一小段時間，然後搬到了安徽黃山。但是隨著南京的淪陷，黃山情況也很混亂，很快又遷往江西萍鄉；而後是湖南郴州的蘇仙嶺、沅陵的鳳凰山，每個地方都只住了幾個月。直到一九三九年秋天，又移到了貴州貴陽西北的修文縣，這才暫時安定下來。這時候于鳳至的身體狀況愈來愈差；透過宋美齡的安排，趙綺霞從香港轉經重慶到了修文，準備接替，而鳳至則安排好了到美國療養、也跟在那兒的子女團聚。

學良從裡間出來了，右手拿著根香煙，左手上是一本翻開的書；綺霞兩隻眼睛睜得好大：

「漢卿！你怎麼吸起香煙了？」

「哦！好玩的！……悶嘛！有時候跟他們要來一包擺著，偶爾吸一根。」

「他們」當然是指那些「陪」他的人，綺霞知道；還是好幾十個，絕大多數都是兩三年前的老面孔。綺霞抵達的時候跟他們打過照面，都挺和氣的。這時候鳳至指著學良手上的那本書：

「他最近突然研究起王陽明來了！」

「眞的嗎？漢卿？」

「嗯！反正閒著也是閒著；住在這所祠堂裡，如果不看看王陽明的東西，以後跟人家說起來都會慚愧！」

學良露出難得的笑，笑裡帶著幾分當年的瀟灑；鳳至和綺霞對望了一眼，也會心地笑了。

這座祠堂是紀念王陽明的；四百多年前王陽明得罪了劉瑾，被貶謫到貴州龍場當驛丞，據說就是在現在的修文附近，他還在這兒講過學。

張學良指著書上翻開的那一頁，直搖頭：

「不對不對！陽明先生此說差矣……妳們聽！他說，我看花花在，我不看花花不在……這太唯心了！花在那兒就是在那兒；你不看它，它還是在那兒嘛！……不對不對！」

鳳至和綺霞又相對一笑；鳳至舉起酒杯：「別理他！小妹！我再敬妳一杯！謝謝妳來，讓我暫時卸下這個擔子……對了，閻琳貞的安頓好了？」

「嗯！是一位美國太太，我在香港認識的好朋友……託她帶到美國去。」

「那就好！」

鳳至和綺霞一起放下酒杯。綺霞深深望了學良一眼；面對大姊就要遠離，學良是在顧左右而言他、刻意掩飾那份愁緒嗎？

窗外，夜慢慢深了。

一九四五年春天裡一個晴朗的下午，貴州桐梓南門外的一處池塘邊搭著一座小棚子；張學良跟幾個「保護」他的憲兵正在玩紙牌，五、六個人都玩得不亦樂乎。

「……我早說了嘛！今天你們絕對贏不了我！你們偏不信！告訴你們！我昨天晚上才夢見財神爺的！……這下子可知道為什麼了吧？哈哈……」

張學良笑得好開心，順便瞄了一眼邊上的釣魚竿；釣竿還杵在在一個石頭縫裡，沒動靜。他像是怕自己的笑聲嚇跑了魚兒，壓低了嗓門：「來來來！手板心都伸出來……」

「張先生！我們正替您發愁呢！釣竿杵在那兒都老半天了，一隻魚兒也沒上鉤，您吶……就想著贏牌！」

「哈哈……少廢話！手板心伸出來！」

手板心全伸出來了，霹霹啪啪，每個人都打了好幾板；剛才那名憲兵又耍貧嘴了：

「張先生！輕點聲！魚兒都嚇跑啦！」

「哈哈……」

幾個憲兵全笑了，張學良這時候可擺出當年少帥的派頭來了：

「少跟我來這一套！就憑你們也想逗我？怎麼？輸了不服氣？我說了，今天你們別想從我這兒撈到一個銅子兒！哼！也不打聽打聽！想當年，我在我娘肚子裡就學會了賭錢的！」

「哈哈……」

每個人還是笑個不停。這夥憲兵常跟學良打牌，要不就下棋。他們贏了，張先生一定給錢；要是輸了，只要乖乖伸出手板心抵帳就行……

大夥正樂著，憲兵營長卓建安走了過來，後面還跟著一個人。

「張先生！莫委員來看您！」

是東北老朋友莫德惠；學良邊笑邊站了起來：「德惠兄！您怎麼來啦？眞想不到！」

「來看你呀！早知道你過得這麼逍遙，我也就不用窮擔心了！」

「好說好說！苦中作樂嘛！……要不然怎麼辦？」

從某一個角度來看，學良是不寂寞的；老朋友們不但想念他，只要有機會，還想來看看他。

宋子文、錢大鈞、董顯光、莫德惠、吳國楨，還有端納；甚至連汪精衛都來過，還讓張學良招待吃了一餐，但那都是在溪口的時候。

學良和綺霞在修文那座祠堂裡住了兩年半，一九四二年二月轉到了貴州開陽，一住又是兩年半；一九四四年初冬遷到了桐梓……

幾個打牌的憲兵退開了，把小棚子讓給客人；學良招呼莫德惠在池塘邊坐下。莫德惠先辦正事；他從口袋裡掏出一個厚紙包，拆開來，裡面是一個精緻的絨布盒子，他遞給學良：

「委員長送你的！」

「哦？」學良打開絨布盒，裡面是一只懷錶，一看就知道相當名貴；他謹慎地把禮物放在一旁的小凳子上。「回去代我謝謝委員長！」

莫德惠點了點頭；一大段日子沒見面，心裡好像有許多話想說……偏偏這時候釣竿突然晃動了幾下，學良把右手食指壓在嘴唇上：「噓！我可等了好久了……」

學良輕輕握住釣竿，又等了一會兒；確定魚兒上鉤了，一個熟練的動作把釣竿尾端拉出水面，一隻好大的魚，總有三、四斤吧！

「好傢伙！總算等到你了！」學良熟練地收線，把魚兒慢慢拉上岸來；然後掰開魚兒的嘴，輕輕取下鉤子，再把魚兒放進地上的簍子裡……

一旁的莫德惠情不自禁地鼓起掌；學良望望他，又望望那只懷錶：

「德惠兄！說到『等』這個字……我不知道委員長送我這懷錶是不是有什麼用意，但……說眞的，時間不短了呀！」

「自有佳期的！……你就先別問吧！」

學良點點頭，把魚餌重新裝好，再一次拋進池塘裡……

一輛中型吉普車在石子路上顛簸得搖搖晃晃，車上那一大籠的雞，似乎也都顛得發暈；剛從市場搬上車的時候，還「咕咕咕」叫個不停，這會兒全都有氣無力地站在籠子裡發呆。牠們早就該暈得躺下了，但籠子裡擠得很，十幾隻雞只能你挨著我我挨著你，靠兩隻細細的腳勉強支撐著。怎麼不分開幾個籠子裝？不成啊！除了這些雞，還有一箱魚、半條豬，再加上蔬菜水果的……慢著！那靠邊上的兩大塊粗草蓆包著的是什麼東西？哦！是冰塊，每塊都有兩三尺長。

龔永玉上回到鎮上採買是五月十六日，不用算，今天準是五月二十；四天一回，絕錯不了。不過，今天有客人來，多買了一點上好的水果和茶葉什麼的。龔永玉從駕駛座上回過頭看了一眼後車廂裡的這批貨，特別是擠在籠子裡的雞……

清泉是新竹縣五峰山的一個村落，離竹東有三十多公里；張學良和趙綺霞在一九四五年十月底從重慶被送到了台灣。清泉以前叫做「井上」，一聽就知道是日據時代取的地名。這兒環境幽雅；尤其他們住的這排日本式木造房子，背山面水，房子前面就是一條水清見底的溪流，顯得格外清幽。四周的景致唯一讓學良不怎麼喜歡的，就是房子外面空地上的那些櫻花樹；櫻花使他想起許許多多不愉快的往事。這是一九四六年初夏，日本投降已經將近九個月。

龔永玉又換了一次排檔，手腳都機械似地；他被調到這兒來已經快半年了，早習慣了這每四天一趟的顛簸。幾個山胞孩子站在石子路的正中央，朝小河裡比手畫腳嬉笑著。龔永玉慢慢踩下煞車，按了按喇叭；幾個孩子回過頭，不但沒讓開，反而圍了上來。龔永玉探出頭去：

「你們又在調皮搗蛋噢！下午不教你們玩『木劍』！」

「嘻嘻……不教就不教，我們玩別的！」

「對！『木劍』不好玩！」

「對！我們要游泳！」

一提到游泳，孩子們又嘻嘻哈哈朝小河裡看，龔永玉猜到是怎麼回事了。順著他們目光看過去，果然，河裡有個人仰面躺在水上，手腳輕輕划動，樣子挺忘情的。

這些山胞孩子大概永遠想不通：爲什麼這個人一下水游泳，他們就只能在岸邊望「河」興嘆？爲什麼他們不能下去跟他一起玩？爲什麼這個人身邊總是有好幾個人跟著？

「好了好了！不要看了！」

龔永玉又按了按老爺吉普車的破喇叭，孩子們根本不理他。這時候路旁的小草徑上走過來一個纖細有致的身影，手裡挽著一個竹籃子；龔永玉朝她揮揮手：「張夫人！」

「龔先生！回來啦？」

「今天比較……卡晚啦！買的東西……比較卡多啦！」

別看剛才跟那幾個孩子說話挺溜的，但那是日本話；龔永玉的國語才學了一陣子，說起來還有點結結巴巴。

趙綺霞露出她二、三十年來未曾稍改的淺淺笑容：「辛苦你啦！……」

綺霞伸手摸了摸車旁一個小女孩的頭髮：「你——吃過——午飯——了嗎？」

綺霞說得很慢，邊說還邊做著吃飯的手勢，她知道這些孩子才剛開始學說國語；那小女孩回答得倒挺俐落：「吃過的！」

「嗯！很好！……下次不要說『吃過的』，要說『吃過了』，知道嗎？」

「知道的！」

「哈哈……」

其他孩子都笑了；龔永玉又長長地按了一聲破喇叭；孩子們這回讓開了，他們知道車子眞的又要開動了。綺霞也朝旁邊讓著，但她像是突然想起什麼：

「龔先生！上次買的雞還沒吃完……」

「可是……張夫人！今天……有客人來。」

「沒關係！夠的！……太多啦！」

龔永玉懂得張夫人的意思，他拉起手煞車，跨下車來；從後車廂的那個籠子裡抓了兩隻雞，遞給那群孩子。他吁了一口氣，終於可以把車開進去卸貨了。

綺霞朝河邊走去，在一塊大岩石旁放下竹籃子，朝學良揮了揮手：

「漢卿！都快一點了，上來吃點東西吧！」

「欸！就來了！」看他那愜意的樣子！微微的陽光照在河面上；嗯！今天的溪水溫度一定好舒服，不冷也不熱。

這兒不但有現成的游泳地方，甚至還鋪了一個簡便的網球場；學良跟年輕的時候一樣，喜歡運動。像這會兒，才在水裡泡了半個多小時，哪兒夠？綺霞貼心地把幾十個酸菜肉餡蒸餃和一小鍋清燉雞湯裝在竹籃裡提了來，這種蒸餃是丈夫最愛吃的，帶著濃濃的家鄉味……

學良還經常跟綺霞到附近散步爬山；興致好的時候，就在野地裡生火烤肉。

「陪」著他們的那些人一起邊吃邊聊，彼此早成了相知的老友，更像多年住在一起的鄰居。大夥的生活不用愁，省政府每個月撥的五萬塊錢足夠了。

這天來的客人還是莫德惠，吃完晚飯坐在屋外草地上聊天；學良回房裡拿出一個信封交給莫德惠，上面寫著「張冠英女士安啓」。

「回東北的時候，麻煩您帶給我大姊。」

「就這封信嗎？還有沒有別的事？」

「都寫在信裡了……主要就是讓她下回到北京的時候，幫我買幾本關於明史的書；版本得好，字體要大……德惠兄！相不相信？我已經有老花眼了！」

莫德惠笑了笑，但他刻意避開這類傷感的話題：「漢卿！沒想到你讀明史讀出癮頭來了！」

「我還想託您打聽打聽，有沒有門路，到大學裡開一門課！」

「哦？你有這份雅興？」

「這些年下來，我做了不少筆記，也寫了很多文章，可是都沒發表；有機會就傳給下一代的年輕人吧！」

學良鑽研明史，說起來也算是無心插柳；是蔣介石前些年讓他讀《明儒學案》，他弄不清裡面的人物，乾脆從研究明史入門。

「幸好，我本來就喜歡研究歷史……」

「他呀！什麼都喜歡研究！……莫先生！他最近又開始研究蘭花了！」

綺霞在一旁揶揄著，學良也自我調侃地接了一句：

「一荻說得沒錯，我什麼事都有興趣……十八般武藝，樣樣學過；可是……樣樣稀鬆！」

莫德惠笑了；他把學良託付的那封信謹慎地收了起來。學良又回房裡去；出來的時候，手上拿著一張紙，上面是送給莫德惠的一首詩：

十載無多病，故人亦未疏；

餘生烽火後，唯一願讀書。

山裡的夜靜得讓人有說不出的感覺；連幾十尺外那溪水的潺潺，都聽得那麼清晰。莫德惠望著學良；眼前這個老友，他心裡已然和這夜一樣的靜嗎？

但那可難說呀！半年後，保密局設計委員會的張嚴佛來清泉陪了學良幾個月，離開的時候也收下了一首詩，卻是這麼寫的：

山居幽處境，舊雨引心寒；

輾轉眠不得，枕上淚難乾。

一九六四年七月四日下午，台北市杭州南路一位美國朋友的家裡，牧師的聲音不像他平日在教堂證道時那麼宏亮，但卻那麼清朗：

「張學良先生，你願意娶趙綺霞女士爲妻，一輩子愛護她、保有她，至死不渝嗎？」

「我願意。」

「趙綺霞女士，你願意嫁給張學良先生，一輩子支持他、照顧他，直到永遠嗎？」

「我願意。」

「現在，我宣布你們爲夫妻，願主耶穌基督永遠降福於你們，阿門！」

美國籍的牧師說完，十幾位在場的好友都鼓掌了，宋美齡、張群、王新衡、何世禮……，他們沒有尖聲狂呼的雀躍，有的只是心頭深深的祝福。

九年前，由於宋美齡的勸說，兩口子在曾約農和董顯光的引領下信了基督；從此，那位曾經想在大學裡開課、也曾經想到中央研究院當研究員的張學良放下了一冊冊明史書籍，轉到函授學校鑽研聖經了……

客廳角落裡，一位主內姊妹奏起了風琴，樂聲莊嚴而和諧；在上帝眼裡，世間的每一件事都應該是莊嚴的，但「和諧」或許更是祂的旨意吧！

地球是整個的，地球上的人活在一起、呼吸在一起。或許有時候顯得空間小了些、擠了些；但彼此讓一讓，還是可以相安無事的……

婚禮後有一個寧靜安詳的餐會；六十四歲的新郎悄悄舉起酒杯，他在五十三歲新娘的臉上，依然看見了當年天津那座別墅花園裡、那一抹屬於十六、七歲的迷人淺笑……

但這兒不是天津，是台北；待會兒，他們還要「回」到北投的「新房」去。

一九七五年四月上旬的一個深夜，台北市國父紀念館正廳裡，寬敞的舞台正中央安奉著一座古銅色的靈柩；棺蓋是掀開的，透過內層上半截的玻璃罩，看得見穿著黑色長袍馬褂、佩戴國光、青天白日和采玉勳章的蔣介石遺體。

舞台上佈滿了素色的百合和菊花；靈柩正前方立著一個鮮花紮成的十字架，兩條緞帶從十字架上垂下；上款寫著「介兄夫君靈右」，下款是「美齡敬輓」。

幾個身影走近靈柩；戴著墨鏡的宋美齡站在一旁，看著張學良在靈柩前行禮，偌大的正廳裡聽不見一絲聲音。

張學良心裡默唸著自己爲老長官題的輓聯詞句：

關懷之殷，情同骨肉；

政見之爭，宛若仇讎。

都快四十年了啊！西安的那場惡夢……

尾聲

檯燈下，大男生還在讀著郭冠英的那篇文章；結尾是這麼寫的：

現在張學良最聽的是榮總醫生的話，他說：「我不是貪生，而是視我的身體就是上帝的殿，我要使它潔淨，以備上帝的召用。」世人嘗讚美他與趙四小姐的堅貞愛情，張學良說：「要不是這些年幽居歲月讓我們相依互靠，我早不知到何種地步……」

書桌上的電話鈴響了，大男生拿起話筒：

「喂……」

「大哥！是我！新聞已經發了，正在埋頭苦寫專題的稿子……」

「哦……」

是紮馬尾的女孩，語氣挺興奮的；大男生彷彿看得見那束晃動的馬尾。

「寫了多少？」

「才剛開始……不過，架構已經出來了，你要不要聽聽？」

「好啊！」

「我聽了你的話，把那篇文章好好讀了幾遍，所以……」

所以這篇專題報導應該做得不錯；大男生拿著話筒，慢慢聽下去。

夜深了，大男生睡不著，他總覺得自己這整晚的思緒裡少了些什麼；好像有一片讓自己不甘心的空白。不！不只這個晚上，應該是從自己讀了那麼多本有關少帥的書之後。

他把檯燈熄了，讓自己從起伏的心緒中平靜下來；好抓些東西把那片空白填上……就飄到太虛裡吧，那兒可以隨自己愛抓什麼就抓什麼。

大男生在遐想；或許，不知哪個夕陽西下的傍晚，北投那棟房子附近的山路上，曾經有過這麼一段對話：

「漢卿！我要你再告訴我一次，勝利後都傳說要安排你回去接收東北，後來沒了影兒，你心裡眞的不嘔？」

「嘔什麼？幾次寫信請纓參加抗日都沒下文，還不都認命了？」

「那麼你再說一次，前前後後那麼多人出面要求放了你，人家充耳不聞，你眞的不在乎？」

「我們這會兒不是自由自在的了？……記得嗎？一荻！大陸變色的那一年年底，當楊虎城全家被殺的凶耗傳來，當時我不知道該難過還是該慶幸……」

「怎麼不記得？那天晚上你發了三個小時的獃，怎麼喊你都聽不見！」

「嗄？有三個小時？……好啊！妳又逗我！」

「誰逗你了！是眞的！……告訴我，你到底是難過了？還是慶幸了？」

「都有吧……可是後來我又想，自己沒有被槍斃，跟我們早就被送到台灣來，好像沒多大關係……」

「你是說……」

「是夫人救了我！……前些年我聽人家說，夫人跟他爭執過，說我在西安那件事情裡，要的不是錢、也不是地盤，要的是犧牲……」

「漢卿！我知道你的個性……這麼多年了，你就是不肯開口；西安那幾天裡最關鍵的一些事情，任誰問你都不肯說；外面怎麼瞎猜、甚至怎麼亂寫，你都無動於衷！」

「妳還在替我抱著冤屈？都幾十年啦！」

「我知道你永遠都是那些理由，爲了顧全大局……爲了顧全別人的面子！」

「那也不盡然！」

「難道還有別的？」

「是有別的……妳想想，人還在的時候我不說，是爲了『大局』、是爲了『別人的面子』，然而事過境遷、人全都不在了，那又是爲了什麼？」

「我哪兒知道？我這是在問你呀！……怎麼？都多大歲數了，你還在跟我玩猜謎啊？咱們都是老頭子、老太婆啦！」

「對對對！我弄糊塗了！是妳在問我！……」

「哎呀！快說嘛！」

「……我是爲了『信』這個字；信守承諾，信守對自己的承諾！」

大男生總算抓了些東西把那片空白塡上了。突然又想起，少帥是愛讀古詩的；大男生從書架上抽出了《唐詩》，快速地翻找著記憶中的一首……韓昌黎「委舟湘流、往觀南嶽」的時候，在橫山的寺廟題詩門樓；其中有四句：

竄逐蠻荒幸不死，衣食纔足甘長終；侯王將相望久絕，神縱欲福難爲功。

巧的是，韓愈是在郴州到衡州的路上一謁南嶽的；而郴州，張學良不是在一九三八年年初、蘆溝橋事變發生半年之後、在那兒住過兩個月嗎？韓愈當時是在前往江陵府上任途中，他雖已飽嚐貶謫滋味，但烏紗帽還在，後來當到了吏部侍郎；而張學良「西北剿總副總司令」的官職被免之後，始終一介平民。此外，韓愈題詩那年三十八歲；而張學良則是在三十六歲的時候，從他政治生命的頂端一頭栽下……

這兩個人相隔了一千一百多年。看來，宦途官場的坎坷依舊；幸與不幸，果眞只能歸於造化了！西安已經回去過不知多少次了，但都在夢中；關外那麼多的鄉情、親情、友情、同袍情……，也只有期待來日重新拾起。古月今塵，讀故事的人總喜歡在書本闔上的那一刻，長長地嘆一口氣……

本著作主要參考資料：

《張學良側寫》郭冠英著　傳記文學出版社
《張學良與日本》臼井勝美著、陳鵬仁譯　聯經出版公司
《西安事變新探》楊奎松著　東大圖書公司
《張學良的政治生涯》傅虹霖著、王海晨、胥波譯　遼寧大學出版社
《張學良的東北歲月》大風編　光明日報出版社
《張學良外紀》王益知著　曉園出版社
《世紀行過——張學良傳》王念慈、郭冠英製作　大好傳播公司

中廣叢書01
夢迴西安關外情：張學良的故事

2001年4月初版　　　　定價：新臺幣250元

著　　者　潘寧東
發行人　劉國瑞

出版者　聯經出版事業公司
臺北市忠孝東路四段555號
電　話：23620308・27627429
發行所：台北縣汐止市大同路一段367號
發行電話：2641866 1
郵政劃撥帳戶第0100559-3號
郵撥電話：26418662
印刷者　世和印製企業有限公司

責任編輯　顏艾琳
封面設計　吳惠菁

行政院新聞局出版事業登記證局版臺業字第0130號

本書如有缺頁，破損，倒裝請寄回發行所更換。
ISBN　957-08-2221-X（平裝）
http://www.udngroup.com.tw/linkingp
e-mail:linkingp@ms9.hinet.net

國家圖書館出版品預行編目資料

夢迴西安關外情：張學良的故事 /
潘寧東著．--初版．--臺北市：
聯經，2001 年
面；　　公分．(中廣叢書：01)

ISBN　957-08-2221-X(平裝)

1.張學良－傳記

782.886　　　　90004966

當代名家系列

白水湖春夢	蕭麗紅著	300
千江有水千江月(長篇小說)	蕭麗紅著	280
不歸路(中篇小說)	廖輝英著	220
殺夫(中篇小說)	李　昂著	200
桂花巷(長篇小說)	蕭麗紅著	280
法網邊緣	黃喬生譯	380
狂戀大提琴	利莎等譯	350
海灘	楊威譯	350
台北車站	蔡素芬著	180
回首碧雪情	潘寧東著	250
臥虎藏龍	薛興國改寫	180
多情累美人	袁瓊瓊、潘寧東著	250
八月雪：三幕八場現代戲曲	高行健著	150
靈山	高行健著	平320 精450
一個人的聖經	高行健著	平280 精400
變色的太陽	楊子著	200
紅顏已老	蘇偉貞著	170
世間女子	蘇偉貞著	180
陌路	蘇偉貞著	220

聯副文叢系列

●本書目定價若有調整，以再版新書版權頁上之定價爲準●

(1)鹽田兒女	蔡素芬著	180
(2)邊陲的燈火	楊蔚齡著	180
(3)散文的創造(上)	瘂弦主編	150
(4)散文的創造(下)	瘂弦主編	150
(5)飛翔之光——聯合報文學獎1994卷	瘂弦主編	250
(6)人生是一條不歸路	王邦雄著	170
(7)紅顏男子	李岳華著	150
(8)天下第一村幹事	陳介山著	120
(9)未來世界	王小波著	140
(10)讓高牆倒下吧	李家同著	170
(11)新極短篇——全民寫作(一)	陳義芝主編	180
(12)我寫故我在——聯合報文學獎一九九五卷	瘂弦主編	250
(13)陳瑞獻寓言	陳瑞獻著	130
(14)膜	紀大偉著	180
(15)每個人都有大智慧	趙衛民編	160
(16)站在巨人肩上	瘂弦、陳義芝編	220
(17)扶桑	瘂弦主編	200
(18)真女人紀事	陳義芝、黃秀慧編	150
(19)新極短篇——全民寫作(二)	黃秀慧主編	180
(20)美麗新世界——聯合報文學獎一九九六卷	瘂弦主編	250
(21)雙身	董啟章著	200
(22)眾神的花園	瘂弦主編	380
(23)大漠魂	郭雪波著	150
(24)人生散步	瘂弦主編	140
(25)向時間下戰帖——聯合報文學獎一九九七卷	陳義芝編	250
(26)陌生人	李家同著	170
(27)橄欖樹	蔡素芬著	180
(28)閱讀之旅（上卷）	陳義芝編	200
(29)閱讀之旅（下卷）	陳義芝編	200
(30)智慧100	聖嚴法師著	200
(31)人與海：台灣海洋環境	賈福相著	240
(32)迴旋	張讓著	250
(33)默	杜修蘭著	180
(34)沉雪	李晶、李盈著	200

(35)台灣現代小說史綜論	陳義芝主編	480
(36)華年放異采——聯合報文學獎一九九八卷	陳義芝主編	250
(38)看海的人	賈福相著	250
(39)台灣文學經典研討會論文集	陳義芝編	420
(40)惡寒：第廿屆聯合報文學獎中篇小說評審獎	張惠菁著	220
(41)金色海灘：第廿屆聯合報文學獎中篇小說評審獎	樊小玉著	180
(42)新的寫作時代——聯合報文學獎一九九九卷	陳義芝編	250
(43)消失的海岸	孫寶年編	250
(44)二十世紀文學紀事	鄭樹森編著	280
(45)李喬短篇小說精選集	李喬著	250
(46)再現文學垂天大翼——聯合報文學獎一九九九卷	陳義芝編	220
(47)藍色運動：尋回台灣的海洋生物	邵廣昭等著	280

全球視野系列

●本書目定價若有調整，以再版新書版權頁上之定價為準●

(1)無國界的世界	黃柏棋譯	200
(2)日本改造計畫	陳世昌譯	250
(3)投入國際金融世界	蔡慧玲、江東峰譯	200
(4)全球族	賈士蘅譯	250
(5)兩種資本主義之戰	莊武英譯	200
(6)亞洲新世紀發展構圖	黃綵璋譯	280
(7)地球祖國	馬勝利譯	200
(8)贏得全世界	沈中華等譯	250
(9)文明衝突與世界秩序的重建	黃裕美譯	380
(10)全球資本主義危機	聯合報編譯組譯	280
(11)錯誤的決策思考	鄭明萱譯	250
(12)第三條路：社會民主的更新	鄭戈譯	200
(13)未來十年好光景	余友梅等譯	250
(14)人類演化的未來	王晶譯	280
(15)聖嬰與文明興衰	董更生譯	280
(16)櫻花之春：日本的新未來	孫蓉萍譯	250
(17)新君王論	李振昌譯	250
(18)中美交鋒	聯合報編譯組譯	280
(19)二十世紀之旅	董更生譯	350
(20)四倍數：資源使用減半，人民福祉加倍	吳信如譯	380
(21)了解全球化：凌志汽車與橄欖樹	蔡繼光等譯	380
(22)未來市場九大震撼：震撼未來金融市場的九種經濟與社會變動及其因應對策	劉復苓譯	350
(23)老年潮	王晶譯	280
(24)咖啡萬歲	韓懷宗譯	380
(25)蝴蝶效應經濟學	李華夏譯	280
(26)迎接WTO時代	華英惠譯	220
(27)虛擬國家：新世紀的財富與權力	李振昌譯	280
(28)知識的戰爭	吳書榆譯	280